KUIPKOORTS

Ronald Giphart & Rob van Scheers

Kuipkoorts

Met tekeningen van Nico Heilijgers

De Kring

Eerste druk november 2015

Tweede druk december 2015

Derde druk december 2015

Omslagontwerp: Mulder Van Meurs

Omslagfoto: Dirk Kuyt scoort in De Kuip tegen FC Utrecht op 8 augustus 2015

© Tom Bode, Hollandse Hoogte/VI Images

Auteursfoto achterkant: © Ivo van der Bent

Typografie en vormgeving binnenwerk: Steven Boland

Tekeningen: Nico Heilijgers

Selfies: Rob & Ronald

NUR 482 voetbal; 320 literaire non-fictie algemeen

ISBN 978-94-6297-009-0

www.uitgeverijdekring.nl/kuipkoorts

Proloog
14 december 2014
Feyenoord-AZ 2-2

Het is een waterkoude zondagmiddag, speelronde zestien van de vaderlandse Eredivisie. Wij, schrijvers dezes, Rob & Ronald, zijn op weg van onze woonplaats Utrecht naar stadion De Kuip in Rotterdam. Zestien jaar geleden – we hebben het over het Feyenoord-rampseizoen 1997/'98 – ondernamen we deze reis meerdere keren per maand. Destijds hadden we twee seizoenkaarten voor onszelf en één voor een steeds wisselende gast. Ons idee was om met vrienden en bekenden te praten over 'de liefde die Feyenoord heet'. Waarom waren we zo verknocht aan die Rotterdamse club van rood en wit? Wie het wist mocht het zeggen.

Eh, onze liefde ging lang terug. Rob (geboren in seizoen 1959/'60) vond in het roemruchte Feyenoord-jaar 1969 in Utrecht een plaatje van Willem van Hanegem op straat, en vroeg thuis wie of dat was. Zijn vader antwoordde dat ze hem 'de Kromme' noemden. 'Een beetje een rare gozer, hij komt uit Utrecht, maar is wel een goede voetballer.' Robs moeder voegde eraan toe: 'Is het je opgevallen dat de Kromme's wenkbrauwen doorlopen? Dat hebben alleen misdadigers.'

Dat was de beste aanbeveling denkbaar. Rob zei het Utrechtse DOS vaarwel en werd fan van Feijenoord, zoals de naam van de club toen nog werd gespeld.

De ander van ons (Ronald, Dordrecht, seizoen 1965/'66) had een oma die ook al vóór haar totale dementie urenlang vertelde van haar boottocht met een schip genaamd *De Grote Beer* naar Lissabon, toen duizenden supporters afreisden om Feijenoord te steunen in de historische wedstrijd tegen Benfica. De Rotterdammers verloren met 3-1, Feijenoord kwam eerst voor, maar de meegereisde supporters durfden in de fascistische heilstaat niet te juichen. Ook Ronalds vader was een aanhanger van Feijenoord en later van Feyenoord. Thuis had Ronald, net als Rob trouwens, een grote poster van Willem van Hanegem, uitgegeven door kruideniersketen VIVO. Ergens rechtsonder Willems linkerarm (ter hoogte van Vak T, stoel 41 en 42) zaten duidelijk Ronalds vader en diens vaste voetbalvriend. Voor Ronald het begin van zijn liefde.

De Engelse schrijver Nick Hornby stelde in zijn boek *Fever Pitch* (1992) dat de liefde voor een voetbalclub (in zijn geval Arsenal) te vergelijken valt met het bezit van een bochel: iets waarmee je moet leren leven. Hij had gelijk, alleen voelt de ziekte van Feyenoord voor ons als een bochel én een hazelip én een open rug én een tennisarm én een boksersneus én bloemkooloren én twee horrelvoeten. Feyenoord is, zacht gezegd, een weerbarstige club om lief te hebben, want zoals de taalvernieuwende supporters in De Kuip paradoxaal plegen te zingen: 'Iedereen is tegen ons, behalve wij.' De verwachtingen zijn bij Feyenoord altijd uitermate hoog gespannen, de resultaten vallen opmerkelijk vaak tegen. En als het een keer goed lijkt te gaan, dondert het seizoen doorgaans alsnog in elkaar.

Zestien jaar geleden zaten wij op de tribune met onder anderen sportverslaggevers, cabaretiers (onder wie Vincent Bijlo, die Feyenoord vooral auditief beoordeelde), schrijvers en zelfs een kok (die De Kuip peilde op het culinaire gehalte en sindsdien nooit meer naar een voetbalwedstrijd is geweest). De gesprekken gingen over onbaatzuchtige liefde, het roemruchte verleden, de successen van weleer, de helden die de club glans gaven, het Rotterdamse spitsprobleem (en dan hadden we het niet over de file bij de Van Brienenoordbrug), de aanvaringen met de Erfvijand en de ongetwijfeld glorieuze toekomst.

Die toekomst is inmiddels zestien jaar verder, voor ons aanleiding om nog één keer naar De Kuip te gaan – als speciale reporters voor de kersteditie van *Voetbal International* – en terug te kijken op onze Werdegang van 1997/'98 en de vraag wat er in de tussentijd allemaal is gebeurd met onze bochel, hazelip, open rug en horrelvoeten. In de woorden van Don Leo Beenhakker (toen hij na een overwinning bij Stuttgart eens de vraag kreeg wat er mis was met het Duitse voetbal): '*Haben Sie eine Stunde?*' Hebben jullie even een uurtje?

We komen aan bij De Kuip. Hij staat er nog, gelukkig. De oorspronkelijke, bedoelen we. Het blijkt dat we behoorlijk te vroeg zijn, zelfs het persloket is nog dicht. Dat zegt toch wel iets. Dat twee jongensmannen van samen meer dan honderd jaar oud als twee kinderen te voorbarig op een verjaardagspartijtje verschijnen, louter van jubelende zenuwen.

Eenmaal door de poorten besluiten we eerst het stadion te inspecteren. Altijd weer een bijzonder moment, zo'n welis-waar nu nog lege, maar overweldigende Kuip. Weldra zullen hier vijftigduizend mensen zich verzamelen voor de hoog-mis van het voetbal. Al twee miljoen jaar lang trekken onze voorouders ten strijde, en die biologische adaptatie resulteert in dit gesublimeerde treffen. We gaan oorlog voeren, en niet alleen in de zestien.

Daar straalt-ie, de Heilige Mat. Hoe ligt het veld erbij? Niet dat we geen vertrouwen hebben in onze gereputeerde Feyenoord-*groundsman* Erwin Beltman, juist wel! De afgelo-pen KNVB-Bekerfinale (PEC Zwolle–Ajax, uitslag 5-1) (hoe-veel?) (5-1) waren er achterlijke toestanden met vuurwerk op het veld, eh, op ons veld. Onze Rotterdamse held Beltman verscheen tijdens de onderbreking op SBS6 met tranen in zijn ogen in beeld. 'Voetbal is dan wel oorlog, maar dit... is ver-schrikkelijk!' Om er gedecideerd aan toe te voegen: 'Zondag is de mat weer klaar. Dan trekt Feyenoord ten strijde tegen Cambuur.' En dat was ook zo. En zo zal het altijd zijn, wég met iedere vorm van kunstgras! Eigen gras eerst!

Zwijgend zitten we op rij 7, de stoeltjes 37 en 38. De aan-vang is om 16.45 uur en we zien hoe in de Tweede Ring een bloedrode middagzon dreigend onder gaat in de entreepoor-ten van de tribunes aan de overkant. Rob, die veel over film schrijft, trekt een analogie met *Apocalypse Now*, die beroem-de aanvalsondergangscène in het volle rood. Zoiets staat AZ nu ook te wachten, dat kan niet anders! Alleen met dit verschil dat 'helikopters als dodelijke horzels' De Kuip door-gaans slechts tijdens de Open Dag bereiken.

Binnen in de persruimte vullen we eerst maar eens de pers-voetbalpoule in, op een schoolbord vlak bij de bar. In onze gebruikelijke overmoed kiezen we voor een ruststand van 1-0, waarna we achteloos een einduitslag van 8-1 voorspellen. Ja, waarom ook niet! De Europa League-tegenspeler van vorige week, Standard Luik, had op lachwekkende wijze gemeend Feyenoord in verwarring te moeten brengen. Zij verschenen in een verkapt Ajax-shirt, met zo'n identieke, spuuglelijke rode baan, al bleek het – toegegeven – achteraf hun gebruikelijke thuistenue. Het shirt werkte op de Feyenoorders als een rode lap op een stier. We wonnen overtuigend met 0-3. Ronald belde Rob direct na de wedstrijd vrolijk op: 'Van dít Ajax winnen we wél!'

Ondertussen druppelen de eerste échte sportjournalisten binnen. Die komen nooit eens ergens té vroeg, professionals als ze zijn. Wat dan wel weer grappig is: er was een tijd dat sportjongens in de journalistieke pikorde onderaan bungelden, ergens tussen filmrecensenten en popjournalisten in. Het plankton van de journalistiek, zeg maar. Rob herinnert zich van zijn tijd aan de School voor de Journalistiek, zo midden jaren tachtig, dat deze sportjongens als enigen precies wisten wat zij wilden: sport, sport, sport, en dat was het dan. Maar ja, de zeldzame uitzondering die wel enige statuur had was destijds Meneer Kuiphof, en vooruit, Theo Reitsma ook – verder viel er weinig journalistieke eer aan te behalen. De tijd heeft dit op robuuste wijze ingehaald. Want moet je nu eens kijken. Sportjournalisten hebben inmiddels eigen talkshows, zeeën aan zendtijd, eigen kledinglijnen, ze openen zelfs winkels. Sportjournalisten zijn de voetballers van onze tijd! Dat zegt iets over onze veranderende samenleving. Wie wil er nu nog een deftige politiek-commentator zijn? Wij niet. Wij gaan liever naar de wedstrijd kijken. We hebben er echt zin in.

Monter knopen we een paar praatjes aan met onze nieuwe collega's – en wat ons vooral opvalt is dit: iedereen die we spreken (we noemen natuurlijk geen namen, maar we hebben het over Willem Vissers van *de Volkskrant*, Jeroen Grueter van *Studio Sport* en Leo Driessen van FOX Sport) heeft een zwak voor Feyenoord. Iedereen blijkt helemaal niet 'tegen ons behalve wij': iedereen is voor ons! En wij ook! Feyenoord is de mooiste club van Nederland! En het voetbal valt soms ook heus eigenlijk best weleens een keertje soms zo nu en dan heel af en toe wel mee. Althans niet tegen.

Naast ons op de perstribune zit de illustere Jan 'Mister Feyenoord' Boskamp, collega-analist en clubicoon. Ter begroeting geeft hij Rob een beukende nekslag, terwijl Ronald godzijdank net wegduikt voor zijn liefkozing.

'ZO JONGENS, ZIJN JULLIE ER OOK WEER? GEZELLIG!' informeert hij beleefd.

Gezellig? Alsof we hier verdomme voor onze lol zitten. Het is werk, zeggen we uit zelfbescherming.

We worden ingehaald door ons eigen vooroordeel. De eerste twintig minuten van Feyenoord–AZ zijn misschien wel de mooiste twintig minuten die we in De Kuip hebben meegemaakt. Althans, dit seizoen. Feyenoord speelt tikkitakkioppermachtig en blaast die Alkmaarse gatenkaaskoppen van het veld. Een warme gloed trekt over onze ruggegraat. Godallemachtig, wat zijn wij goed! Rutten is een wereldtrainer. Dit is het beste Feyenoord aller tijden! Dan...

Scoort AZ.

Precies zoals een voorspelbaar Feyenoord-potje gaat.

Bummer.

En AZ scoort nog een keer.

Andermaal een bummer. Nu staan wij dus achter met 0-2.

'Nou lekker dan,' zegt een van ons.

'De wassende wateren des onheils kolken over de boorden van De Kuip, en dat uitgerekend op onze terugkomdag...' zegt de ander.

'Wacht Rob, die schrijf ik even op.'

Rust. We hebben het nodig. Ons aloude Feyenoord-gevoel is weer volkomen bevestigd. We staan achter en het ziet er niet goed uit. Door de 'valwinden in De Kuip', zoals oud-Feyenoorder Johan Cruijff het ooit diagnosticeerde, dwarrelden alle voorzetten, corners, ingooien en uittrappen alle kanten op, behalve naar spelers in hetzelfde shirt. Dit voelt als thuiskomen. Dit is het Feyenoord dat we zo hebben gemist. Onlangs nog heroïsch winnen van Sevilla, als wij er eens een keer niet bij zijn, en dan verdomme in het stof tegen zo'n laffe counterploeg als AZ.

Onze opdracht is te onderzoeken wat er ook alweer in zestien jaar is veranderd in De Kuip. Nou, *nothing changes, really.* Somber stellen we vast dat onze komst de zaken alleen maar heeft verergerd. We herkennen dit patroon en het bevalt ons niets. Als wij ergens bij zijn gaat het meestal mis. Onder het genot van een door Feyenoord verstrekte roze koek nemen we een dramatisch besluit: in het belang van de club is het wellicht beter dat Rob & Ronald nimmer meer een wedstrijd van Feyenoord bezoeken, want het is wel duidelijk wat de gevolgen zijn. Misschien – zo fantaseren we – moeten we ons voortaan maar eens bekendmaken als 020-fans, een strategische Paard van Troje-zet, zodat wij in die vermaledijde ArenA ook eens wat onheil en rampspoed teweegbrengen. Zullen we wisselen van club? Hup Ajax!

Gepikeerd trekken we ons terug in een hoek van de persruimte. Goed, wat is er sinds *De liefde die Feyenoord heet* met het instituut gebeurd? Zestien jaar lief en leed flitsen aan ons geestesoog voorbij. In een reporter's notebook noteren we lijstjes.

Het eerste lijstje heet: *The Hall of Fame*. De successen van Feyenoord in de afgelopen jaren. Daar gaan we. Reken even mee.

Feit: we werden de laatste landskampioen van de 20ste eeuw.

Nog een feit: we zijn de laatste club met Europees succes. In 2002 wonnen we onder leiding van Bert van Marwijk de UEFA Cup. Het voelt als gisteren, voor ons.

Feit: we hebben genoten van de vrije trappen van Pi-Air, misschien wel de beste vrijetrappennemer die Nederland ooit heeft gehad.

Feit: we zagen de opmars van Van Persie, misschien wel de een na beste vrijetrappennemer die Nederland ooit heeft gehad (geen ruzie maken, jongens).

Feit: we laafden ons aan de eeuwige inzet van Dirk Kuyt en de voetbalpoëzie van Giovanni van Bronckhorst, de laatste gentleman van de Nederlandse velden. Wat zijn we verwend.

Ander lijstje. Wat ook voor onze ogen voorbijtrekt is: *The Walk of Shame*. Feit: de rellen bij Nancy. Feit: uitsluiting Europees voetbal. Feit: meerdere bijna-faillissementen. Feit:

het onwaardige afscheid van clubjongen Mario Been. Feit: de getrokken pistolen in het Maasgebouw. God, wat zijn we verwend.

Ho stop, de tweede helft begint! Wat we voorspellen is dit: als er nu niet snel wordt gescoord zal er een deken van verongelijktheid over De Kuip dalen. Zo ging het in onze tijd namelijk steevast. Dankzij blunders van de spelers en scheidsrechterlijke dwalingen sloeg de stemming onder het legioen rigoureus om. Het misnoegen over 'wat het zou kunnen zijn' versus 'wat het is' werd steeds beklemmender. Ook wij maakten ons daar destijds aan schuldig. Zo waren ook onze manieren.

Met grote onrustgevoelens lopen we via de trap de tribune weer op, en constateren een peripetie, volgens de *Dikke Joop van Daele* 'een plotselinge omkeer van de handeling in de klassieke tragedie'. We horen helemaal geen verongelijkte haatkoren. Er wordt gezongen: 'En wie niet springt... die krijgt het koud!' Feit: er gaan helemaal geen vuurwerkbommen af en zelfs het AZ-uitvak is nog gewoon intact. Er is een rotsvast vertrouwen in een goede afloop. Hoe is dit in godsnaam mogelijk? Wat hebben we in al die jaren gemist? Alles is veranderd!

Even hebben we moeite ons aan te passen. Iedereen is voor Feyenoord, behalve wij blijkbaar. En dan gebeurt het ook met ons. We worden gegrepen door deze schokgolf, deze opbeurende mindfullness van positiviteit. En dat allemaal in De Kuip. Feyenoord zet aan en drukt door.

Goed, het duurt even, maar in de 93ste speelminuut valt dan de bevrijdende 2-2 alsnog. Op basis van het jarenlange 'leed dat Feyenoord heet' hadden Rob & Ronald dit bepaald niet meer verwacht, maar De Kuip dus blijkbaar wel.

Met de echte fans verlaten we goedgemutst de tribune. We speelden goed. We kwamen achter. We talmden niet. Alleen jammer dat we met deze uitslag het kampioenschap dit jaar wel op onze buik kunnen schrijven.

Na de wedstrijd liggen de broodjes kroket te dampen in de persruimte. We zijn verkleumd en verhit tegelijk. Rob & Ronald vallen aan, een handeling die ons terugbrengt naar het in onze kringen zo vaak bezongen 'Julio Ricardo Cruz-kroketincident'. Dat greep plaats na de wedstrijd Feyenoord–Roda JC (1-0), gespeeld op woensdag 22 april 1998. Cruz was weer eens geschorst. Daarom verscheen hij wat eerder dan de overige spelers met zijn clubkostuum in de perskamer. Rob zou even broodjes kroket halen, en ook El Jardinero stond in de rij. De blonde dame achter het buffet had dat niet zo in de gaten, en vroeg aan Rob: 'Zegt u het maar.'

Rob had natuurlijk hoffelijk moeten zeggen: 'Non, non... señor Cruz, por favor.' Maar hij antwoordde: 'Met extra mosterd graag.'

Woest draaide señor Cruz zich om. Hij tuurde over het verlichte veld van De Kuip alsof het de Argentijnse pampa's betrof, en verloor zich in een mijmering. Te vrezen valt dat hij daar en toen al heeft besloten om naar Italië te vertrekken. Naar Bologna om precies te zijn, al bleef hij dan nog twee seizoenen bij ons, een kwestie van contract. Veel te laat, maar welgemeend: 'Perdóname, señor Cruz.' We zullen uw wereldgoals tegen Juventus niet licht vergeten. We hebben ze zelf gezien. Die hebben u per slot in de rijen der Feyenoord-culthelden gebracht, het domein waar andere illustere figuren als Kiprich, Laseroms, Fraser, Piet Romeijn, Obiku, Guidetti, De Wolf, Pellè, Kuyt, Van Hanegem en noem ze maar op zich ook voor eeuwig hebben gevestigd. Dan ben je iemand. In onze kosmos, althans.

Bij het trainerspraatje blijkt dat de coaches een andere wedstrijd hebben gezien dan de rest van het stadion. De trainers zijn allebei teleurgesteld. John van den Brom omdat AZ die volstrekt geflatteerde 0-2 ruststand toch nog heeft weggegeven en Fred Rutten omdat hij een overwinning voor Feyenoord volstrekt verdiend had gevonden. Wij, kenners, horen tot Team Fred. Perschef Raymond Salomon leidt het gesprekje, en kijkt na de fascinerend oninteressante statements geïnteresseerd de zaal in. Of er nog vragen zijn? Nou, Ronald weet er wel een, maar Rob kan die hem nog net uit zijn hoofd praten. Die vraagt luidde: 'Zeg, waarom mag die Van den Brom hier in ónze Kuip achter de perstafel in het midden zitten?'

Na de persconferentie gaan we op zoek naar de plek die ons al een paar weken angst inboezemt. Op de uitnodiging die we van de persafdeling van Feyenoord hadden gekregen stond dat we, als we daar prijs op stelden, ook de zogenaamde 'Mixed Zone' mochten bezoeken, de plek waar collega's van de schrijvende en filmende pers na de wedstrijd de spelers kunnen ontmoeten.

De Mixed Zone...

De ruimte waar de goddelijken en de stervelingen elkaar treffen, het voorgeborchte waar tijd en eeuwigheid elkaar ontmoeten, waar sterren in de nacht worden geboren (zou

Hugo Camps schrijven). Hoe zou het zijn, stelden we ons verlekkerd voor, om met aanvoerder Clasie even de wedstrijd door te nemen? Om met Kongolo te praten over de toestand in de wereld, met Immers over de onkenbaarheid van de waarheid, met Manu over finale immaniteit of met Bilal over al die door botox verruïneerde voetbalvrouwgezichten. En wellicht waren de spelers ook geïnteresseerd in óns, wat wíj in het stadion deden, wat wíj van de wedstrijd hadden gevonden. En wat betekent de geboorte van Jezus Christus voor ze? Qua kerstnummer.

En dus gaan we op zoek naar antwoorden. De met linten afgezette spelersbus van AZ staat pontificaal naast het perscentrum en een glazen hal met een portier ervoor. Dat is dus The Zone. Er staat een verlaten AZ-speler voor een camera (Gudelj... kopen!), maar verder is de ruimte op een paar postende journalisten na zo goed als leeg.

'Is dit nu de Mixed Zone van een topclub?' vragen we aan de man bij de ingang. Hij knikt verveeld en laat ons binnen.

Twaalf lange lange lange lange lange lange minuten wachten we zwijgend op de komst van de gladiatoren, maar er is bedroevend weinig activiteit. Zouden de feestelijkheden al zijn geweest? Lopen we weer eens achter de feiten aan? Een medewerker laat een scherm met sponsornamen elektronisch oprollen. Leuk voor de volgende keer om te weten dat het sponsorreclamewandje geprint is op een rolgordijntje. En dan gebeurt het toch: Kenneth Vermeer, ónze Kenneth Vermeer, de beste keeper van Nederland, komt achter een scherm vandaan waar hij blijkbaar net een interview heeft gegeven. Hij loopt langs de verlaten dranghekken van The Zone. In een reflex roepen we hem.

‘Kenneth!’ ricocheert het door de ruimte. Niet ‘meneer Vermeer’ of ‘excuseert u ons’, maar we bulderen ordinair zijn voornaam door de hal. Hé gabber! Voetballers zijn van iedereen, ook wij maken ons eraan schuldig.

‘Mogen we je wat vragen?’ tutoyeren we Kenneth ongevraagd, al hebben we op dat moment nog geen idee wat we van hem zouden willen weten. Dhr. Vermeer vergeeft ons onze onbeschaafdheid en wendt zich professioneel tot ons. Kenneth oogt als een man voor wie wij onze zo nauwkeurig gekoesterde heteroseksualiteit best even opzij zouden willen zetten. Onze keeper! *Move over*, Humberto Tan.

‘Waarmee kan ik jullie van dienst zijn?’ begint Vermeer het gesprek.

Even vallen we stil. Er moet nu een vraag komen. Als in nú. Wat hebben we al die maanden eigenlijk aan Kenneth Vermeer willen vragen?

Onbeholpen staan we bij het dranghek. We kijken elkaar aan. Stotterend geven we Kenneth een hand om ons voor te stellen.

‘Wat vind je van ons Feyenoord?’ is na een ongemakkelijke seconde of tien onze briljante openingszet. Terwijl een van ons een dictafoon-app van zijn telefoon aanzet om een beetje professioneel over te komen, gaat de ander erbij staan als een echte reporter. Blijkt sportjournalistiek dus toch een vak.

Kenneth Vermeer neemt ons peilend op. Hij kent ze wel, die sportjournalisten. Hij had een vraag verwacht over de wedstrijd van zo-even. Snel herneemt hij zich. Kenneth – we mogen hem inmiddels Kenneth noemen – ontdooit en zegt dat spelen in De Kuip hem altijd een *boost* heeft gegeven. ‘Dat merkte ik bij mijn vorige club ook al.’

We vragen hem wat hij vindt van onze stelling dat de wederopstanding van Feyenoord – ondanks de kleine *hick up* van vandaag – aan hem te danken is. Hij reageert oprecht bescheiden. Ach, hij is maar 'een kleine schakel'. Maar wel een schakel die ons vandaag voor een nederlaag heeft behoed.

Terug in de auto naar Utrecht tellen we onze zegeningen. Het was een toplichtwedstrijd en God, wat hebben we dit gemist. Wel stellen we nogmaals vast dat dit seizoen door de uitslag van vanmiddag eigenlijk verloren is, wat het kampioenschap betreft, maar Europees kampioen worden we natuurlijk sowieso! Het was een louterende ervaring om weer eens als blinde supporters naar Feyenoord af te mogen reizen.

We hadden *Kuipkoorts*, en het voelde goed. En ach, dat kampioenschap zal er deze eeuw heus nog wel een keer van komen. We hebben nog vierentachtig rampseizoenen te gaan. Misschien dat de latere trainer Kenneth Vermeer, Mister Feyenoord non plus ultra, ooit verlichting zal brengen. Hup Feyenoord! *We'll be back.*

17 december 2014
PSV–Feyenoord 4-3

'Daar krijgen jullie spijt van.' De vrouw van een van ons is er uitgesproken over. 'Zo ging het de vorige keer ook. Toen begonnen jullie goedgemutst en vol verwachting over de prestaties. Halverwege het seizoen werd het een straf, weet je nog? Dat gaat nu weer gebeuren. Zo gaat het altijd, bij Feyenoord.'

Wij: 'Doe niet altijd zo negatief.'

Zij: 'Jullie moeten het helemaal zelf weten, maar het wordt weer huilen, *mark my words*.'

Met het huiselijk front uit de weg geruimd benaderen we Feyenoord met de vraag of we tot aan het landskampioenschap onze club met een steeds wisselende gast mogen bezoeken. Het antwoord op ons verzoek wachten we af in de huiskamer van Ronald, waar Feyenoord vanavond uit tegen PSV voetbalt. Een beladen wedstrijd. Jaren geleden, vier om precies te zijn, sliep Ronald in Eindhoven. Hoe vaak moest hij in Eindhoven zijn? Af en toe. Hoe vaak sliep hij in Eindhoven? Bijna helemaal nooit. En die nacht dan? Ja, die nacht heeft hij in Eindhoven geslapen. In een hotel met uitzicht op... we halen even adem...

Een hotel met uitzicht op het Philips Stadion. Die galbak. Terwijl we de woorden schrijven laten we ze op ons inwerken. Ronald zat in een kamer op de vierde verdieping van het Arthotel in de beroemde Lichttoren, op een steenworp van de plek waar de dag ervoor Feyenoord... Pffff.

Pffff.

Feyenoord dusdanig werd vernederd dat de ploeg via de voegen in de straattegels naar het riool stroomde. En alle Feyenoord-aanhangers met hen. Die zondagmiddag, we spreken 24 oktober 2010, hadden zowel Rob als Ronald hun tv-toestellen uitgezet bij een stand van 2-0. Niet dat wij bijgelovig waren, maar toch hadden we altijd het idee dat Feyenoord beter presteerde als wij niet keken. Dat is het lot van een Feyenoorder. Ooit stond het Nederlands elftal met 2-0 achter tegen Oost-Duitsland. Boos gingen wij iets anders doen. De volgende ochtend hoorden we dat Oranje toch met 2-3 had gewonnen. Hetzelfde overkwam ons tegen Noord-Ierland. 2-0 achter. Tv uit. 2-3 gewonnen.

Die zondag werkte dat kunstje helaas dus niet. Tegen de avond zetten we Teletekst aan om te kijken of we *Studio Sport* gingen kijken of niet. Het is kinderachtig, maar dat laten we vaak afhangen van de resultaten van Feyenoord. Zowel Rob als Ronald hebben die zondag en die maandagochtend en de rest van de week de tv verder gemeden. En de kranten. En de internetsites waar het over voetbal zou kunnen gaan. Helaas helaas moest Ronald voor een congres de maandag na de wedstrijd naar Eindhoven toe. Eenzaam zat hij in zijn hotelkamer. Met uitzicht op het Philips Stadion.

Aardige mensen hoor, Eindhovenaren. Zoals Ronald niet bijgelovig was, zo geloofde hij ook niet dat aan hem te zien was dat hij Feyenoorder is. Toch leken ze het in Eindhoven te voelen. De receptioniste van het hotel (met uitzicht op het Philips Stadion, of hadden we dat al gezegd?) kreeg een vreemde trek om haar mond, en hoorde Ronald de ober in het restaurant in een hoekje smalend lachen? Zijn ziekte voor Feyenoord kleefde hem aan. Feit was dat het er 'na zondag' op aankwam. Bij voorspoed is het gemakkelijk om supporter te zijn, maar echte clubziekte is: achter je ploeg blijven staan als zij, de overbetaalde rotspelers, met 10-0 verliezen. MET HOEVEEL? Met 10-0. 10-0? Ja, 10-0. Daarom maakte Ronald een ommetje in de buurt van zijn hotel: hij is voor het Philips Stadion gaan staan en monter, in zijn eentje, heeft hij zeker tien keer achter elkaar *Het Lied Van Feyenoord* gezongen. Het hielp niet, maar luchtte wel op. 10-0. Hoeveel? 10-0. De grootste schande uit de geschiedenis van de club. Hebben wij weer.

Vanavond (terug in het heden) is alles anders. Vanavond verliezen we slechts met 4-3, maar wel na een heroïsche strijd. De wedstrijd van het jaar. Feyenoord laat zien wat voor een onderschatte ploeg het toch is. Een gevoel van vreugde over onze beslissing Feyenoord weer te gaan volgen verwarmt ons gemoed. Feyenoord uit: beter dan thuis.

ernst
happel

21 december 2014
NAC–Feyenoord 0-1

We hebben nog geen reactie uit Rotterdam, maar dat weerhoudt Rob er niet van om, na Ronald, thuis ook een proefabonnement op FOX Sports te nemen. De eerste keer dat de zender aanging was het wel even schrikken. Rob zag een oude, kale man met een bril in een... tsja, wat was het eigenlijk? Een leren motorpak? De styliste van dienst had Kees Jansma – want om hem gaat het, goedemiddag beste voetbalvrienden – een krakend jack aangemeten. Daar zat de presentator nu de gehele uitzending lang hoogst ongemakkelijk in te zitten. 'We gaan iets nieuws beginnen,' had ze ongetwijfeld tegen hem gemompeld, en arme Kees liet het maar zo. Sowieso een raar idee om Jansma (1947) achter een decoder aan te treffen. Kees, die hoorde sinds het midden van de vorige eeuw bij *Studio Sport*, toch? Er is het verhaal van Wilfred Genee die bij het zien van Kees op tv uitriep: 'Dat wil ik ook worden!' Waarop zijn zusje informeerde: 'Kaal?' En hij antwoordde: 'Nee joh, sportpresentator!' Wilfred Genee was toen tien, en Kees was er al. Wilfred Genee is nu 48. En Kees is er nog steeds. Ergens ook wel weer knap van Kees. Maar dat pak moest-ie maar niet meer aandoen.

Vandaag spelen we uit tegen Nooit Opgeven Altijd Doorzetten & Aangenaam Door Vermaak En Nuttig Door Ontspanning, ofwel Feyenoord tegen de NOAD ADVENDO COMBINATIE, ofwel Feyenoord tegen NAC Breda. Die twee clubs hebben wel wat met elkaar. Komt allereerst door Pierre 'Mister NAC' van Hooijdonk, dat spreekt, maar in het verleden namen we ook al luitjes als Kees Rijvers, Frans Bouwmeester, Martien Vreijsen, Ton Lokhoff, Kees van Wonderen, Gábor Babos en Ali Boussaboun van hen over, al dan niet met een paar tussenstations. Andersom kregen zij dan weer wat mindere goden als Ellery Cairo van ons terug, en Henk Vos, Anthony Lurling, Jordy Buijs, Orlando Engelaar, Joonas Kolkka en Guyon Fernandez, al dan niet via een omweg. En Leonardo, natuurlijk – Leonardo Vitor Santiago.

Oei, oei, Leonardo. Toen wij ons eerste boek over Feyenoord schreven was Leonardo onze hoop in bange dagen. Hij was nét vijftien, hij leidde de B1'tjes dat jaar naar het kampioenschap, we zagen hem in actie tijdens de voorwedstrijd bij Feyenoord–NIJMEGEN EENDRACHT COMBINATIE (0-2). Rob had het er eerder al een keer met documentairemaker Jos de Putter over gehad, Leonardo's ontdekker. Diens film *Solo, de wet van de favela* (1994) bracht de jonge voetballer naar Rotterdam. Of Leonardo beter dan Van Basten was, wilde Rob weten. 'Beter dan Seedorf,' had De Putter geantwoord, vol trots. Niet alleen had Leonardo in Nederland alle jeugdelftallen stuk gespeeld, op toernooien deed hij dat ook met de jeugd van Bayern München en Real Madrid.

Dat beloofde wat. Maar helaas heeft Leonardo die belofte bij Feyenoord nooit helemaal kunnen inlossen. Ja, hij gooide er weleens een zwieper uit, zó achter zijn standbeen langs, en dribbelen, dat kon hij als de beste, maar in pruilen was hij eigenlijk nóg beter. En het is waar: veel pech had hij ook, met al die slepende blessures. Die knaagden aan de jeugdige bravoure van het voormalige wonderkind.

In januari 2006 vertrok Leonardo naar NAC Breda, waar hij met acht doelpunten in veertien wedstrijden prompt clubtopscorer werd. Dat dan weer wel. En dat gunde je hem ook. Minder leuk was dat hij op 1 januari 2007 zonder enige gewetensbezwaren het shirt van De Erfvijand aantrok. Onze Leonardo? Vanaf zijn twaalfde gepamperd in Rotterdam, en dan dit? Het was: ver-schrik-ke-lijk. Ook voor Jos de Putter, met name voor Jos de Putter, want Jos de Putter is misschien wel de grootste Feyenoord-fan die er bestaat. In 2014 maakte hij zijn vervolgdocu over Leonardo: *Solo, Out of a Dream* – een film die ook *Kroniek van een mislukte carrière* had kunnen heten. In de film glimlachte Leonardo nog wel, en toonde hij stralend het huis dat hij voor zijn moeder had laten bouwen, zijn jeugdvriendje Anselmo kwam ook nog langs, maar bovenal proefde je de tragiek. Leonardo wist het zelf heimelijk ook wel: *zoveel* talent, *zo weinig* mee gedaan, en nu is het te laat. Op moment van schrijven zwerft Leonardo ergens rond in Australië, zeg maar het Elba van het internationale profvoetbal, waar hij in de A-League de clubkleuren verdedigt van Newcastle United Jets. Oei, oei, Leonardo.

NAC, ondertussen, is er vol in gekleund. Na een half uur strijd scoorden ze middels Erik Falkenburg zelfs de 1-0, een goal die wegens buitenspel werd afgekeurd, volkomen terecht natuurlijk. Dat brengt ons bij Colin Kâzim-Richards. In alle eerlijkheid moeten Rob & Ronald bekennen dat ze vaak over deze zelfverklaarde, nieuw aangetrokken stormram hebben gedacht: dat is er nu écht eentje voor NAC. Verkopen! Handel! Specialist in gejeremieer bij de scheids, kampioen verongelijktheid, dat gedoe met die handjes, ook naar medespelers toe, ligt vaker dan dat-ie rent, en soms, héél soms scoort hij.

Gek genoeg zijn dat dan wel vaak wereldgoals, technisch gesproken. Zoals onlangs uit bij Go Ahead Eagles (0-4), toen hij van een metertje of dertig na een halve pirouette de bal in de rechterbovenhoek joeg, doelman Erik Cummins hoorde het projectiel alleen maar voorbij suizen. En de 1-2 tegen AZ thuis, die strakke schuiver van vorige week, mocht er ook zijn. Maar aansluitend juicht onze Colin dan weer zo uitbundig, zeg maar gerust zo agressief, dat hij lijkt op een bokser die net in de ring zijn tegenstander tot moes heeft geslagen, op het waanzinnige af. Hoogst uncool, eigenlijk – voor iemand die altijd juist übercool wil ogen, op het lethargische af. Maar ja. Nu flikt hij het andermaal. Het is de 32ste minuut als hij na wat gerommel op het middenveld tussen drie NAC'ers de bal krijgt toegespeeld, alleen voor Ten Rouwelaar verschijnt, al bijna te ver naar rechts lijkt uit te wijken, en 'm er vervolgens alsnog in schiet: 0-1. Drie punten. Toch maar houden, die Kâzim. Trainer Rutten gaat met een goed gevoel de winterstop in, zo verklaart hij aan FOX Sports.

Dit is nu de stand, kraakt Kees Jansma in zijn motorpak:

1. PSV – 17 gespeeld: 43 punten
2. Ajax – 17 gespeeld: 39 punten
3. Feyenoord – 17 gespeeld: 31 punten
4. PEC Zwolle – 17 gespeeld: 29 punten

Hm. Twaalf punten achter op PSV.
Ronald: 'Ach, dat zijn er weleens meer geweest.'

OPEL

Winterstop

Tijdens de winterstop drinken we ons moed in, en denken we aan een verhaal dat een van onze vorige gasten, schrijfster, psychoanalyticus en Feijenoord-hooligan Anna Enquist, ons vertelde over PSV-supporters. Zoals het vroeger ging.

'Toen ik opgroeide in Delft kwam ik wel in Rotterdam, maar dat was om te winkelen,' vertelde Anna destijds. 'Thuis werd er nooit over voetbal gesproken, mijn ouders vonden dat van geen belang, dat was iets voor het volk. Het enige wat bij ons telde was: school, school, school.'

Nou ja, met uitzondering dan van die keer toen een jeugdvriendje haar uitnodigde om naar Eindhoven te komen en ze samen een wedstrijd van PSV zouden bezoeken, nu een jaar of vijfenveertig geleden. 'Dat is niet gelukt, omdat we allebei bij een andere ingang stonden te wachten. En achteraf was dat maar goed ook, want eigenlijk had ik helemaal geen zin om naar PSV te gaan. Ik deed het voor die jongen.'

Dit was wat ze zich ook herinnerde, over hoe na de finale van Feijenoord tegen Celtic de bomvolle treinen met Feijenoord-supporters langs het stadion in Eindhoven kwamen. Er was een wedstrijd aan de gang en het PSV-publiek stond als één man op om de Feijenoord-supporters een staande ovatie te geven. Sportief, zeker, maar ook een manifest van 'je plaats kennen'.

Of is dat nu juist wat ons bindt, psychoanalytisch gesproken, zo'n sadomasochistisch trekje om toch vooral maar voor Feyenoord te willen zijn?

De deskundige, in haar vrije tijd niet minder deskundig: 'Uit de psychologie is bekend dat een onbeantwoorde liefde meer energie genereert bij de verliefde. Een onbeantwoorde liefde betekent: doorgaan, beter je best willen doen om indruk te maken, er nog hechter aan vast willen zitten, in de ijdele hoop ooit nog eens te zullen worden beloond voor dat doorzettingsvermogen. Dat is Feyenoord. Andersom krijgen Ajax-fans zoveel liefde in de vorm van successen van hun club aangereikt dat ze een beetje blasé zijn geraakt. De liefde van Ajax, die is er toch wel, daar hoef je als fan weinig meer voor te doen. Als Feyenoord eindelijk eens een grote wedstrijd wint, is dat voor de fans een veel diepere emotie dan bij Ajax.'

Anna Enquist noemt een onderzoek naar gokverslaving in Amerika als explicerend lichtbeeld. 'Daarin werd opmerkelijk genoeg aangetoond dat gokverslaafden niet te vaak willen winnen, want dan lijkt het te veel op naar de bank gaan. Gegarandeerd prijs, zeg maar. De suspens voor de gokverslaafde is helemaal niet het geld, maar de spanning of er zo af en toe eens iets gewonnen wordt. Dat maakt dat ze maar doorgaan aan die eenarmige bandieten. In die zin is ook Feyenoord een eenarmige bandiet en tegelijkertijd een metafoor voor het leven zelf: je moet doorgaan, ook al krijg je maar zelden datgene waarvan je vindt dat je het verdient. Mijn beste advies aan de fans is eigenlijk om er sowieso vanuit te gaan dat Feyenoord een moeilijke wedstrijd te wachten staat, dan kan het alleen maar meevallen.'

Rob citeerde nog maar eens vergoelijkend de oude Liverpool-coach Bill Shankly ('Voetbal is geen zaak van leven of dood. Voetbal is veel belangrijker dan leven of dood'), terwijl Anna Enquist vertelde hoe ze in weerwil van haar *high brow*-opvoeding in het stadion juist voor spelers als Van Gobbel was. Of Clemens Zwijnenberg, George Boateng, Henk Fraser. Juist de stoere Feyenoorders waren 'haar jongens'. 'Als je dan toch moet voetballen, doe het dan maar zo. Mannelijk. Zwoegend. Ploeterend. Zwetend. Henk Vos, die de bal eerst recht en keihard op zijn kop moet krijgen voordat hij er überhaupt iets mee weet te doen. Prachtig om naar te kijken.'

Wij knikten bewonderend voor haar analyse. Daar herkenden Rob & Ronald zich wel in. 'Arie Haan was net weggestuurd en assistent-trainers Geert Meijer en die gozer met die lange kop, John Metgod, namen de zaken waar. De thuiswedstrijd tegen RKC leek het uitgelezen moment om het geknakte zelfvertrouwen weer wat op te vijzelen, maar wat ik op televisie zag was flipperkastvoetbal van het onwaarschijnlijkste soort. De bal vloog op de paal, op de lat, nét naast, wel vijf kansen kreeg Feyenoord, allemaal vlak achter elkaar. En passant zoemde de camera in op de Feyenoord-bank, waar Metgod en Meijer zaten. Het leek wel alsof ze zich na iedere gemiste kans van plezier op de knieën sloegen, zo werd er gestumperd. Ze zaten gewoon te gieren in de dug-out. Zoiets hadden ze nog nooit gezien, en ik ook niet. Het was alsof je naar het publiek bij een Laurel & Hardyfilm keek. Dat is nou ook Feyenoord. Zo aandoenlijk.'

Hier vielen Rob & Ronald even stil. Maar er is toch ook weleens goed voetbal in De Kuip, probeerden we. 'De namen van Moulijn & Co zeggen mij natuurlijk wel wat, maar toen was er nog weinig televisie en eigenlijk wist je nauwelijks hoe zo'n wedstrijd er in het echt uitzag. Maar het is waar: dat een beschaafde jongen als Van Bronckhorst zich hier kan handhaven en zelfs meer dan dat, zegt toch ook iets over Feyenoord. Zo'n technische jongen toont aan dat Feyenoord ooit een goede voetbalclub geweest moet zijn. Maar ikzelf val dus meer op die mannetjesputters. Niets om je voor te schamen, hoor.' Ze vond het juist zo mooi bij elkaar passen, zei ze, Rotterdam en Feyenoord, dat was een standvastig huwelijk, daar hoefde geen therapeut op los te worden gelaten, dat zat wel snor.

Rob: 'Je bedoelt, Anna, dat van alle grote steden Rotterdam het minste aantal hoger opgeleiden telt, en dat voetbalintelligentie ook bij Feyenoord ver te zoeken is?'

'Nee, nee,' riposteerde Anna, 'bij Feyenoord hangt nog iets van de sfeer van het Rotterdam van direct na de oorlog. Er moet worden aangepakt, er moet nog puin geruimd, er moet nog een hoop worden verbeterd, maar we geloven wel in die betere wereld van de nabije toekomst. Hier is de wederopbouw nooit voltooid. Het probleem is alleen dat Feyenoord geen tegenstander nodig heeft om te verliezen. Dat kunnen ze helemaal zelf.'

Tsja, iets van die devotie en het fanatisme van de Feyenoord-supporter begreep Anna Enquist wel, zei de dokter mild. De Feyenoord-mythe zal eeuwig voortleven (en gelukkig maar, wat haar betreft), omdat we hier toch te maken hebben met De Eerste Club In De Geschiedenis Van Het Nederlandse Voetbal Die De Europacup I Won. 'En adel verplicht.' Al snapte ze ook wel dat juist door het winnen van de Europacup en de Wereldcup het toenmalige Feyenoord-elftal alle daaropvolgende generaties met een enorm probleem heeft opgezadeld. 'Hoe moet je dat succes nog overtreffen? Het niveau waarop Feyenoord de afgelopen tien jaar voetbalde, heeft met die gloriejaren helemaal niets te maken, al denken de supporters van wel. En ik ook, want ook al weet ik de uitslag, 's avonds hoop ik dat het bij *Studio Sport* toch nog anders uitpakt. Een goede voetbalfan is bereid om zijn ratio volledig uit te schakelen. Een hoogst interessante vorm van zelfbedrog.'

'Dat opgeklopte verwachtingspatroon lijkt mij voor de club een probleem, maar Feyenoord vliegt het wel zelf ieder jaar per helikopter naar binnen,' preciseerde Anna Enquist. 'Toch kan ik mij voorstellen dat die onvoorwaardelijke betrokkenheid van het publiek voor sommige spelers prettig aanvoelt. Dan weten ze tenminste waarom ze op het veld staan.'

Vrij naar Karl Marx: als een arbeider zich betrokken voelt bij het eindproduct, als hij weet waaraan hij werkt, dan is dat een krachtige bron van inspiratie, krachtiger zelfs dan geld. 'Een overwinning na twee keer vijfenveertig minuten voetbal is een ambachtelijk eindproduct waarop je trots kunt zijn. Daar is helemaal niets vervreemdends aan.'

John van Loen, probeerde Rob (maar hij had bijvoorbeeld ook Henk Vos kunnen zeggen, of een van de andere circa tweeduizendvierhonderdzevenendertig mislukte spelers in De Kuip).

'John van Loen?' vroeg Anna.

'Ja, John van Loen.'

Hij werd door Van Hanegem gehaald van Ajax, legde Rob uit, omdat hij Van Loen nog kende van FC Utrecht, en wel als een scorende spits die 'gegarandeerd oorlog maakte in de zestien'. Nog geen paar maanden later liep stoere John met knikkende knieën in De Kuip, getroffen door Het Boze Oog van het publiek als hij was. John plukte op zijn hoogst madeliefjes in de zestien.

'John van Loen is bijna twee meter, maar door zijn faalangst kwam hij niet meer van de grond af. Hij kreeg hyperventilatie, hij stond letterlijk stijf van de stress. Met tranen in zijn ogen vertrok John daarop naar Japan, om te proberen de dreigbrieven en de kogels die hij in zijn brievenbus kreeg van de Feyenoord-supporters te vergeten (euhh... kogels?). *So much* voor de liefdesrelatie tussen Het Legioen en Van Loen.'

'Betrokkenheid van het publiek, ook de negatieve, werkt op iedere individuele speler natuurlijk anders,' diagnosticeerde Enquist. 'Er zijn er die in zo'n geval nog eens extra de mouwen opstropen, anderen raken in de wurggreep van de faalangst. Als psychologe werk ik veel met topmusici bij wie het begrip faalangst ook niet onbekend is. Mijn ervaring is dat een therapie helpt, maar alleen als "de patiënt" er zelf om vraagt.'

Bij Ajax, wist ze, is door de technische staf weleens een psycholoog ingehuurd voor het hele team, maar dat werd al snel een hysterische giechelboel. De spelers hadden nergens om gevraagd. John van Loen was waarschijnlijk nog het meest geholpen met de wetenschap onder het publiek dat hij de onmogelijkste ballen kreeg toegespeeld, ballen waarmee hij met zijn lange soepstengels weinig kon doen.

'Als Feyenoord Van Loen dan per se in de spits wilde zetten, hadden ze op de training het systeem meer op hem moeten toesnijden. Uiteindelijk lukt het in de wedstrijden dan ook wel. En niets lijkt mij zo'n goede therapie voor een spits als weer regelmatig te scoren. En dan zul je zien: supporters kiezen onmiddellijk voor de man die de macht naar zich toe lijkt te trekken. Dan maakt het hun eigenlijk niet eens zoveel meer uit wie dat mooie Feyenoord-shirt draagt.'

Fijn onderwerp was dat, voetbal & psychologie, en Rob haalde maar eens op hoe hij ooit van een meneer in een ruitjesbroek hoorde over de verschillen tussen hockey en voetbal. Hockey was gebouwd op vriendschap, voetbal op strijd. De twee hockeyteams kleedden zich gezamenlijk om in één kleedkamer, voetballers deelden geen kleedkamer met de vijand. Een hockeyer zegt: 'Zeg kerel, ik heb nog met je gehockeyd.' Voetballers zeggen: 'Hé lul, ik heb nog tegen je gevoetbald.' Hockey is beschaving en verbroedering. Voetbal is dierlijk en gaat over vernietiging. Aldus de man in de ruitjesbroek.

'Dat van die hockeykleedkamer wist ik niet,' zei Anna Enquist, die voetbal & psychologie ook een heel fijn onderwerp vond. 'Wat ik wel weet is dat Ajax in de ArenA voor het eigen team een prachtige kleedkamer heeft gemaakt, met een jacuzzi en wat al niet meer, en voor de tegenstander is er dan een veel minder luxueus hok. Om dat te bereiken moeten ze wel eerst langs de Ajax-kleedkamer, zodat de tegenstander goed kan zien wat Ajax wel heeft en wat zij niet krijgen. Dan is de wedstrijd al begonnen, natuurlijk. Wat Ajax niet begrijpt is dat een en ander onmiddellijk teniet wordt gedaan door dat dak op de ArenA, want dat vind ik zo soft. Die Ajacieden zijn toch geen ballerina's van suikergoed? Ik zag Ard Schenk ook liever in de sneeuwvlokken van Sapporo rijden, dan Rintje Ritsma in het beschutte Thialf.'

Omdat ze het beste met Feyenoord voorhad, heeft Anna Enquist nog eens een Plan Van Aanpak gelanceerd, mocht de onvrede in De Kuip weer eens tot een onbeheersbaar monster uitgroeien. In een dubbelinterview met De Voorzitter (Jorien van den Herik), geëntameerd door *AD*-journalist Hugo Borst, kwam ze met het idee om iedere voetbalsupporter alleen toegang tot het stadion te verlenen, indien hij of zij wordt vergezeld door iemand van een andere generatie. Dat kan een opa of een oma zijn, een vader of een moeder, maar ook een dochter of een zoon. En een nichtje of een neefje rekent Anna Enquist ook goed.

'Dat plan heeft het nog geschopt tot de voorjaarstoespraak van Van den Herik, maar daarna heb ik er niet veel meer over gehoord. Hij zou er onderzoek naar laten doen,' verklapte ze. Anna Enquist was ervan overtuigd dat het zou werken. 'Het is een prettig soort van sociale controle. Agressie is een fundamentele drift, die kun je niet uitbannen, die moet je binden. Ergens diep verborgen in de mens zit gelukkig nog wel de behoefte om zich tegen bloedverwanten uit een andere generatie correct te gedragen. Dan zien ze zichzelf als rolmodel.'

En wat een mooie kerstgedachte was dat.

18 januari 2015
Feyenoord–FC Twente 3-1

Omdat het voltallige Feyenoord-bestuur er nog niet over uit is of wij de club weer een seizoen lang mogen volgen, komen we bij elkaar om op de treurschijf de thuiswedstrijd tegen angstgegner FC Twente te volgen. Topclub FC Twente. Vraag hem niet hoe het kan, maar een jaar of vijf geleden kocht een van ons (verrader Ronald) in de fanshop van stadion De Grolsch Veste een retro-trainingsjack dat de voormalige Feijenoord-speler en geboren Rotterdammer Kick van der Vall in 1970 droeg toen FC Twente speelde tegen Dynamo Zagreb, een wedstrijd die de Tukkers wonnen met 1-0. Ronald moest voor *de Volkskrant* de wedstrijd verslaan en had zich een beetje verkeken op de kou. Het jasje van Kick was voornamelijk bedoeld om hem warm te houden. Twente stond op dat moment al weken op de eerste plek en de landstitel leek onontkoombaar. Toch durfde in Enschede niemand te spreken van een kampioenschap. Na afloop van de gewonnen wedstrijd tegen Heerenveen riep Ronald uitbundig naar een wat oudere supporter: 'Op naar het landskampioenschap?' De man pakte zijn iPhone en begon hem foto's te laten zien van clubiconen.

'Hier,' zei hij. 'Dat ben ik met Epi Drost. En dit met Jan Jeuring. Dick van Dijk. Arnold Mühren. Hallvar Thoresen.'

Terwijl Ronald de torso van Thoresen inspecteerde, keek de Twent naar Ronald.

'Ik durf er niet aan te denken,' zei de man zacht. 'Het is geen nuchtere bescheidenheid, het is zelfbehoud. Ik geloof het pas als we het zijn. Eerst *kiek'n*. Dan *gelov'n*.'

Dit is een houding die Rob & Ronald (en met hen de rest van de Feyenoord-aanhang) inmiddels gewend zijn: eerst kijken en dan pas geloven. We hebben dat door schade en schande geleerd.

Inmiddels zitten we in de 36ste minuut van de wedstrijd tegen Twente. Twente lijkt iets beter, maar dan wordt El 'Mister Feyenoord' Ahmadi keihard onderuitgeschoffeld (de eerlijkheid dient te vermelden dat hij simpel naar de grond viel, maar Twente-speler Bengtsson was zo dom er even voor te glijden). Penalty! Rob & Ronald houden hun hart vast. De laatste vier penalty's van Feyenoord gingen er namelijk niet in, er begint zich een beetje een patroon te vormen. Gelukkig is het de wonderspits Kâzim 'Mister Feyenoord' Richards die met veel aplomb de bal opeist. Dat is een goed teken. Een speler die de bal wil hebben is gretig, die wil scoren, die wil zijn gezag laten gelden. Kâzim gaat dit varkentje wel even wassen. Genoeg met de penaltyvloek! Met een overload aan persoonlijkheid neemt onze nieuwe geweldenaar een aanloop... om kinderlijk eenvoudig tegen de vuisten van Twente-keeper Stevens te schieten. Gelukkig voor het legioen scoort Immers direct uit de door Toornstra aansluitend genomen corner. Rob & Ronald zijn samen meer dan honderd jaar, maar toch vliegen we op van de familiebank om elkaar een bijna homo-erotische *high five* te geven.

De rest van de wedstrijd verloopt werkelijk keihard, maar voorspoedig. Twente komt dankzij een doelpunt van (oud-Feyenoorder) Engelaar terug op 1-1, maar na rust scoren Toornstra en Boëtius. Eindstand 3-1.

'Dit kan echt nog wat worden,' zegt Ronald. 'Dit Feyenoord is tot grote dingen in staat!'

Rob denkt het ook, maar zegt uit voorzorg: 'Eerst *kiek'n*. Dan *gelov'n*.'

eddy
pieters
graafland

25 januari 2015
Ajax-Feyenoord 0-0

Om half een precies is het vandaag: Ajax uit. Ajax uit, dat is minder lastig dan Ajax thuis. Ajax uit, dat kun je verliezen, gebeurt gewoon weleens. Maar thuis van Ajax verliezen, dat is een ramp, een vernedering, een jankende schande, met altijd die treiterende sms'jes van onze vriend Pizza Paultje, zelfverklaard oer-Ajacied. Dat wil je niet. Dat gaat je tegenstaan, op den duur. Vooral als het zo vaak gebeurt, ja.

Dit seizoen was het op 21 september weer eens zo ver. Wij raakten paal, lat, paal, Cillessen, lat, Cillessen, paal, en speelden De Erfcollega geheel en al van de mat. Zij kwamen precies één keer over de middellijn. Vrije trap, Ricardo van Rhijn: boem! Dwarrelbal. 0-1! Commentaar van onze nieuwbakken keeper Kenneth Vermeer: 'Op de training bij mijn vorige club schoot-ie ze altijd hoog over of ver naast. Dit heb ik nog nooit meegemaakt.'

Tsja, *lucky punch* of niet, wij gingen knock-out. Het bleef bij 0-1. Waar is Pellè als je hem nodig hebt? Waar was Guidetti? Dirk Kuyt? Robin van Persie? Jon Dahl Tomasson?

Henke Larsson? Gaston Taument? Ruud Gulllit? Peter Houtman? Andrej Jeliazkov? Lex Schoenmaker? Ove Kindvall? En al die andere wonderspitsen die wel ooit tegen Ajax wisten te scoren?

'Ik heb slecht geslapen, Rob,' zegt Ronald, die er inderdaad wat bleekjes uitziet. We hebben ons verzameld bij Ronald thuis, zoals bekend mogen Feyenoord-fans de ArenA niet in, en vice versa. FOX staat aan, en op de computer speelt zoontje Lasse fanatiek. Puur om onszelf op te monteren putten we uit het verleden, alsof we live onze eigen zondagmiddageditie van *Studio Sport* regisseren. Feyenoord–Ajax, Ajax–Feyenoord, enkele *high- and lowlights*. (Info voor de lezers die later ingeschakeld hebben: we zijn een boek aan het schrijven rond het thema 'Een seizoen lang Feyenoord volgen, kan dat?'... Even volhouden nog.)

'Wat is de eerste confrontatie die je te binnen schiet als ik Ajax–Feyenoord roep, Jack?' vraagt Ronald aan Rob.

'Nou, Mart, dat moet de gedenkwaardige 1-3 zijn in het Olympisch Stadion. Donderdag 27 mei 1971. Ajax zou de week erop de finale om de Europacup I tegen Panathinaikos spelen, en Feyenoord moest winnen om landskampioen te worden. Rinus Israel en Theo Laseroms waren geblesseerd, maar werden met spuiten overeind gehouden. Na een homerisch duel in de regen won Feyenoord, door twee fabelachtige afstandschoten van Dick Schneider. Er wordt altijd gezegd dat dit de beste wedstrijd van Dick Schneider ooit was,' vertelt Rob, week van emotie, nu.

'En wat is in je herinnering de meest verschrikkelijke confrontatie tussen Ajax en Feyenoord?' verstoort Ronald Robs intieme privémoment. 'Nou, Humberto, wat dacht je bijvoorbeeld van de 6-0 uit, zondag 9 maart 1975, toen “onze” Ruud Geels vijf doelpunten scoorde, tegen ons. Er wordt altijd gezegd dat dit de beste wedstrijd van Ruud Geels ooit was. En de slechtste van Eddy Treijtel ooit. Naar die wedstrijd ging ik met mijn vader, die dacht dat ik dat leuk zou vinden. Vooraf hield ik het nog op een gelijkspelletje,’ vertelt Rob.

‘O ja, en wat dacht je van die verschrikkelijke 1-5 thuis, Jeroen, op 15 april 1972, toen Feyenoord nog als Europese topclub gold, maar zich tot op het bot liet vernederen. Er wordt altijd gezegd dat dit de beste wedstrijd van Johan Cruijff ooit was. Hij scoorde twee keer,’ gaat Rob verder.

‘En dan zal ik maar zwijgen over de 8-2 uit, Tom, op 18 september 1983, toen Johan Cruijff bij ons speelde. De grootste nederlaag van Feyenoord in vijftig jaar. Er wordt altijd gezegd dat dit de beste wedstrijd van Marco van Basten ooit was. Hij scoorde drie keer,’ besluit Rob, waarna we beiden zwijgen.

‘Waarom,’ peinst Ronald, ‘noemt iedereen Feyenoord–Ajax altijd een topper, Theo, als er zo weinig te vieren valt?’

‘Nou ja, Kees, we hebben wel grote successen behaald. Op 28 augustus 1960 bijvoorbeeld. Toen wonnen we met 9-5 (de beste wedstrijd van Henk Schouten ooit). En wat te denken van 29 november 1964, Feijenoord–Ajax: 9-4 (de beste wedstrijd van Hans Venneker ooit). Mooie momenten, Ronald, toen jouw ouders hun beste wedstrijd ooit nog moesten spelen.’

Zo leven we ontspannen naar de wedstrijd toe, totdat we worden onderbroken door Lasse. Achtjarige Lasse, die werkelijk alles van voetbal weet, heeft de wedstrijd met FIFA al gespeeld. 'Ajax–Feyenoord: 4-0,' zegt hij gedecideerd. 'En rood voor Lex Immers.'

Ongeloof. Verbijstering. Wat weet dat FIFA-spelletje er nu helemaal van? Gebaseerd op statistieken? Statistieken, die zeggen Rob & Ronald (de klassieker, sinds 1921 175 x gespeeld; winst Ajax: 79; winst Feyenoord: 55; gelijk: 41 – doelsaldo: 376 om 281; de klassieker, sinds 1956, de invoering van het profvoetbal, 124 x gespeeld; winst Ajax: 59; winst Feyenoord: 30; gelijk: 35 – doelsaldo: 268 om 183) toevallig helemaal niets. Ja, we weten heus wel dat Big Data bezig zijn aan een opmars binnen het voetbal, allemaal het gevolg van de hype rond ex-honkballer en teammanager Billy Beane van de Oakland Athletics. In *Moneyball* (2003) worden zijn wiskundige methodes beschreven, er kwam zelfs een speelfilm van, met Brad Pitt. De stelling: door goede analyses van Big Data kun je een middelmatig team sterker maken. Maar Rob & Ronald zijn nog oldskool. Wij hebben toch liever een scorende spits. Voor ons geldt: je hebt leugens, grove leugens, en statistieken. Juist als niemand erin gelooft, dan kún je winnen. Het is eerder vertoond, snoeven we nu, volmondig. Uit bij Ajax, dat nota bene op weg was naar de finale Champions League tegen AC Milan in het – dat dan weer wel – Ernst Happel Stadion in Wenen.

Olympisch Stadion, Amsterdam
8 maart 1995

Volgens Mike zelf betekent 'Obiku' in het Nigeriaans: soms gebeurt het. En dat is niet het slechtste motto voor een spits die graag een gooi mag doen naar het Wereldkampioenschap Gouden Wissel. Vaak hadden we onze Mike al in de gordijnen zien hangen, of met zijn handen in het prikkeldraad na een doelpunt, maar eerlijk gezegd betrof het dan wel dikwijls de 4-1 of 5-0, in plaats van de beslissende treffer. Mike maakte dat allemaal niets uit. Bij zijn entree op het veld trok hij de kraag van zijn shirt omhoog, en als hij gescoord had dan trok hij met evenveel aplomb zijn shirt weer uit. Niet zelden leek het alsof Mike en zijn imposante torso louter hun eigen wedstrijd speelden (en dat was ook zo). Mike had zijn hele kamer volhangen met foto's van Mike, al vonden zijn medespelers dat maar raar. Werden er na de training boterhammen geserveerd, dan wilde Mike biefstuk. En reed de rest van de ploeg weg in een gesponsorde Opel, dan vroeg Mike om een Mercedes. 'De onderkoning van Rotterdam,' noemde zijn trainer hem weleens plagerig.

Per ongeluk was Mike op Cyprus aangetroffen door De Voorzitter, maar vervolgens werd hij aangekondigd als de nieuwe George Weah. 'Mike kan uitgroeien tot een echte publiekslieveling, als je geluk hebt,' sprak De Voorzitter, zoals onze voorzitter iedere nieuwe aankoop pleegde aan te kondigen als een toekomstige publieksfavoriet. *Yeah, right, sure,* hadden we geantwoord, is er nog ander nieuws? (Wij gaan hier nu niet die lijst van miskopen nog eens herhalen.)

Na een seizoen of drie bij Feyenoord leek Mikes belangrijkste kwaliteit dan ook zijn immer zonnige humeur. En dat moest Mike dan maar eens bij het Zweedse Helsingborg gaan uitstralen, besloot de clubleiding, waarna de spits zeer tegen zijn zin in werd uitgeleend.

Rond de achtste maart van 1995 bleek Mike weer eens even terug in Rotterdam, of misschien was hij al veel eerder gearriveerd, maar daar hadden we dan bar weinig over gehoord. Vast stond wel dat op die datum een cupwedstrijd tegen Ajax wachtte en als drievoudig bekerhouder in de laatste vier jaar (na finales tegen BVV Den Bosch, Roda JC en NEC), had Feyenoord dit keer eindelijk eens echt iets te verliezen in Amsterdam. Mike begon op de bank, en een verrassing mocht dat niet worden genoemd.

De wedstrijd ontwikkelde zich traag. Ajax scoorde 1-0 via Ronald de Boer, en ook dat mocht geen verrassing heten. Op de tribune werden de zakcalculators en chronometers al getrokken om te zien of Ajax op schema lag van de eerdere winsten dit seizoen tegen Feyenoord (3-0 om de Supercup, 4-1 in de competitie). Maar zoals een leeuw zich weleens kan vergissen in de snelheid en de levenskracht van een gnoe (en andersom), vocht Feyenoord terug: tien minuten voor tijd betekende een benutte strafschop 1-1. Heus. Verlenging!

In het veld had József Kiprich al een tijdje met zijn handen in de zij gestaan, aanleiding voor de trainersbank om maar eens naar Obiku te knikken. Mike zette zijn kraag omhoog en begaf zich in de 75ste minuut binnen de lijnen, waarna hij toch een beetje uit het zicht verdween. Mike, begrepen we later, spaarde zijn energie voor de verlenging, in wat zijn beste verlenging ooit zou worden.

Hij kreeg de bal op links, het was de 95ste minuut. Moederziel alleen stond Mike daar, op de grasmat van dat immense Olympisch Stadion, en in de verte zag hij de contouren van een verdediger of drie van Ajax voor zich. Alsof er geen Big Data bestaan begon Mike te rennen, de vijand tegemoet. Frank Rijkaard kwam zich melden, maar Mike was veel te vlug. Vervolgens roetsjte hij langs Danny Blind, die slechts de windvlaag van Mike kan hebben gevoeld. Alleen voor Van der Sar besloot Mike tot een slim tikje, zoals hij dat op straat in Nigeria bij het flessenvoetbal had geleerd: 1-2. Sudden death, wedstrijd afgelopen! Mike trok zijn shirt uit, zijn torso stond hem goed. Daarna kwam hij met zijn handen in het prikkeldraad. '*Sudden death?*' sprak zijn trainer. 'Is dat dan al ingevoerd? Dus dan hebben we nu gewonnen?' Mike Obiku: soms gebeurt het.

(Feyenoord won dat seizoen voor de tiende maal de beker, na een 2-1 winst tegen Volendam. Niet veel later werd Momentenman Mike Obiku, die van 1968 is, helaas verkocht aan Real Mallorca. Nog later dook hij op bij AZ, maar daar kan niemand zich meer iets van herinneren.)

Terug naar het heden, zondagmiddag half een

Ah, daar klinkt in de ArenA het *Bloed, Zweet & Tranen* reeds op. Hazes, dat spreekt. Rob & Ronald hebben evenwel een nare mededeling voor de ArenA. André Hazes was helemaal niet voor Ajax, sorry. André Hazes was voor DWS en FC Amsterdam, maar bovenal voor Willem van Hanegem, in zijn Feyenoord-shirt. Op 4 juni 1983 nam De Kromme na een lange, lange carrière afscheid in een volle Kuip, Rob was erbij. Naast Willem stond op het veld een kleine krullenbol, een microfoon in zijn hand, en... hij was gehuld in een Gouden Gids Feyenoord-tenue. Stond André heel goed, toen hij Willem een paar liedjes toezong. Hazes en Van Hanegem, vrienden voor het leven. Apekool? Gelukkig hebben we de foto's nog.

Denk daar voortaan even aan, ArenA, als jullie *Bloed, Zweet & Tranen* meeblèren, sowieso al meer een Feyenoord-lied, zou je zeggen. Dan wordt onze André overstemd door een hels fluitconcert, gemikt op de voormalige godenzoon Kenneth Vermeer. Hoort er allemaal bij, zo zie je

© ANP Photo

hem denken. Wij vragen ons af: toen Eddy PG in 1958 van Ajax overstapte naar Feyenoord – voor het recordbedrag van 134.000 gulden – werd hij daarna bij zijn terugkeer op 9 november in het Olympisch Stadion ook geschoffeerd, en uitgefloten? Vast niet. Wie kon er nu boos worden op zo'n gentleman? En is Kenneth Vermeer geen gentleman, dan? De waarheid is dat zowel Ajax (6de) als Feyenoord (5de) dat seizoen slechts een bescheiden rol speelden, want Sparta werd in 1958/'59 landskampioen. Er was heus wel rivaliteit, dat hou je toch, maar niet dat bloedfanatieke, dat opgefokte, dat hersenloze van vandaag, aan beide kanten.

Rob & Ronald stellen zich op het standpunt: voor een wedstrijd heb je een tegenstander nodig, anders is het een training. En als die tegenstander toevallig Ajax heet, nou ja, dan moet dat maar. En vice versa. Zo simpel is het. Of maken we nu iets stuk? En wanneer is dat stukmaken ook alweer begonnen? Midden jaren zeventig? Die van FC Utrecht konden er destijds ook wat van. Waren het soms de hooligans van Tottenham Hotspur? Op 29 mei 1974, toen zij bij de terugwedstrijd van de UEFA Cupfinale hun verlies niet konden nemen en spontaan De Kuip begonnen te slopen? Is dat de geboorte van het voetbalgeweld in Nederland, een enkele stads- of streekderby met dronken rivalen en een aansluitende kerstbomenjacht daargelaten?

Het antwoord ligt besloten in het boekje van Wim Bot: *Leve Feyenoord één* – een publicatie van De Arbeiderspers, uit 1994. Net toen *Hard gras* opkwam, en het literaire voetbalverhaal een hoge vlucht nam, lanceerde Bot zijn aanstekelijke Feyenoord-memoires – het werd aangekondigd als 'het eerste boek van een Nederlandse voetbalsupporter, een nieuw fenomeen in onze sportliteratuur'. En het moet gezegd: met *Leve Feyenoord één* was hij ons eigen boek *De liefde die Feyenoord heet* vijf jaar voor. Hoe dan ook, in stukje 23, getiteld: 'Ajax is een jodenclub', gaat de auteur dieper in op die oplopende rivaliteit. Daaruit blijkt dat de datum waarop voetbalgeweld in Nederland werkelijk begon gesteld mag worden op 17 september 1972: Feyenoord–Ajax 2-0 (2 x Theo de Jong). Bot noteert, als ooggetuige, hoe op zeker moment voor de wedstrijd op Vak S het lied *Ajax is een jodenclub* werd aangeheven. Ze vonden het normaal om dat te zingen, het hoorde bij Ajax-Feyenoord, het gevecht tussen Rotterdam en Amsterdam, de kraker tegen de aartsrivaal. Andersom gebeurde dat net zo goed, voor Amsterdammers waren Rotterdammers dan weer 'boeren'.

Wim Bot: 'Ook ik zong het lied mee, hoewel ik verdomd goed wist wat er tijdens de bezetting gebeurd was. Je kon er de Ajacieden mee jennen, dat woog blijkbaar zwaarder dan en verdrong al het andere. Op het moment dat het lied werd ingezet, vond er een verrassingsaanval plaats op Vak S. Een tiental Ajacieden stormde in een onbewaakt ogenblik langs de suppoosten het vak op en voor we ons realiseerden wat er gebeurde en het gezang stokte, vielen er klappen. Frans, die er veel ouder uitzag dan hij was, behoorde tot de slachtoffers: zijn bril werd van zijn kop geslagen. Zelf wist ik mij op tijd uit de voeten te maken en verliet Vak S; ik hou niet van vechten en kan het ook niet, tussen die twee zal wel een oorzakelijk verband bestaan. Even onverwacht als de Ajax-brigade het vak was opgekomen verdween ze weer, zonder dat er een echt grote vechtpartij had plaatsgevonden. Het was een bravourestukje, waarvan de Ajacieden achteraf wel erg genoten zullen hebben. Ze lieten ons wit weggetrokken en verbijsterd achter, zoiets was nog nooit gebeurd.'

Nou, daar heb je het dan: 17 september 1972. Dat is alweer even geleden, ja. Ongetwijfeld heeft een en ander ook te maken met het *second city syndrome* wat Rotterdam zo kwelt, hetzelfde syndroom dat Chicago heeft over het pocherige New York, of Porto over Lissabon, met als bekend Portugees spreekwoord: 'In Porto wordt het geld verdiend, in Lissabon wordt het uitgegeven.' Zoals Amsterdam ten opzichte van Parijs een second city syndrome heeft (en de Jordanees potsierlijk zingt: 'Geef mij maar Amsterdam, dat is mooier dan Parijs'), zo voert Rotterdam strijd tegen de rest van de wereld, om te beginnen tegen 020 – Abcoude-Noord, dus.

Allemaal waar, maar objectief bezien blijft dat second city syndrome toch tamelijk ongrijpbaar.

Rekenen we even mee?

Feit: Rotterdam heeft de eerste Nederlandse winnaar van de Europacup I én de Wereldcup – dat blijft voor altijd staan.

Feit: Rotterdam heeft de mooiste skyline van Nederland.

Feit: Rotterdam heeft het beroemdste voetbalstadion van Nederland.

Feit: Rotterdam heeft het grootste Filmfestival van Nederland.

Feit: Rotterdam heeft de prachtigste musea.

Feit: Rotterdam heeft altijd al een levendige jazzscène gehad.

Feit: Rotterdam heeft de grootste haven.

Feit: Rotterdam is een stad van verhalen.

Feit: Rotterdam had een speler die beter was dan Zinédine Zidane en Totti bij elkaar (Willem van Hanegem).

Conclusie: Rotterdam is eigenlijk de enige échte moderne metropool van Nederland.

En toch, en toch: altijd dat scheve oog naar Amsterdam. Waarom dan? Laten we de gekende Rotterdamse volkssocioloog Jan Boskamp er eens op naslaan. Zijn vader was nog suppoost in De Kuip geweest, op zondag scheurde hij de kaartjes. In zijn autobiografie *Geen gezeik* (2013) vertelt Jan Boskamp: 'Ik heb mij nooit minder gevoeld dan een ander. Ik was een zoon van een arbeider en ik vond dat prima. In onze Rotterdamse volksbuurt het Oude Noorden moest je trouwens helemaal geen kapsones hebben. Daar komen nogal wat bekende voetballers vandaan, zoals Faas Wilkes, Coen Moulijn en Wim Jansen. Dat waren échte idolen in Rotterdam en de rest van Nederland, maar verder ook heel eenvoudige jongens.'

Geen kapsones, geen pretenties, eenvoudige jongens, die kant gaat het op bij Boskamp. Om er even later aan toe te voegen: 'Ajax dat was de vijand, dat waren de rijke Amsterdammers, al kunnen die mensen er daar natuurlijk ook niks aan doen. Feyenoord was en is een club van arbeiders, van de gewone man. In Rotterdam is keihard werken het belangrijkste, in Amsterdam moet het ook nog eens mooi voetbal zijn.'

Klare taal, van professor Boskamp. En hij duidt en passant ook nog even hoe het bombardement van 14 mei 1940 het leven in Rotterdam voorgoed heeft veranderd. 'Toen ik jong was, begin jaren vijftig, verkeerde de stad nog helemaal in de wederopbouw, je zag de ruïnes nog staan. Toen ik zeven was, kreeg ik van mijn moeder een boekje: *Rotterdamse jongens in Duitse tijd*. Dat ging over hoe kinderen zich staande hielden en wat ze uitspookten in de oorlog. Dat maakte een diepe indruk op mij. Thuis hoorde je niks anders dan over die oorlog. Die was constant aanwezig. Er was maar één soort slechte mensen, dat waren de Duitsers. En er was maar één goede Duitser, dat was een dode Duitser. Niks was erger dan een mof.'

Een stad met een oorlogstrauma, dat valt te begrijpen. Maar met dat second city syndrome, daar moeten ze in Rotterdam nu maar eens mee ophouden. Laten Rob & Ronald het zo zeggen: moet je eens kijken wat er met Celtic is gebeurd, sinds Glasgow Rangers failliet ging, en als Rangers FC na de doorstart werd geparkeerd in de Derde Divisie. Celtic is verlost van zijn eeuwige rivaal, die van The Old Firm, en nu is er al helemaal niets meer aan die Schotse Mickey Mouse-competitie. Celtic is nog wel het grootste slachtoffer van het wanbeleid bij de Rangers, want bij gebrek aan tegenstand tellen ze Europees niet langer mee. Willen we dat dan, als Feyenoord zijnde? Geen Ajax meer als rivaal? Je zou het haast denken.

Zomaar een willekeurige Feyenoord-Ajax: 5 april 1998

Deze wedstrijd is Nelli Cooman onze gast. De voormalige atlete komt een halfuurtje voor aanvang aangesprint. 'Sorry jongens, maar ik zat helemaal vast in een file. Veel politie op de weg. Zeker iets aan de hand,' verontschuldigt ze zich. We haasten ons naar onze plaatsen en Nelli vertelt een voorspellende droom te hebben gehad. 'De nacht voordat ik mijn wereldrecord liep, 7.00 seconden scherp op de zestig meter, overkwam mij ook zoiets. Kennelijk hebben mijn dromen voorspellende waarde. Vanmiddag wordt het 2-1 voor Feyenoord. Ik weet het zeker.'

Gedurende bijna een heel seizoen hebben we tamelijk (of beter: totaal) anoniem in ons familievak op de Maastribune gezeten. Die twee zwijgende, christelijk ogende knaapjes die steeds met een andere gast kwamen. Nu we echter Nelli Cooman bij ons hebben, zijn we plotseling de getapte jongens. Iedereen kent ons en laat ons dat luid groetend weten.

Ook Nelli is een spetter en wordt door ons vak als zodanig binnengeluid. Een gejuich uit duizend kelen stijgt op.

'Hé, knuffel!' en 'Ha schoonheid!' klinkt het enthousiast. Oprecht vrolijk incasseert Nelli welgemeend alle complimenten en ze gaat er eens even goed voor staan. 'Normaal zie ik de wedstrijden in een vipbox,' begint ze uitvoerig te vertellen tegen niemand in het bijzonder en ons in het algemeen. 'Maar hier op de tribune vind ik het leuker. Hier schaamt men zich niet om te juichen. Zelf ben ik ook nogal fanatiek. Wel is het zo dat ik mijn man in de vipbox heb ontmoet. Gouwe gozer, hoor, al is hij dan voor Ajax.'

'Voor Ajax?' stijgt een gemopper op uit duizend kelen, al klinkt het harder dan gemeend, want Nelli vergeven ze hier alles. Nelli is namelijk ambassadrice van Stichting Rotterdam Topsport.

'Ja, voor Ajax,' grinnikt ze. 'Ik heb 'm al gezegd dat als Ajax straks wint, hij er vanavond niet meer in komt. Dan slapen we niet op één kussen. Dan gaat-ie maar naar zijn moeder voor zijn prakkie.'

Rotterdamse Nelli staat nu op haar praatstoel en blijkt al even hard te kunnen vertellen als lopen. 'Ik heb zelf vijf jaar gevoetbald,' verduidelijkt ze tegen niemand in het algemeen en tweeënvijftigduizend voetbalfans in het bijzonder. 'Ik was linksbuiten bij WEENA. Ik maakte vijfentwintig doelpunten per seizoen. Ze noemden mij Miss Pelé. Ik moest kiezen tussen het Nederlandse Damesvoetbalteam en atletiek.'

Miss Pelé vervolgt: 'Later heb ik nog eens met Ulrich van Gobbel een wedstrijdje hardgelopen. Hij haalde 10,2 op de honderd meter. Dat haalde ik niet. Hij won.'

Uit duizend kelen klinkt het: 'Doping.'

Dan komt Ajax het veld op. Het is nu wel bewezen dat telekinese, voodoo en duiveluitdrijving niet werken: waren deze methodes wel effectief geweest, dan hadden de spelers van Ajax geen stap meer kunnen zetten. Terwijl ze nu toch zo vastberaden het veld op marcheren, schijnbaar doof als ze zijn voor het gegil en boegeroep uit meer dan duizend kelen.

'Nou Nelli, jij hebt over de uitslag gedroomd, maar kijkend naar deze jongens hebben wij er toch een minder goed gevoel over,' zeggen Rob & Ronald, waarna we Nellie vertellen van een documentaire die we in de reeks *The African Dream* hebben gezien. Twee dorpen, zeg maar Amsterdam en Rotterdam, speelden jaarlijks een potje voetbal tegen elkaar, maar dan in Senegal. De rivaliteit was buitensporig, en dus werden alle middelen aangewend om de winst binnen te halen. Hoogst indrukwekkende rituelen toonden aan dat voetbal ook in Senegal een religie is, want door beide teams werd een meer dan alleen tactisch beroep gedaan op hun maraboet, een islamitische medicijnman. Terwijl zo'n maraboet in de schemering met allerlei poppetjes, naalden, rugnummers, touwtjes, papjes en bezweringsformules bezig was, vond hij ook nog even de tijd om een en ander toe te lichten: 'Om te winnen moet je zorgen dat de spelers van de tegenstander zich zwaar en lusteloos voelen. Ik werk dat hele team af, te beginnen bij de keeper. Ze zullen op het veld geen stap kunnen verzetten.'

Zo ging dat ieder jaar, en ieder jaar ook sprak de aanvoerder van de verliezende partij: 'Nee, nee, wij hoeven geen nieuwe trainer. Wat wij nodig hebben is een nieuwe maraboet.'

Inmiddels komt onze eigen wonderdokter Leo Beenhakker de spelerstunnel uit en hij kijkt om zich heen. Hij ziet boosaardigheid. Hij ziet haat. Hij ziet mensen die bezeten zijn van pure haat. En daar wordt hij dus helemaal onpasselijk van. Dat veroorzaakt bij hem een negatieve stress, dat willen we gewoon niet weten. In zijn algemeenheid kan hij van zo'n wedstrijd als Feyenoord–Ajax intens genieten, maar nu zit hij met een misselijk gevoel in zijn maag. Denkend aan wat hij allemaal om zich heen ziet, deze dag, vraagt hij zich hardop af – en dat meent hij oprecht – of hij de volgende dag De Voorzitter niet moet aanschieten om hem te vragen om toch maar een andere trainer voor Feyenoord te zoeken. Wil Leo Beenhakker hier nog wel bijhoren, vraagt hij zich af – zo althans schetste hij het in een interview met *Sportweek*, 14 april 1998. Niettemin is de peinzende Don Leo de voorbode van Het Grote Moment. Iedereen begint te juichen, iedereen klapt, Nelli Cooman staat op haar stoel te springen: Feyenoord betreedt het veld. De Kuip katapulteert zichzelf in een baan om de aarde.

Even de eerste helft op een holletje: wij zijn beter.

Maar: *sain wai aok dah bestah?*

De bel gaat, de tweede helft begint. Een tweede helft die in de geschiedschrijving van de club zal voortleven als: De Middag Dat God Feyenoord Een Hand Toereikte (Maar De Spelers Helaas De Tekenen Niet Begrepen En De Andere Kant Opkeken). Wat er gebeurde was dit: halverwege stond het nog steeds 0-0, maar Feyenoord wankelde en werd bijna onder de Amsterdamse kicksen gelopen. De Ajacieden kregen zelfs een paar kleine maugelukhaijden (in het jargon van hun oud-oppermedicijnman).

Toen besloot God (of de maraboet) dat het genoeg was. Dat er maar eens een einde moest komen aan de vernederingen. Dat Feyenoord in eigen huis eindelijk weer eens moest winnen van de Erfcollega. Hij besloot zijn Godenzonen te verstoten.

En derhalve schiep Hij ideale omstandigheden voor een overwinning van het werkvoetbal: Hij schiep Feyenoord-weer. Er verschenen inktzwarte donderwolken boven De Kuip, wolken die apocalyptisch vanonder beschenen werden door de wegzakkende zon aan de einder. Hij schiep hagelstenen zo groot als leren knikkers, en regen zo scherp als naalden. Hij liet het donderen, en flitsen schoten uit Zijn Hand, richting de oren van de verdoemde Edwin van der Sar. Waar iedere scheidsrechter het spel in zulk een noodweer zou hebben gestaakt, begreep Dick Jol de Tekenen van de Schepper dondersgoed, en dus liet hij doorspelen. Doorspelen, ten faveure van Feyenoord, want Feyenoord gedijt in tegenslag en noodweer.

'Dit willen we hebben,' zeiden we tegen elkaar, lachend dekking zoekend voor de ijsstenen. 'Storm op volle zee! Rotterdamser zullen we het niet krijgen. Dit is het weer waarin Feyenoord toeslaat! Havenarbeiders, verenigt U! Nu gaan we eindelijk Ajax weer eens klop geven.'

In den beginne leken de spelers van Feyenoord – onder wie: Jerzy Dudek, Paul Bosvelt, Henk Vos, Julio Ricardo Cruz, Giovanni van Bronckhorst, Jean-Paul van Gastel en Ulrich van Gobbel (wat een team, eigenlijk!) – inderdaad van wille de Hand van God te schudden en dientengevolge de druk op die vervelende oren van Van der Sar eens stevig op te voeren. Er kwamen plots maugelukhaijden voor Feyenoord, maugelukhaijden die je gerust kansen mocht noemen. Nu waren het godverdomme even de Rotterdamse kicksen die de wurgende tango om de bal en de winst leidden. De echte, ouderwetse Feyenoord-aanvalsgolf duurde vijf minuten, vijf doelpuntloze minuten. En toen was het alsof er iets knapte bij de spelers. Ze begonnen naar de bank te kijken, en hun lichaamstaal verried dat ze het eigenlijk maar vreemd vonden dat de scheidsrechter bij zulk noodweer liet doorspelen. Er kwam vertwijfeling. Er wilden spelers gewisseld worden. We begrepen dat dit Feyenoord niet meer het Feyenoord was van Willem van Hanegem, Theo Laseroms, Rinus Israel, Wim Jansen, Peter Houtman, Bennie Wijnstekers, André Hoekstra, József Kiprich, Mike Obiku, Henk Fraser, Ruud Heus, Piet Romeijn of John de Wolf. Er stonden geen zeemannen op het veld.

Ook Don Leo zag het. Hij kon niet langer aanzien hoe zijn jongens deze 'fantastische onwijs te gek gave happening' tussen hun vingers lieten glippen, en dus sprong hij op om met zijn arm een gebaar te maken alsof hij een hengel uitwierp. 'Eroverheen!' leek hij hulpeloos te willen zeggen, want ook hij begreep waar God naartoe wilde. 'Eroverheen. Over de laatste linie van de Godenzonen heen!'

Zijn gebaren werden niet verstaan. De spelers van Feyenoord stonden met vraagtekens op hun voorhoofden getatoeëerd en hun aanvalsdrift en aandacht verslapten. Een noodlottige verslapping, want toen kwam de 74ste minuut. Niet onze El Jardinero wiedde de overwinningsgladiolen, maar hun De Boer (Ronald) plantte een goal (kopen!).

Brokken in duizenden kelen. Verslagenheid. Onmiddellijk houdt het op met regenen. God (of de maraboet) gelooft het verder wel. Nelli Cooman staat op en zegt: 'Ik ben weg. Dit kan ik niet meer aanzien. Tot ziens, het was niet leuk.'

En verdwenen is ze (in 6,59 seconden op de eerste zestig meter, een officieel nieuw wereldrecord).

We turen onwezenlijk om ons heen. Net als in het collectieve rouwproces het punt van lethargie lijkt te worden bereikt en we ons opmaken voor acceptatie, ja zelfs voor hoop op een tegendoelpunt, ontstaat er rumoer in het vak voor ons. Daar draait men zich massaal om, richting de business seats boven ons. Ook wij draaien ons om. En dan zien we hem: Nero.

Zonder viool ziet hij eruit als een driedubbele Harry Mens. Hij staat met zijn corpulente lichaam, in zijn pocherige azuurblauwe Armani-pak, tegen de rand van onze stadionring en houdt zijn begoudenarmbande varkenspoot uitdagend gestrekt omhoog. In zijn worstenvingers, verborgen achter zijn zegelring, heeft hij een glas champagne en het is met dit glas dat hij alle vakken in het stadion toeproost, terwijl zijn vetrollen over de railing klotsen. Hij lacht erbij, deze aperte patjepeeër, en in zijn bescheten nouveau riche-Amsterdams roept hij een keer of dertig achter elkaar: 'Oajax! Oajax! Wai sain dah bestah!'

We kijken elkaar aan.

We hebben het nog niet eerder gevoeld, dit seizoen. Oprechte boosheid. Blinde haat. Zeg jij het, of zeg ik het? We bedoelen: wat bezielt het mafiose zwartgeldcircuit om even de bordjes zalmblubber met truffelprut opzij te schuiven om het publiek te beledigen? Wie is deze omhoog gevallen potsierlijke parvenu, dat hij met zijn drankwalmende Willibrord Frequin-hoofd hier in het stadion het wrattenzwijntje komt uithangen? Waar haalt die gore kut-Amsterdammer het gore kutlef vandaan om, beschermd door gore kutbodyguards en betaald door goor kutcocaïnegeld, hier het eerlijke Rotterdamse werkvoetbalvolk te komen treiteren? Waarom verwijdert De Voorzitter deze man niet uit zijn stadion?

Dat iemand juicht na een doelpunt is prima, zelfs al had de KNVB uitgevaardigd dat er hier geen Ajax-supporters aanwezig mochten zijn (wat blijkbaar niet geldt voor het zwartkapitaal). Ook begrijpen we dat een leeuw een gnoe nodig heeft en andersom. We willen zelfs nog wel zover gaan om te bekennen dat we Jari Litmanen een goede voetballer vinden (kopen!), dat we om de altijd gekke Babangida kunnen lachen en dat die Van der Sar er nog heel wat ballen uitplukt. We zijn bereid om de De Boertjes hun nasale dommigheden te vergeven (omdat ze op momenten toch wel een aardig balletje kunnen trappen) en we concluderen dat we bij Ajax eigenlijk alleen écht een hekel hebben aan Richard Witschge en Danny Blind, omdat ze exponenten zijn van het soort zelfoverschatting dat zo bij bepaalde Amsterdammers schijnt te horen, iets wat overigens vooral geïmiteerd wordt door niet-Amsterdammers die per ongeluk in de hoofdstad terecht zijn gekomen (wat ons betreft mag Zeeuwse Danny nog niet de voetbaltas dragen van Ronald Koeman), maar goed, daar blijft het dan ook bij.

Wat ons evenwel stoort is dat zo'n proletenpotvis als genoemde Nero zich ongestraft mentaal mag komen aftrekken in het bijzijn van vijftigduizend onschuldige geknevelden. Dat is: obsceen. Die moet: voor de leeuwen, dachten we. Onzalig is een club met zulke supporters, succesfans die doen alsof ze zojuist hoogstpersoonlijk de bal in het net deden ploffen, ook al hebben ze iedere ochtend een takelwagen nodig om uit hun ruftende bed te worden getild. Arm Ajax.

Oprechte boosheid. Blinde haat. Maar wij hebben uiteraard niets gezegd (lafaards).

Tien minuten later. We hebben ons al weer helemaal hersteld en ons licht-irritante alles ironiserende moppentrommel-toontje waarmee we tot nu toe over Feyenoord hebben geschreven hervonden. Niet dat we ons schaamden, maar we waren onszelf gewoon even kwijt.

'Waren wij dat?' vragen we elkaar later, giebelend in de file voor de Van Brienenoordbrug (Feyenoord verloor met 0-1). Dat waren wij. Wij hebben heel, heel even meegehuild, meegevloekt en meegehaat. Een nuttig moment, want het leert ons waar de haat vandaan komt. Research! Participerend schrijverschap! Rob & Ronald waren voor even zelf Rotterdammers geworden, we begrepen volkssocioloog Jan Boskamp plotseling heel goed.

Een heel seizoen lang hebben we gedacht dat voetbal ons niets meer deed. Voetbal, dat was een jeugdliefde, iets voor je naïeve jaren. Maar vandaag hebben we gevoeld dat we nog voelen. Feyenoord-fans, *after all*. Zat de al eerder genoemde Anna Enquist – dichteres en psychoanalytica – nu maar bij ons in de auto, die zou er wel raad mee weten.

rick
Karsdorp

22 april 2009

We denken terug aan een man genaamd Taxi Piet, een kale beer van een vent, die jarenlang een van de woordvoerders van de F-site en van de Onafhankelijke Fanclub Ajax was. Dit wist Ronald niet toen hij hem ontmoette op een namiddag in 2004. Piet had een taxibedrijf dat gasten reed voor tv-programma's, en zodoende pikte hij hem op om hem van Utrecht naar een studio in Amsterdam te rijden.

Ze kwamen te praten over Piets grote liefde Ajax, waar Ronald natuurlijk zijn clubliefde voor Feyenoord tegenover moest zetten, al bleek Piet veel meer over de Rotterdamse club te weten dan Ronald over de club uit 020. Bijna liefdevol sprak Taxi Piet over beruchte Feyenoorders en successen van de Rotterdammers. Ondertussen stonden ze in een enorme file op de A1 (toen al).

Omdat Ronald nog niet gegeten had stelde Piet voor om even ergens te stoppen. Ze kregen het over een van zijn andere passies: eten. Zijn liefde voor kroketten. Satékroketten. Kalfsvleeskroketten. Febo-kroketten. Maar ook: stamppot.

De geneugten van een ouderwetse rijsttafel. Zaken waarover je eigenlijk niet moet spreken als je met honger in de file staat.

De file was dusdanig hardnekkig dat het hun niet meer lukte om een stop te maken. Piet zette Ronald af bij het Leidseplein, waar het programma werd opgenomen. Anderhalf uur later stond hij er weer om Ronald op te halen.

'Er ligt wat voor je, Feyenoorder,' zei hij, gebarend naar zijn achterbank. Daar lag een zak van de Febo, gevuld met zes kroketten, voor hen allebei drie stuks. Een klein gebaar, dat Ronald altijd zal bijblijven.

Na deze rit heeft Ronald Piet nog regelmatig gezien en ingehuurd als hij voor werk naar Amsterdam moest. Zonder uitzondering gingen de gesprekken over Ajax en Feyenoord. Piet begon Ronald – een gewoonte van veel Ajacieden in onze omgeving – pesterige sms'jes te sturen bij misfortuin van Feyenoord, zoals Ronald het op zijn beurt niet kon nalaten Taxi Piet fijnzinnig te wijzen op de slechte resultaten van zijn club.

En toen werd die bolle ziek, plotseling. Kanker. Een tumor in zijn heiligbeen. In geval van Piet was het onvoorstelbaar dat zo'n grote vent zich ging laten slopen door een stukje onwelgevallig vlees. Het gevecht van Piet begon.

Zijn familie en vrienden hielpen Piet en zijn geliefde Marianne op het verbetene af. Er werden liefdevolle acties georganiseerd als hij op de tribune van Ajax zat en hij een sms-bombardement kreeg van honderden mensen die hem de tekst 'You'll never walk alone' stuurden. Namens Feyenoord schreef Ronald 'Ook Rotterdammers lopen naast je'.

Toen zijn nieuwe woning moest worden aangepast aan zijn ziekte, hebben zijn vrienden een Wall of Fame gemaakt, met foto's, Ajax-hoogtepunten en memorabilia (waarvoor Ronald zich liet fotograferen met het logo van een niet nader te noemen schoonmaakmiddel).

Na een enorme strijd overleed Taxi Piet op 22 april 2009, toevallig op dezelfde dag als Martin Bril, die hem erg zou hebben gemogen als hij hem had gekend. Kerels zoals zij geven het leven chein, om het maar eens in het Jiddisch te zeggen.

opel.nl/voorhetleven
HDI
OPEL

Terug naar het heden
25 januari 2015
Feyenoord–Ajax 0-0

De 125ste klassieker sinds de invoering van het betaalde voetbal is inmiddels afgelopen. We hebben een tamelijk matte wedstrijd gezien, waarin wij beter waren, écht veel beter. Dus, vooruit, kijk de Big Data er maar eens op na:

	Ajax	Feyenoord
% Balbezit:	42	58
Hoekschoppen	0	8
Doelpogingen	4	20
Overtredingen	11	16
Gele kaarten	0	2

Dit was nu typisch zo'n Ajax–Feyenoord die wij hadden kunnen winnen, nee, hadden moeten winnen. Volgens de statistieken zou dit 0-3, 0-4, 1-5 hebben moeten zijn. Maar ja, wij hadden Kâzim. Daar kan geen Big Data tegenop. Eerst faalde hij oog in oog met Cillessen opzichtig – nou, goed, dat kan nog. Maar dat hij vijf minuten voor rust hoogstpersoonlijk de kopbal van Boëtius van de Ajax-lijn haalde, een goal die Lasse, Ronald & Rob al telden, tart werkelijk iedere beschrijving. Colin Kâzim-Richards, onze nieuwe Momentenman. Bepaald geen Obiku, nee. Ping! Daar komt het gebruikelijke treiter-sms'je al binnen van Pizza Paultje. 'Onze beste verdediger vandaag was er een van jullie.' Hij heeft er doodleuk een smiley achter gezet, dat spreekt.

1 februari 2015
Feyenoord–ADO 2-1

De Feyenoord-vlag kan uit: de club is akkoord om ons tot aan het einde van dit nu al onvergetelijke en spectaculaire seizoen toegangskaarten te geven voor ons en voor een gast. Als eerste nodigen we de jonge uitgever Merijn Hollestelle uit, die reeds 'sinds zijn conceptie' voor Feyenoord is. 's Ochtends vroeg is hij vanuit zijn woonplaats Leiden vertrokken richting Rotterdam.

'Al in Leiden begon mijn Feyenoord-gevoel,' zegt de zevenentwintigjarige voormalige Brabander (zijn ouders wonen in Oudenbosch). Merijn liep met zijn clubshawl richting het Leidse station. In Leiden wonen aardig wat Feyenoord-fans, dus hij was, ondanks het vroege uur, niet de enige herkenbare voetbalsupporter. Eenmaal in de trein was het alsof hij samen met onbekenden op schoolreis ging, maar nog even een paar mensen thuis op moest halen: op ieder perron stond een volgende meute te wachten, die vrolijk aan boord kwam van hun Feyenoord-trein. Uitstappend bij Rotterdam Stadion overviel Merijn een mix van trots en spanning. Die trots voelt hij trouwens altijd als hij met de trein langs De Kuip rijdt, op weg naar zijn ouders.

Rob & Ronald kijken naar hun jonge gast, de enige in de perskamer die een shawl van Feyenoord draagt. Uit het goede Feyenoord-hout gesneden, dat mag duidelijk zijn. Merijn is de jongste van drie broers, van wie er twee voor Ajax zijn. Dat heeft hem als kind gevormd. Feyenoorder zijn betekent: niet meegaan met de meute en het onderspit delven tegen de massa. In dit geval een massa van twee, die met Ajax-vlaggen door de wijk renden als Ajax weer eens een succes behaalde. Een van Merijns grote successen was de Golden Goal van Mike Obiku in 1995, daar hadden zijn broers even niet op gerekend. Bedankt nog, Mike Obiku. Zo wist Ajax weer even waar ze stonden.

Zelf voetbalde Merijn bij VVO in Roozendaal, en hij kreeg van zijn vader voor iedere twee goals een zakje voetbalplaatjes. 'Toen het voetbal nog mooi was,' zeggen we nostalgisch, 'en doelpunten nog werden beloond met voetballiefde.'

We gaan vroeg naar de tribune, om maar niets te missen van de sfeer, het welkomstwoord van stadionspeaker Peter Houtman, de warming-up van spelers en publiek. Feyenoord speelt met hetzelfde team als vorige week tegen Ajax, we zijn klaar voor een monsterzege.

Peter Houtman noemt Het Legioen 'speler nummer 12', een mededeling die in het stadion met gejuich wordt ontvangen.

'En wij van de pers zijn nummer 13!' roept Merijn vanaf de perstribune overmoedig.

Hij herinnert zich nog zijn eerste bezoek aan De Kuip: een avondwedstrijd tegen RKC. Het hoogtepunt van die avond was een actie van Uli 'Mister Feyenoord' van Gobbel, die probeerde te scoren met een omhaal. Dat hij jammerlijk faalde verpestte het moment niet.

We spelen vandaag tegen GADO GADO uit Den Haag, een club die recentelijk is overgenomen door 'Mister Wang', ofwel de Chinese zakenman Wang Hui, die heeft aangekondigd dat hij Den Haag het liefst tiki-takavoetbal wil laten spelen. Nou, laat het tiki-taka maar aan Feyenoord over: al in de negende minuut scoort Lex Immers 1-0 tegen zijn oude ploeg, na een voorzet van Nelom.

'Immers, een mooie goal,' zegt Merijn, als we zijn uitgejuicht.

'Immers, hij komt van Den Haag,' zegt Ronald.

'Immers, hij kan best voetballen als hij er zin in heeft,' zegt Rob.

'Immers, hij is niet voor niets naar Feyenoord gehaald.'

'Immers, hij kwam voor anderhalf miljoen euro van ADO.'

'Immers, hij kan ook uit de voeten als spits.'

'Immers, de club kon wel een rauwdouwer gebruiken.'

'Immers, wat lengte in het veld is ook niet onbelangrijk.'

'Immers, alleen zou hij eens wat in de zon moeten zitten.'

'Immers, hij durft zich wel in de strijd te gooien.'

'Immers, die altijd ruzie lijkt te hebben met de bal.'

'Immers, hij kan de ballen ook hoog over schieten.'

'Immers, het oogt misschien niet altijd mooi, maar effectief is hij wel.'

'Immers, voetbal is geen darten.'

En zo immersen we een kwartier verder, tot vermaak van het hele stadion minus 51.114 bezoekers, die overigens ook niet stil naar de wedstrijd kijken. Na een paar gezapige minuten besluit de ADO-aanhang een beetje reuring in De Kuip te gooien. Plotseling schalt het uit het vak: 'Feyenoord moet een liedje zingen, hi ha ho, Feyenoord moet een liedje zingen, hi ha ho.'

De Rotterdammers lachen om deze actie en reageren direct door *Hand in hand* in te zetten, het oer-Feyenoord-lied. Nadat er is geapplaudisseerd doen de Feyenoorders een voorzet. 'ADO moet een liedje zingen, hi ha ho,' klinkt het in het stadion. 'ADO moet een liedje zingen, hi ha ho.'

Even is het stil.

En dan zingen de Hagenezen in koor: 'Er staat een jood in de goal, ja ja, een jood in de goal.' En dan hebben ze het over Kenneth 'Mister Feyenoord' Vermeer, die zich inmiddels al heeft geschaard in het rijtje illustere Feyenoord-keepers. Op het veld, ondertussen, gebeurt niets bijzonders en daar helpt de wissel van Feyenoorder Wilkshire voor Khalid Boulahrouz (al in de 18de minuut) weinig aan. Een paar minuten later komt Feyenoord voor met 2-0, na een eigen doelpunt van ADO-verdediger Timothy Derijck.

'Kopen!' roepen Rob & Ronald.

Om de tijd te doden halen we herinneringen op. Merijn heeft het over zijn allermooiste Feyenoord-moment aller tijden: toen hij als elfjarig jongetje met zijn vader naar de Coolsingel ging om bij de officiële huldiging van het kampioenselftal te zijn. Ze stonden midden-vooraan op de Coolsingel, recht tegenover de helden van toen: Van Gastel, Tomasson, Kalou, Cruz, Van Vossen, Konterman, Van Wonderen, Bosvelt, Dudek, Van Gobbel, Henkie Vos, Henk Fraser en natuurlijk Don Leo. Merijn: 'Ik ben nooit meer zo trots geweest als toen.'

Wat Mister Wang in de rust in de thee van de Rotterdammers heeft gedaan is niet te achterhalen, maar het heeft het spel niet bevorderd. ADO-speler Mike van Duinen scoorde 2-1 en bracht de spanning terug in de wedstrijd. Het Haags kwartiertje duurt vandaag bijna een half uur. Bij Feyenoord valt vooral het idioot slechte spel van Colin Kâzim-Richards op. Merijn zit zich daarover te verbijten, Rob & Ronald zijn er allang aan gewend.

'Misschien moet je bij de persconferentie straks Fred Rutten eens aan de tand voelen,' zegt Rob, bij wijze van grap.

Om ons te vermeien vertelt Merijn een verhaal over de puzzel die hij heeft van het kampioenselftal van Feyenoord, eentje met duizend stukjes. Op een avond deed hij samen met zijn vriendin, ook een Feyenoorder, een poging de puzzel te leggen.

'Uiteindelijk besloten we midden in de nacht vermoeid dat we hem de volgende dag zouden afmaken. Toen we de volgende dag weer beneden kwamen, lag-ie prachtig en volmaakt op tafel. Mijn huisgenoot had hem 's nachts voltooid,' vertelt Merijn. 'Nota bene een PSV'er.'

Rob & Ronald kijken elkaar hoofdschuddend aan. Feyenoord-puzzel? Gelegd door volwassen mannen? Is dit wel *gèèrs*? – zoals ze in Rotterdam zeggen.

Na de wedstrijd bezoeken we eerst de mixed zone, waar Lex Immers iedereen vriendelijk te woord staat. 'De tweede helft viel erg tegen van onze kant. Er zat weinig voetbal meer in en we raakten de grip kwijt,' zegt hij voor de camera. Een journalist wil weten wat hij vanavond gaat doen om de winst op zijn oude club te vieren.

'Ik ga zo denk ik een Chineesje pakken,' antwoordt hij.

Immers, hij heeft humor.

In 1814 publiceerde de Russische sprookjesschrijver Ivan Andreevich Krylov (1769-1844) een fabel over een man die naar een museum gaat en daar tientallen kleine mooie dingetjes ziet, terwijl het aan hem voorbij gaat dat er zich ook een enorme olifant in de ruimte bevond. Sindsdien is '*elephant in the room*' een spreekwoord voor het onuitspreekbare probleem.

Wij komen de persruimte binnen en ook daar staat een enorme olifant, waarover echter niemand spreekt. Die olifant heet Colin Kâzim-Richards. ADO-trainer Henk 'Mister Feyenoord' Fraser vat de wedstrijd samen en spaart zijn ploeg niet. Hij oogt desalniettemin sterk en standvastig, wat we van de vaak wat aarzelende Fred Rutten niet kunnen zeggen. Perschef Raymond Salomon – die van tempo houdt – informeert of iemand van de journalisten nog iets wil weten.

Niemand reageert.

Salomon wil al afsluiten, maar dan horen Rob & Ronald plotseling een stem naast zich. Het is helemaal niet Johan Derksen. Dit is onze eigen Merijn.

'Eh, vraag voor dhr. Rutten,' zegt Merijn, die altijd wil dat *alle* puzzelstukjes kloppen. 'Hoe lang gaat het nu nog duren met Colin Kâzim-Richards?'

De sfeer is er een alsof er een grote airbag is ontploft. Iemand benoemt de olifant. Rutten kijkt met open mond naar Merijn, die namens alle Feyenoord-fans moedig naar de trainer kijkt. De rest van het gezelschap kijkt van Merijn naar Rutten en weer terug. Deze persruimte is *too small for the both of them*.

Van de weeromstuit begint Rutten te stotteren, waarna hij een antwoord murmelt over dat hij dat soort geluiden wel meer hoort, maar dat hij het er niet mee eens is.

‘Prima, dan was dit de persconferentie,’ besluit Raymond Salomon, uiterlijk onaangedaan.

‘Iemand moest het zeggen,’ fluistert Merijn, als we naar de auto lopen.

‘Jeugdige overmoed,’ concluderen Rob & Ronald, met een glimlach.

kpn

4 februari 2015
Heerenveen–Feyenoord 3-1

Bij Sportclub Heerenveen hebben ze de eigenaardige gewoonte om voorafgaand aan de wedstrijd het Friese volkslied te laten opklinken. Dat gaat van:

Frysk bloed tsjoch op!
Wol nou ris brûze-en siede
En bûnzje troch ús ieren om.
Flean op! Wy sjonge-it bêste lân fan 'e ierde,
It Fryske lân fol eare-en rom.

Fries bloed bruis op!
Gevoel uw heldenwaarde,
Wees fier, dat gij een Fries u noemt;
Spring op! Wij zingen 't schoonste land der aarde,
Der Friezen land vanouds beroemd.

En de bedoeling is dat wij dan gaan sidderen. Nu hebben Rob & Ronald al heel wat volksliederen voorbij horen komen, maar van het Friese volkslied sidderen wij in het geheel niet. Sidderen, dat doe je voor het Duitse volkslied (*Deutschland, Deutschland über alles*) als we weer eens tegen Die Mannschaft moeten, dan weet je dat het lastig wordt. Denk even aan de WK-finale 1974. En oké, het Argentijnse volkslied bij de finale van het WK '78 lag ook niet zo lekker in het gehoor. Maar het Friese? Moaw. Het enige andere volkslied dat Rob ooit deed sidderen was het Amerikaanse: *The Star-Spangled Banner*. Dat was op een zaterdagavond, in El Paso, Texas. Er werd een rodeo gehouden, er vielen prijzen te winnen. De arena zat vol, de lichtmasten brandden, en beleefd vroeg de speaker om aandacht voor het 'national anthem' – iedereen stond op. Maar waar je een harmonie of een drumband zou verwachten, klonk opeens een vervormde Fender Stratocaster door de speakers: Jimi Hendrix, die *The Star-Spangled Banner* deed, de live versie van het Woodstock-festival, 1969. Kijk, dat was pas rock-'n-roll. Daar wilde Rob best even van sidderen. Maar voor een Fries dweilorkest? Laat ons niet lachen! (Uitslag: 3-1, de tweede uitnederlaag van dit seizoen).

8 februari 2015
Feyenoord–Cambuur 2-1

Overpeinzing: hoeveel wedstrijden van 'ons' Feyenoord zouden Rob & Ronald al gevolgd hebben? In het stadion, op de radio, live op tv? Laten we instappen bij seizoen 1969/'70, het jaar van 'onze' Europa Cup I. Gemiddeld spelen we zo'n vijftig wedstrijden per jaar. We zijn nu in het seizoen 2014/'15, dat brengt de teller op 45 jaargangen Feyenoord x 50 wedstrijden = 2250 matches x 90 minuten = 202.500 minuten Feyenoord-voetbal. Ofwel: 3375 uur, reistijd niet meegerekend. Bijna 141 dagen, volcontinu Feyenoord. En dan moeten we de wedstrijden van het Nederlands elftal er nog bij optellen, alsook een enkele Europese wedstrijd van een andere Nederlandse club, plus de gebruikelijke krakers binnen de Champions League, en idem die van de Premier League. Dan zit je zo op een vol jaar voetbal. Wat een zeeën aan tijd. Wat hadden we daarin niet allemaal kunnen doen? Boeken schrijven, de wereldliteratuur redden, wat heet: de complete planeet een stapje vooruit helpen. Maar nee hoor, wij moesten naar Feyenoord.

Zoals altijd weet Ronald het nog wat erger te maken: 'En als je straks doodgaat, en je levensloop schiet aan je geestesoog voorbij, hoeveel Feyenoord-momenten krijg je dan te zien? Vijf? Zonder herhaling?'

'Waar klappen we voor, Ronald?' wil Rob weleens weten. 'Is het Het Shirt, De Mythe en De Roemruchte Geschiedenis, of klappen we voor een marketingmodel in voetbaloutfit?'

Ronald: 'Misschien klappen we wel voor onszelf, voor de gedachte dat in ons leven niets is gegaan zoals we dat in onze jeugdjaren aan onszelf hadden gezworen, behalve die ene eed: dat we Feyenoord trouw zouden blijven.'

Rob: 'Dus dan klappen we bezwerend tegen de dood, of liever: om de moed erin te houden met de eindigheid van het bestaan op onze hielen?'

Ronald: 'Theo Laseroms is al uit Het Eeuwige Veld gestuurd, net als Coentje, en zelfs IJzeren Rinus *gets a little rusty*.'

Rob: 'Het is niet leuk om je helden te moeten zien vallen. En wat ook niet leuk is, is de wetenschap dat de helft van het publiek hier in De Kuip die mannen zelf nooit heeft zien spelen. Iedereen onder de veertig, zeg maar.'

Ronald: 'Dat maakt ons oud, Rob.'

En dan begint het ons te dagen. Wij, hier op de tribune, zijn eigenlijk verworden tot de Yorkshire Men uit die sketch van Monty Python (even voor de jongere lezers: dat was een briljante Britse comedygroep). Ze zijn met vakantie op een subtropisch eiland, en ze kijken terug op hun jeugd. We reconstrueren nu even uit het hoofd:

Yorkshireman 1: 'Wat hebben we het vandaag de dag toch goed. Vroeger hadden we slechts geld voor een kopje thee.'
Yorkshireman 2: 'Een kopje kouwe thee.'
Yorkshireman 3: 'Zonder melk en suiker.'
Yorkshireman 4: 'Of thee.'
Yorkshireman 1: 'En we dronken uit een gebarsten kop.'
Yorkshireman 2: 'Een kop? Wij dronken thee uit een opgerolde krant.'
Yorkshireman 1: 'Toch was ik tevreden in die dagen. En dan te bedenken dat we in een piepklein huis woonden, met gaten in het dak.'
Yorkshireman 2: 'Een huis? Wij woonden met z'n zesentwintigen op één kamer.'
Yorkshireman 3: 'O, dan had je geluk, want wij woonden in de gang.'
Yorkshireman 4: 'Nou, een gang had voor ons destijds een paleis betekend. Wij woonden in een watertank en iedere ochtend werd een krat rotte vis over ons uitgestort.'
Yorkshireman 1: 'Ach, dat is nog niets. Wij woonden met z'n honderdvijftigen in een schoenendoos!'
Yorkshireman 2: 'Een kartonnen schoenendoos?'
Yorkshireman 1: 'Yep.'
Yorkshireman 2: 'Luxe. Wij woonden in een gat in de weg en we werden toegedekt met een papieren zak.'
Yorkshireman 3: 'Nee, wij hadden het pas écht moeilijk thuis, want wij moesten in een meer slapen. Een half uur voordat we naar bed mochten, moesten we alweer opstaan om te werken. 's Avonds sloeg vader ons met zijn broekriem naar buiten.'
Yorkshireman 4: 'Een broekriem? Daar hadden we voor ge-

tekend. Onze vader sloeg ons altijd in slaap met een gebroken fles.'
Yorkshireman 1: 'Zo was het! En vertel dat maar eens aan de Feyenoord-supporters van tegenwoordig. Ze zullen je niet geloven.'

O, momentje: we moeten weer klappen. Supporters maken geluid, dat is hun bestaansrecht. Net als tegen Ajax uit probeert Kâzim-Richards de bal van de vijandelijke doellijn te koppen, maar de inzet van Toornstra is gewoon té hard – via het hoofd van onze spits ricocheert de bal tegen het net. Kâzim krijgt de treffer door speaker Peter Houtman zelfs toegekend (2-0). Zo, die zit!

Maar we hadden het over humor en voetbal. Hebben jullie even? Er wordt over Feyenoorders gezegd dat zij een onverwoestbaar gevoel voor humor hebben. Nu zijn er grofweg twee vormen van humor. Er is de oerlach, de oprechte lach van een baby als hij zijn ouders ziet. Oerlachen is ontwapenend lachen van herkenning. Deze vorm van humor wordt en werd in praktijk gebracht door cabaretiers als Toon Hermans (óók Feyenoord-fan). Het is altijd lachen om een man te zien die zijn perzik eet en het sap van z'n armen moet likken. We lachen omdat wij ook zo een perzik eten. De oerlach is universeel. De oerlach is thuiskomen. De tweede vorm van humor is de cultureel-bepaalde lach, of beter: de confronterende lach. Bij 'schriklachen' gebeurt er altijd iets dat eigenlijk niet kan, waarmee de wereld heel even op z'n kop wordt gezet. Iemand loopt tegen een lantaarnpaal. We lachen om het plotselinge verlies van waardigheid van het slachtoffer, maar we lachen ook om onze schrik weg te hikken.

Ook de voetbalwereld kent z'n eigen fascinerende humor. Bekend zijn de verhalen van drollen op de motorkap van een medespeler (FC Utrecht), tandpasta in de voetbalschoenen van een medespeler (PEC Zwolle), rotte haringen in de dampende auto van een medespeler (Volendam) of doorgezaagde doelpalen (Spaan en Vermeegen op hun elpee *Vuilnisman, mag deze zak ook mee?*). Bij de laatste grap vertelt Vermeegen aan Spaan: 'Lachen, jongen, lachen. Ja, het werd even stil. Want de keeper was dood, maar op z'n begrafenis hebben ze weer gelachen, jongen. Hadden ze een cassetterecorder met een oud interview met die keeper onder de kist verstopt. Zakte de kist in de grond, hoorde je de keeper zeggen: "Ik hoop zo snel mogelijk weer terug te zijn." Lachen, jongen.'

Eind jaren negentig namen wij de cabaretier Vincent Bijlo eens mee naar De Kuip. Vincent is Ronalds oude studiegenoot en fervent Feyenoord-fan. En Vincent is blind, een detail dat er toch wel toe doet. Het klinkt als een tautologie – de blinde Feyenoord-fan – maar Bijlo is ondanks zijn fysieke ongemak al sinds de jaren zeventig voor Feyenoord. 'Ik woonde namelijk in een acht-onder-één-kapwoning te Bussum,' vertelde hij, 'en daar was iedereen voor Ajax. Ik vond dat zo makkelijk, zo meegaand, zo NSB. Nou, voor PSV kun je niet zijn, daar zijn ze zelf niet eens voor, en dus besloot ik als kind om voor Feyenoord te worden.'

Dat een blinde niet in staat zou zijn het voetbal te volgen was volgens hem een gebrek aan inlevingsvermogen. Hij vertelde: 'Voor jullie vieze zienden is het makkelijk om naar het stadion te gaan of de tv aan te zetten, maar tv luister ik nooit.

Bij een wedstrijdverslag op tv hoor ik alleen maar: "Van Bronckhorst... Van Gastel... Terug naar Van Bronckhorst... Corner." Daar is niets aan. Met groepen tv-kijken is nog erger. Het enige dat ik dan van de wedstrijd merk is: "Jaaaah! Neeeeh! Schieten, Kutvos! Verdedigen, Kutgraf! Jaaaah! Ooooh!" Soms hoor ik niet eens dat er gescoord is. Om voetbal te volgen zet ik een koptelefoon op met op de ene speaker *Langs de Lijn* en op de andere het tv-verslag, en via mijn braille-computer volg ik Teletekst. Zo mis ik geen minuut.'

Zijn eerste bezoek aan De Kuip was in 1984, toen hij het nodig vond om van zijn liefde voor Feyenoord te getuigen door een daad te stellen. En hij wilde een wedstrijd weleens *voelen*. Met zijn voetbalvriend Fokke ging hij naar de wedstrijd Feyenoord–PEC Zwolle, het seizoen dat Feyenoord landskampioen werd. 'Nu hadden we nogal wat domme problemen onderweg,' legde Bijlo uit, 'en dus kwamen we een kwartier te laat met een taxi bij De Kuip aan. Nou, toen was er dus al gescoord. *Story of my life.* Maar ik vond het wel fantastisch, zo'n groot stadion en al die geluiden. Mijn vriend heeft mij live een verslag van de wedstrijd gegeven, zoals ik van jullie vanavond eigenlijk ook verwacht. Toch?'

Voetbal was voor Bijlo niet alleen om te luisteren, maar ook om over te lezen, al ergerde hij zich enorm aan hoe de vaderlandse pers over Feyenoord schrijft. Met zeurderige monotone stem, imiteerde hij een gemiddelde Nederlandse kwaliteitskrant: 'Feyenoord wint slechts met 8-0.' Of: 'De stemming was weer ver te zoeken toen Feyenoord gisterenmiddag met 11-0 van Volendam won.' En: 'Het was weer een geflatteerde uitslag, want eigenlijk verdiende Feyenoord het niet om met 17-1 te winnen van RKC Waalwijk.'

De wedstrijd die we destijds met Vincent bezochten (tegen FC Groningen, we wonnen met 3-0) begon hilarisch, in die zin dat De Kuip dus niet op blinden is ingesteld. Schande! Hebben blinden dan geen rechten? Bij de draaideurtjes van Ingang 13 kwam Vincent in het gedrang. De ordediensten spitsen hun oren toen ze zagen dat iemand zonder kaartje dacht binnen te komen.

'Dit is zijn kaartje,' legden wij uit, maar omdat wij al met zwepen achter de roltralies waren gejaagd, dacht men dat wij Feyenoord een ouderwetse poets aan het bakken waren. Een niet al te opgewekte stewardess nam ons extra kaartje aan om er drie voetbalseizoenen lang naar te staren, terwijl Vincent stond te wachten. De medewerkster besloot met haar hand over haar hart te strijken en Vincent toe te laten.

'Mogen wij het kaartje terughebben?' vroegen wij, opgelucht dat dit genante moment voorbij was.

'Het kaartje geef ik wel aan meneer terug,' zei de vrouw snibbig en ze legde het plastic strookje voor Vincent in het metalen kommetje onder haar beschermruitje. Vincent reageerde niet. De ordediensten trokken hun revolvers. De vrouw werd nu echt chagrijnig. Ze zei als beschaafde mensen onder elkaar: 'Héi!'

Omdat wij Vincent niet door de tralies heen konden helpen, riepen wij – heel grappig – dat Vincent met zijn hand haar gleuf in moest, waarna Vincent – heel grappig – met zijn arm begon te zwaaien en het kaartje per ongeluk op de grond sloeg. Inmiddels stopte er een ME-busje met een peloton schilddragende bloeddorstige agenten. *Looking for trouble?*

Gelukkig was er een meneer achter Vincent die, na een half uur, begreep dat Vincent zijn kaartje zelf niet kon oprapen. Hij gaf Vincent het strookje terug, en toen kwam waarschijnlijk het leukste moment van die hilarische middag: Vincent moest op eigen kracht de ingang zien te voelen.

'Kóóóómt die tourniquette!' zei hij met Hugo Walkerintonatie, en wrijvend op zijn voorhoofd. Inmiddels begreep de beveiliging van het stadion dat Vincent blind was, waar heel wat jongens en meisjes hartelijk om moesten grinniken. Een blinde in De Kuip! Lachen, jongen. De grap werd zo gewaardeerd dat Vincent niet eens werd gefouilleerd, want een blinde kon natuurlijk nooit in staat zijn een steen of een stuk hout naar binnen te smokkelen.

Later die middag vertelde Vincent dat hij als kind zelf ook had gevoetbald. 'Ik snap niet dat de VARA zoiets nooit laat zien, blindenvoetbal moet toch een fantastisch schouwspel zijn? De bal bij die sport is een speciale met een bel erin, op het veld voetballen blinden tegen blinden. Behalve op het doel, want daar staan twee slechtzienden. Geweldig spel, zolang de bal rolt, want als die stil ligt zijn die blinden minutenlang bezig die bal te zoeken. Puur cabaret. In de regels staat overigens ook dat het niet uitmaakt in welk doel je scoort. Je ziet het toch niet.'

Bijlo hield van Feyenoord vanwege de naam en de mythe, meer dan vanwege de spelers. Hij had natuurlijk totaal geen beeld van die jongens, legde hij uit. 'Ik heb indertijd heel veel informatie opgenomen, maar in tegenstelling tot zienden heb ik moeite me voorstellingen te maken. Natuurlijk weet ik dat Treijtel een keer een meeuw uit de lucht heeft geschoten en weet ik van het brilletje van Van Daele, maar als ik zeg Vos of Cruz, dan zien jullie onmiddellijk een typerende actie voor je, een moment. Ik heb dat niet. Ik moet putten uit mijn informatie: wat weet ik van die jongen. Die kost twaalf miljoen. O ja, en die maakte altijd domme acties.'

Vlak voor het eindsignaal vertelde Vincent dat hij regelmatig moest optreden in het Zuidplein-theater, vlak bij De Kuip. Traditioneel een moeilijke zaal. 'De mensen hebben hier een heel... hoe moet ik het noemen... *terloops* gevoel voor humor. Een grap over Ajax kunnen ze in Amsterdam meestal prima hebben, maar een geinig bedoelde opmerking over Feyenoord doet de zaal in Rotterdam-Zuid altijd op slot schieten. Eén keer heb ik het mezelf echt moeilijk gemaakt. Feyenoord had die week verloren met 4-1. Maakte ik de grap: nu weten we meteen weer waar die 1 uit Feyenoord 1 voor staat. Oei. Iedereen in het theater schrikken. Had ik mijn halve programma nodig om de schade weer een beetje te herstellen. En ik maar uitleggen: maar ik ben óók voor Feyenoord.'

rinus
israël

14 februari 2015
Heracles–Feyenoord 2-0

Deze zaterdagavond gaat Feyenoord er weer eens voor de volle 75 procent tegenaan. Onze stoere aanvoerder Jordy Clasie staat inmiddels het huilen nader dan het lachen. 'Dit mág niet. Dit kán niet.' En tóch gebeurt het. Komt dit nog wel goed? zo vragen Rob & Ronald zich bezorgd af. Hoe moet dat nu verder met ons boek? Wil iemand dit wel lezen? Of moeten we de titel veranderen in *Zelfhulpboek voor Feyenoord-fans*? *Feyenoord for Dummies*. 2-0 tegen een team in doodsnood, waar het hommeles is rond sterspeler Oussama Tannane en onder de fans het oproer kraait. Komt het door het kunstgras dan? Welnee, AZ, Cambuur, FC Twente, Willem II, PSV en zelfs Excelsior wisten hier voor ons allemaal vrij eenvoudig te winnen. Zij wel. En na ons zouden Heerenveen en Ajax hetzelfde doen. Die ook. Slechts NAC Breda, ADO Den Haag en PEC Zwolle verloren deze competitie uit bij Heracles. En wij, dus. Je hebt het linker- en het rechterrijtje, maar dit is zo'n rijtje waar je al helemaal niet in wilt staan.

19 februari 2015
AS Roma–Feyenoord 1-1

Was Robert De Niro een profvoetballer geweest, dan heette hij Francesco Totti. Wát een goeie getekende kop heeft die gabber, door zijn tifosi wel liefkozend 'de laatste gladiator van Rome' genoemd. Achtendertig jaar is hij nu, en reeds zestien jaar aanvoerder van AS Roma. De tijd lijkt op hem geen vat te krijgen.

Francesco 'De Niro' Totti: '*You talking to me? Huh? You talking to me?*'

Uitgedrukt in statistieken zijn dat 588 duels, waarin hij 243 keer scoorde. En dan moeten we zijn Europese cijfers er nog bij optellen: 88 duels, 37 doelpunten. Ook speelde hij 58 interlands, waarin hij 9 keer het net vond. Vanavond moet deze legendarische nummer 10 tegen ons, of beter: wij moeten tegen hem.

Francesco 'De Niro' Totti: '*You talking to me? Then who the hell else are you talking...?*'

Aan Totti zal het niet liggen, vanavond. Hij sterft liever, dan dat hij AS Roma laat vallen. Hij stond al in het rood-geel op de Curva Sud van het Stadio Olimpico op zijn achtste, zijn idool was spelmaker Giuseppe Giannini. Totti had de afgelopen twee decennia gemakkelijk naar Real Madrid gekund, of Bayern München, laat staan naar AC Milan, Chelsea of Man United – Totti bleef zijn tifosi trouw. Vooral ook, op verzoek van Fiorella, zijn mama: 'Franscesco is van Rome en blijft van Rome, hij gaat hier niet weg.'

Ongekend, eigenlijk, in dit tijdvak van het snelle geld & zaakwaarnemers & geveinsde clubliefde. Gegeven zijn leeftijd accepteerde hij recentelijk zelfs een salarisverlaging om toch maar vooral bij de club te kunnen blijven.

Francesco 'De Niro' Totti: 'You talking to me? Well, I'm the only one here.'

Dit is zijn geheim, volgens *La Gazzetta dello Sport*, althans: 'De magie van Totti ligt hem in zijn inventiviteit, het zien van dingen die anderen niet of pas veel later zien. Hij verheft voetbal tot kunst door het moeilijke ogenschijnlijk makkelijk te laten lijken. Door oplossingen te bedenken wanneer de anderen nog moeten beseffen dat er een probleem is.'

Aan wie doet ons dat denken? Het zien der dingen, voordat anderen beseffen dat er een probleem is? Die voetbal verheft tot kunst door het moeilijke ogenschijnlijk makkelijk te laten lijken? Rob & Ronald helpen even: het was ook een nummer 10. En net als Totti oogde hij traag. Maar ondertussen... Allebei straatwijs, afgezakte kousen, voor de duvel niet bang, laat staan voor de scheids, of de trainer, keihard als het moet in het veld, en in diepste wezen geniaal.

Francesco 'De Niro' Totti: 'Who the fuck do you think you're talking too? Oh yeah? Okay.'

AS Roma–Feyenoord. Een grote Europese wedstrijd voor Feyenoord, dat brengt herinneringen terug. Grote Europese wedstrijden van Feyenoord zijn het spul waar clubliefde van wordt gemaakt. Rob & Ronald zijn verwend, met name Rob. Zijn jeugd viel precies samen met de glorietijd van Feijenoord, daar kom je nooit meer vanaf. Rob was negen toen Feijenoord in San Siro de Europacup I won, precies zo oud als Lasse Giphart nu is. Op die leeftijd eet, drink en adem je voetbal. En hou je consciëntieus je plakboeken bij, net als je album met voetbalplaatjes. De televisie hielp ook een handje, want de wedstrijden werden live uitgezonden door de NTS. Een nationale gebeurtenis. Uit, in de mist, tegen AC Milan, de bekerhouder en club van Gianni Rivera. Thuis tegen Milan, met de zwabberbal van Wim Jansen, en de dodelijke, winnende kopbal van Willem van Hanegem, onze eigen Totti, dus. Ploeteren tegen Vörwarts Berlin, in de sneeuw, uit. Ploeteren tegen Legia Warschau, in de modder, uit. De Grote Finale tegen Celtic. Jan Boskamp: 'Feyenoord, dat was toen zo ongeveer de beste ploeg ter wereld. Nou ja, dat is Feyenoord eigenlijk altijd, maar toen écht.'

Ja, ja, die Jan! Wat hij maar zeggen wil: er stond een team van elf kerels, en allemaal brachten ze hun eigen specialisme mee naar de mat, van Coen Moulijn tot Piet Romeijn. En Boskamp kan het weten, want door de kracht en snelheid van de middenlinie met Hasil, Jansen en Van Hanegem was hijzelf veroordeeld tot de rol van supersub. Er zijn zelfs coaches die Happel met zijn Feyenoord bestempelen als de werkelijke uitvinder van het totaalvoetbal.

Dat zit zo: Rob en zijn collega Bastiaan hebben Rinus Israel in mei 1990 eens geïnterviewd, het was op een tragisch moment: hij was zojuist gedegradeerd als trainer met FC Den Bosch. Voor 'IJzeren Rinus' – voor wie winnen 'normaal' was, en verliezen 'verschrikkelijk' – was dat geen reden om de pers dan maar niet meer te woord te staan.

De handdruk was er een van iemand die nog gewoon om zes uur thuiskomt, het liefst boerenkool met worst eet, daarna gaat klaverjassen in het buurtcafé en er opgewekt over het weer klaagt, van een voetballer die al vijfentwintig jaar getrouwd was met Greet, de beste vriendin van zijn zuster. Rinus Israel, zoon van een metselaar, de laatste Man van Staal (al droeg hij dan, ja het is waar, bij belangrijke wedstrijden het slipje van zijn Greet onder zijn voetbalbroekje. Dat bracht geluk, hadden hij en Theo Laseroms besloten, die hetzelfde deed).

Het geanimeerde gesprek bewoog zich tussen heden en verleden. Wij vertelden hoe we met onze vaders polonaise in de gang hadden gelopen, toen Rinus voor ons de Europacup I omhoog hield, en hij vertelde op zijn beurt hoe hij Johan Cruijff de toegang tot het strafschopgebied verbood ('Johan, we willen je vanmiddag even niet zien in de zestien'), bij de zoveelste versie van Ajax–Feyenoord. Ook kwamen we te spreken over de statuur van voetballers als de popsterren van onze tijd, en welk een hekel hij daaraan heeft en toen hij dan zelf op de foto moest en onze zwartgeklede fotograaf kunstzinnig om hem heen begon te cirkelen, stond hij al na drie minuten op met de woorden: 'Zeg jongens, de koffie is klaar, hoor!'

Omdat we begrepen dat meneer Israel nog wel een paar maanden nodig zou hebben om over de degradatie heen te komen, hadden we ook een cadeautje voor hem meegenomen: een interview uit *Voetbal International* met Carlos Bilardo, in 1990 bondscoach van Argentinië.

Meneer Israel, in dit artikel noemt Carlos Bilardo u de uitvinder van het totaalvoetbal.

'Wie noemt-ie?'

U.

'Mij?!'

Ja.

'Wat?'

Hij speelde in 1970 tegen u in de strijd om de Wereldcup tussen Feyenoord en Estudiantes de la Plata en hij verbaasde zich erover dat laatste man Rinus Israel steeds naar voren schoof om pressing uit te oefenen. Daarmee bent u volgens hem de grondlegger van het moderne voetbal.

'Nou, ik ben mij er niet van bewust dat ik...'

Het staat hier echt. Dat is toch niet gering?

'Nee... uhh... dan heb ik mijzelf zeker altijd schromelijk onderschat.'

Alsjeblieft! Onze Aanvoerder Voor Eeuwig, Uitvinder Van Het Totaalvoetbal.

Sorry, meneer Michels.

Goed gezien, meneer Bilardo.

Dank u wel, meneer Happel.

Grote Europese wedstrijden voor Feyenoord, daar hadden we het over. Terwijl de spelers hun warming-up doen in het Stadio Olimpico, zo zien we op tv ('Kijk, daar loopt Totti!' jubelt Lasse), bijten Rob & Ronald maar vast hun nagels af. Toch hebben we het juist tegen Italiaanse teams vaak goed gedaan – nog tijdens onze campagne richting UEFA Cup

2002 hebben we Inter Milaan achteloos (uit: 0-1; thuis: 2-2) over de kling gejaagd.

Rob: 'Tegen Italiaanse ploegen maak je altijd kans.'

Ronald: 'Klopt. Zélfs als je eigenlijk geen schijn van kans maakt.'

En als vanzelf gaan onze gedachten uit naar die keer toen Herman Kuiphof ons vergezelde naar De Kuip. Hij is inmiddels overleden, in 2008, maar wat een bron aan verhalen was dat. Als verslaggever en latere chef sport van de *Haagsche Courant*, en natuurlijk vooral sinds hij in 1961 zijn entree als televisiecommentator maakte, beleefde Herman Philippus Kuiphof (Franeker, 1919) de topjaren van Feyenoord intensief mee, iets wat we hem slechts gedeeltelijk konden nazeggen. Helemaal mooi was dat we hem mochten meenemen naar een wedstrijd die op voorhand een echo leek van dat roemruchtige verleden: Feyenoord–Juventus.

Soest, 26 november 1997

We haalden Meneer Kuiphof thuis op, we waren wel een beetje nerveus. Het was ons niet gelukt om de uitwedstrijd tegen Juventus te vergeten, die nare 1-5, en als Feyenoord ons vanavond weer in de steek liet, zouden we ('Zijn we er dan toch ingetuind, Meneer Kuiphof?') ons omstandig moeten verontschuldigen, meenden we. Een nieuwe fase in volwassenheid: niet langer werden wij door onze vaders meegenomen naar het voetbal, vanavond was het zo ongeveer andersom. Gelukkig wuifde gentleman Kuiphof, die het met zijn even vriendelijke als beschaafde voorkomen eigenlijk nog eens tot coach van het Britse cricketteam had moeten schoppen, ons overbezorgde verantwoordelijkheidsgevoel onmiddellijk weg. 'Ik ben een bijna naïeve voetballiefhebber,' zei hij zacht, 'het plezier is geheel mijnerzijds.'

Opgelucht bespraken we in de auto de aanstelling van Leo Beenhakker als nieuwe hoofdcoach. Meneer Kuiphof had de wedstrijd Volendam–Feyenoord bezocht (0-0) en Feyenoord–FC Utrecht (3-1) op televisie gezien, en van een

Don Leo-effect was wat hem betrof nog lang geen sprake. Maar dit was Europacup en met Europacup wist je het nooit, zei hij gedecideerd (al murmureerden Rob & Ronald: Juve thuis, dat is altijd ehhh... lastig. Vraag maar aan Ajax).

De Kuip. De eerste keer dat Meneer Kuiphof in De Kuip kwam, wist hij zonder enige hapering op te halen: 'Nederlands Bondselftal tegen het Rhine Army Team, direct na de bevrijding. Het stadion was helemaal uitverkocht. Er zaten zeer goede voetballers onder die in Duitsland gelegerde Engelse soldaten. Die jongens wonnen dan ook met 0-3. Ik woonde destijds in Voorburg, liep naar Rijswijk, om met een platbomer via de Vliet en de Schie naar Rotterdam te varen. Daar moesten we nog drie kilometer lopen en dan kwamen we bij het stadion. Maar we deden het graag voor zo'n grote voetbalwedstrijd, want die hadden we vijf jaar niet gehad.'

You'll never walk alone, knikten we en op het veld was Lee Towers het in zijn zo herkenbare timbre van de ronkende bariton volledig met ons eens. Meneer Kuiphof bezag het schouwspel van veelkleurig vuurwerk en deinende sjaaltjes geamuseerd. Koffie werd hem aangeboden door Fred ('Fredje') uit het belendende vak ('Meneer Kuiphof, wat leuk dat u er bent. Wij hebben hier altijd gedacht dat u voor Ajax was'), de mooie momenten serveerde hij zelf.

Ernst Happel, zeiden we dan bijvoorbeeld, waarna Meneer Kuiphof inkopte. 'Happel? Had soms buien van spraakzaamheid. In de jaren vijftig heb ik hem zien voetballen bij Rapid Wien en in het Oostenrijkse elftal. Samen met Max Merkel, de latere wonderdoktertrainer. Allebei waren het gangsters, maar technisch konden ze er ook wat van: niet voor niets schoot Happel als coach nog steeds met gemak een rijtje colaflesjes van de lat. Door de spelers werd hij zeer gewaardeerd, maar voor een verslaggever was Happel een ramp. Wie met een enkel quootje thuiskwam, had het eigenlijk bijzonder goed gedaan.'

Ove Kindvall, stipten we aan (waarbij Rob het verhaal vertelde over hoe hij zijn keurige vader voor het eerst en pardoes 'lul' of beter: 'Zweedse lul' hoorde roepen, gezeten voor de televisie bij de Europacupwedstrijd Feyenoord–Vorwärts Berlin: 2-0 – Kindvall miste een strafschop en Meneer Kuiphof was de commentator): 'Op de eerste tien meter was hij zo snel als Babangida nu. Kindvall was rank gebouwd, maar echt zo'n koele, stoïcijnse Zweedse afmaker. Een beschaafde vent was hij ook, behept met een Brits gevoel voor humor. Dat detoneerde nogal bij Feyenoord, want daar liep natuurlijk ook Piet Romeijn, type: bootwerker. Geen toeval dat juist hij de term hondelul op de Nederlandse velden geïntroduceerd heeft. Over het feit dat ik Kindvall in mijn verslagen Tsjindvall noemde is al veel geschreven, maar ik kan je bezweren dat het klopte: ik had het namelijk van Ove zelf. Met die uitspraak heeft hij mij nog meermalen gecomplimenteerd.'

Terwijl er zo hele zonnestelsels aan mooie verhalen voorbij zweefden, betraden de teams van Juventus en de thuisclub het veld. Of het nu kwam doordat de Turijnen niet in het vertrouwde zebrashirt speelden (ingeruild voor blauw-geel uit-tenue met een on-Italiaans lelijke ster op schouder en dijbeen), of omdat de Oude Dame dit theekransje in Rotterdam niet al te serieus nam, van begin af aan was duidelijk dat Feyenoord niet half zo geïmponeerd was door haar eerbiedwaardige gestalte als de eerste keer, en dat onze jongens de herinnering aan die verpletterende nederlaag in Stadio Delle Alpi met graagte wilden wegpoetsen.

'Een kunstlichtwedstrijd,' had Meneer Kuiphof al uitgelegd, 'is zo leuk omdat het spel veel sneller lijkt te gaan. Hoe het technisch precies verklaard moet worden weet ik niet, maar het komt vast omdat het strijdtoneel van vier kanten tegelijk wordt belicht.'

Wonderlijk was het vooral om George Boateng de bal aan Zinédine Zidane te zien ontfutselen, en wat kon Henk Vos bij kunstlicht opeens hard lopen! Del Piero had moeite met Zwijnenberg (que?!) en Dudek pakte achteloos een kopbal van Juve-spits Amoruso. Vaak hadden we dit seizoen geklaagd over het gebrek aan teamgeest en het eilandjesrijk dat Feyenoord heette, over de wisselende coalities tussen onze Zuid-Amerikaanse, Afrikaanse en Europese fracties, maar vanavond hoefde de Veiligheidsraad geen marathonvergadering te houden: zouden ze soms weten dat Meneer Kuiphof op de tribune zat? We gingen de rust in met 0-0, maar ook onze gast vond dat Feyenoord zeker twee keer had moeten scoren, nadat afwisselend Pablo Sanchez en Julio Ricardo Cruz alleen voor Angelo Peruzzi waren verschenen.

Terwijl Fredje van de buren ('Ieder jaar heb ik een seizoenkaart. Ieder jaar verbrand ik 'm al halverwege het seizoen. Ieder jaar denk ik: maar eens in de tien jaar kampioen, dat is toch geen topclub? En ieder jaar kom ik gewoon weer terug. Begrijpt u dat nou, Meneer Kuiphof?') nog maar eens op koffie en koeken trakteerde, droomden we heimelijk van nog veel meer heerlijk lange herfstavonden in de Champions League, zelfs al wisten we dat we inmiddels waren uitgeschakeld voor de tweede ronde.

Hè toe, Meneer Kuiphof, vertel nog eens van Celtic–Feyenoord in het San Siro, die avond van de zesde mei 1970 – zo verkneukelden Rob & Ronald zich. 'Nou jongens, vooruit dan. Met een aantal journalisten was ik de dag voor de wedstrijd al in het trainingskamp van Celtic geweest, ze zaten in een klein plaatsje in de buurt van Milaan. Mijn collega's en ik kwamen daar met knikkende knieën van terug. Schotse mannetjesputters als Bobby Lennox, Tommy Gemmell, Billy McNeill en David Hay bleken een enorme fysieke kracht aan veel techniek te paren. En dan hadden ze ook nog Jimmy 'De Vlo' Johnstone. Hun coach Jock Stein, een prima vent en een reus van een kerel, straalde in zijn gedrag onoverwinnelijkheid uit. En bij de warming-up in het San Siro deed Celtic dat weer: ze grossierden in hakjes en dribbels, van dichtbij schoten ze snoeihard op hun eigen keeper Evan Williams, met alle risico's van blessures. Hoe zou Feyenoord in 's hemelsnaam deze Schotse storm weten te pareren?'

Jahhhhh! Hoe zouden wij in 's hemelsnaam deze Schotse storm weten te pareren? Celtic ging de Cup pakken. Zoveel was wel zeker. Not. 'De 1-0 die Celtic in de achtentwintigste minuut maakte, had door scheidsrechter Lo Bello nooit mogen worden toegekend. Hij liep achter de Feyenoord-muur namelijk zelf hinderlijk door het beeld, waardoor Eddy PG het zicht werd ontnomen. Maar al twee minuten later maakte Rinus Israel gelijk en gaandeweg luwde de Schotse furie. Celtic werd moe, ze raakten geïrriteerd en teleurgesteld. De machtsverhoudingen in het veld kantelden nadrukkelijk. Het was Willem van Hanegem die de Schotse storm bijna in zijn eentje wist te temporiseren.'

Zoals je kleuters ultiem geluk brengt door hetzelfde sprookje opnieuw en opnieuw te vertellen (griezelen en toch lekker veilig!), keken we Meneer Kuiphof verwachtingsvol aan. 'Sommige doelpunten voel je als commentator ver van tevoren aankomen. Dat is prettig. Die van Kindvall tegen Celtic, in de 117de minuut, dat was er zo-een. En die magnifieke goal van Joop van Daele, beslissend voor de Wereldcup, was een andere. Ik heb later mijn commentaar bij Feyenoord-Estudiantes nog weleens teruggehoord. Eerst voltrekt zich een vloeiende combinatie tussen Henk Wery en Wim Jansen, waarna de bal keurig voor Van Daele wordt klaargelegd. Ik begreep, en sprak dat ook uit: dít wordt 'm. Joop schoot van flinke afstand, heel hard en laag in de hoek. Dat heeft hem een bril gekost, maar de Wereldcup was binnen.'

Jahhhhh! De Wereldcup.

Nu pas schoot het ons te binnen dat Juventus de regerend wereldkampioen der clubteams was, we waren zo ook wel beducht genoeg. Tot overmaat van ramp leek coach Marcello Lippi zijn spelers in de rust aan die statuur te hebben herinnerd, want onmiddellijk na de aftrap ging het gifkikkertje De Livio voorop in de strijd. Driehoekjes tussen Tacchinardi, Zidane en Del Piero ontvouwden zich als volwaardige Juve-automatismen en de handelingssnelheid waarmee dat gebeurde had toch weinig met het kunstlicht te maken. De Oude Dame was als bij toverslag getransformeerd in een ravissant Italiaans fotomodel, ze kon zo in de weekeinde-pikanterieën van Rai Uno.

We kenden Rai Uno wel en keken vanuit hun ooghoek

zorgelijk naar Meneer Kuiphof: zag de maestro soms al een tegentreffer aan den einder dagen? En zou Feyenoord dan nog wel de kracht hebben om terug te komen, of moesten we alweer die Europagifbeker helemaal leegdrinken? Fear and loathing in De Kuip. Wat duurden die naargeestige herfstavonden in de Champions League toch vreselijk lang.

Sommige zaken voorvoel je, sommige zaken ook helemaal niet. Henk Vos kreeg op links de bal en Fredje van de buren vroeg of we bij dit barre weer soms nog een bakkie troost beliefden. Henk Vos dreef het speeltuig verder op en we overwogen of erwtensoep wellicht een beter idee was. Henk Vos zette voor, en toen pas werd het ook ons & Fredje van de buren voorzichtig gewaar. Julio Ricardo Cruz, de man van tien, elf, twaalf miljoen, stond op de rand van de zestien meter helemaal vrij. Was dit wel zuivere koffie?

'Absoluut geen buitenspel!' adviseerde Meneer Kuiphof de Russische scheidsrechter Levnikov vanaf de tribune. Die stak zijn duim omhoog en liet de aanval verder gaan. Het was met een machtige uithaal dat onze Zorro uit Santiago del Estero zijn 'Ciao, Angelo Peruzzi!' verzond. In de bovenhoek. Per Saturnus-5 raket. Julio's jetlag was over en Fredje van de buren liet zijn tranen de vrije loop. De drieëntwintig resterende minuten zou Fredje dat blijven doen.

We observeerden Meneer Kuiphof nog maar eens en we beseften dat hij wel Feyenoords sjamaan in eigen persoon moest zijn. Neergedaald van de Planeet Mooie Momenten arriveerde hij in Rotterdam en heeft natuurlijk gesproken: 'Bring me to your leader. A.S.A.P.' Vervolgens legde hij het De Voorzitter allemaal nog een keer uit. Hoe je dat doet, van de wereldkampioen winnen, zoals in zijn tijd van AC Milan. Hoe je dat aanpakte, de Europacup grijpen, zoals in zijn tijd tegen Celtic. En hoe je dat afrondde, die klim naar de top, zoals in zijn tijd tegen Estudiantes. We begrepen op goud te zijn gestuit en boden Meneer Kuiphof onmiddellijk een contract voor het leven aan. Hij moest onze healer en nieuwe technisch adviseur van de Maastribune worden. Met Meneer Kuiphof erbij werden we zomaar kampioen! 'Kom, kom, jongens,' relativeerde hij ons terug in de realiteit. 'Wat een bijgeloof. Jullie lijken wel voetballers.'

En hij vertelde het verhaal van doelman Eddy Treijtel, die ook weleens verregaande visioenen kende. 'Het was de uitwedstrijd tegen Estudiantes, die uiteindelijk in 2-2 zou eindigen, een expeditie in een grimmig decor. Bij het betreden van het veld werden de Feyenoord-spelers door het publiek met geslepen munten bekogeld en voorzitter Guus Couwenberg heeft destijds serieus overwogen om zijn elf van het veld te halen. Eddy Treijtel voelde zich duidelijk niet op zijn gemak, daar in dat stadion La Bombonera te Buenos Aires. De dag voor de wedstrijd stond ik er naar de training te kijken, vanachter zijn doel. Eddy draaide zich om en sprak: "Zal ik jou eens wat vertellen? Die lat ligt te laag!"'

'Weet je het zeker, Eddy?'

'Ja joh, ik voel het.'

'En ik dacht: aha, item!'

'Nu weet iedere voetballiefhebber dat een doel 7,32 meter lang moet zijn en 2,44 meter hoog. Ik ben op zoek gegaan naar een centimeter, want hier moesten Eddy en ik het fijne van weten. Eenmaal terug op het veld hebben we langs de doelpaal staan rekenen. En laat het nou verdomme precies

2 meter 44 zijn! In de greep van de stress keepte Eddy de avond erop een hoogst ongelukkige wedstrijd.'

Voor zijn collega Angelo Peruzzi leek de lat in De Kuip vanavond juist veel te hoog te liggen. Wel moest worden gezegd dat van het ravissante Italiaanse fotomodel voor hem weinig sexappeal meer uitging. De barsten waren in haar kleimasker gesprongen en eronder vandaan kwam een wel heel, heel oude Sophia Loren. Hola, wat was dat nu? Drie minuten voor tijd woelde Giovanni van Bronckhorst nog eens door haar grijze lokken en leverde vervolgens een subtiel steekballetje af op Julio Cruz. Met de tederheid van een suizende tomahawk bezorgde die de Oude Dame haar finale Kus des Doods: 2-0!

'Geen klachten, dit keer,' besloot Meneer Kuiphof, en we constateerden tevreden dat onze gast op beschaafde wijze deelnam aan het ovationele applaus, direct na de wedstrijd. Feyenoord–Juventus ging in de boeken als de 150ste Europacupontmoeting van de thuisclub, de avond dat Julio Ricardo Cruz tot leven kwam. In Rob & Ronalds herinnering zal de wedstrijd voortleven als een waardig saluut aan de eloquente sportjournalist die de meeste en mooiste Mooie Momenten uit de Nederlandse voetbalgeschiedenis versloeg: Meneer Kuiphof.

el.nl/voorhetleven
OPEL
adidas
MAX
HDI
GERLING

Opnieuw 19 februari 2015
AS Roma–Feyenoord 1-1

Terug naar het heden: in Rome is inmiddels afgetrapt. Wij spelen met: Vermeer, Wilkshire (30 min. Karsdorp), Boulahrouz, Kongolo, Nelom, El Ahmadi, Immers, Clasie, Toornstra, Kâzim-Richards, Vilhena. Zij hebben: Totti. En: De Rossi. Alsook: Gervinho en Verde. Hun andere vedette Keita begint nog even op de bank.

Feyenoord opent nerveus. Wij willen wel graag tikkie-takkie doen, voor het oog van de wereld, maar bij het eerste tikkie, nou ja het tweede dan, gaat het vaak al mis. AS Roma heeft een andere tactiek: *rope-a-dope*, gehuurd van Muhammad Ali. Beetje in de touwen hangen, zuigen, provoceren, en er dan met een flitsende slagencombinatie uitkomen. Vooral over de rechterflank, waar Daniele Verde als een speer langs de zijlijn vliegt. Dit kan niet goed gaan. En dat gaat het dan ook niet. Gelukkig krijgt Vermeer nog nét een hand tegen de bal, juist als Totti wil uithalen. Vlak daarvoor had Gervinho al een reuze kans gemist. In de 22ste minuut slaat Verde andermaal aan, zijn voorzet wordt van dichtbij binnengetikt door Gervinho. Totti ziet dat het goed is.

'Dat is wel erg snel, Ronald,' zegt Rob.

'We missen Meneer Kuiphof,' concludeert Ronald.

'Niets tegen Leo Driessen, hoor, maar...'

'...wat heeft Leo Driessen ooit voor ons gedaan?'

Dan: Wilkshire naar de kant, het is de 30ste minuut (pas). Dit wordt helemaal geen heerlijk Europees avondje, vrezen we. Dit wordt weer net zo'n bloedbad als uit tegen Sevilla, toen we er met 2-0 nog behoorlijk geflatteerd vanaf kwamen.

In de rust komt het gesprek prompt op wezenlijker zaken: de onzegbaarheid van de waarheid, de onkenbaarheid van het individu, de vraag wat liefde & vriendschap zijn, het verschil tussen de brede & de smalle weg van het leven, voetbal-iconoclastisch gesproken.

Ajax: dat is uitgesproken de brede weg. Daar is het gezellig. Daar staan de kraampjes langs de weg, de operettezangers, de televisiesterren en cabaretiers met hoeden. Daar wordt gelachen en gedronken, gehoerd en gesnoerd.

Feyenoord: dat is de smalle weg. Geen koek & zopie, geen nieuwlichterij, maar slechts een steil en hardvochtig kronkelpad naar een onbekend doel. Wat de ploeteraars op de smalle weg bezielt is hun geloof.

Waarom geloven mensen? De antropologische verklaring luidt dat een samenleving regulering nodig heeft en dat mensen houvast moeten hebben bij tegenslag. Het geloven in de god die voetbal heet zou volgens de antropologie alles te maken hebben met regelmaat (twee wedstrijddiensten per week, hoogmissen in de vorm van Europacupwedstrijden en bekerduels), en houvast (gedeelde smart op de tribune is halve smart).

Waarom geloven mensen? De theologische verklaring luidt dat individuen geloven, omdat ze op een bepaald moment in hun leven een ervaring hebben gehad waarbij, tegen alle wetten van de logica in, een hogere macht zijn bestaan liet voelen. Die hogere macht kan heten: Jaweh, Allah, Boeddha, Vishnu. Of Willem van Hanegem, Rinus Israel, Coen Moulijn, Wim Jansen, Ruud Gullit, Ronald Koeman. En die doen vanavond niet mee, nee.

Maar wacht! Wonderen bestaan, *after all*. Na rust bijt Feyenoord plots ouderwets van zich af, we pakken brutaal het initiatief. Uit pure ergernis begint Francesco 'De Niro' Totti met zijn gebaartjes: '*You talking to me? Huh? You talking to me?*' En óf we het tegen jou hebben, meneer Totti. Het is de 55ste minuut als Rick Karsdorp – de veel dynamischer vervanger van de puffende Wilkshire – met een handige schijnbeweging zijn belagers afschudt, en hoog en strak voorgeeft. Daar komt Lex Immers al de zestien binnengestormd: baffff! – kopbal, op de kruising! Kâzim is er als de kippen bij om alsnog de gelijkmaker af te drukken. 1-1! Ons geloof is weer helemaal terug. Niks smalle weg, wij hebben het net zo goed gezellig. Lasse zet maar vast de polonaise in, terwijl Immers in de hekken van het Feyenoord-vak klimt, waar zich vijfduizend meegereisde supporters (minus een paar honderd) ophouden.

Bij 1-1 blijft het – er zat zelfs nog meer in. Over twee weken keert Totti terug in De Kuip.

'Daar bewaart hij geen beste herinneringen aan, Rob.'

'Ja. EK Finale 2000 tegen Frankrijk.'

'2-1 verloren.'

'In de 89ste minuut stond Totti met Italië nog met 1-0 voor.'

We hopen dat het straks in Rotterdam maar weer precies zo mag gaan.

Intermezzo: rellen in Rome

Natuurlijk zijn de rellen in Rome ook niet aan ons voorbijgegaan. Bepaalde Feyenoord-fans willen in hun geloofsbeleving nog weleens een jihadtoon aanslaan, en daar doen ze Rob & Ronald dan geen plezier mee. Het is niet leuk om je club te moeten verdedigen tegen hoogst verontwaardigde buitenstaanders – laat staan dat het leuk is om bij *Jinek* op de bank je club te moeten verdedigen (iets waar Ronald ondanks herhaalde verzoeken terecht geen zin in had). Sowieso spelen al die babbelprogramma's een tamelijk dubieuze rol als het gaat om voetbalgeweld. Een paar weken voor Rome liet diezelfde Eva Jinek nog vrolijk een Feyenoord-hooligan vertellen over zijn nieuwe boekje, noem het gerust diens geweldskroniek vol groteske verhalen. Met grote ogen keek onze Eva hem aan, ze durfde hem blijkbaar geen scherpe vraag te stellen. 'Wat voor werk doe je eigenlijk?' was toch een logische geweest. Slap staaltje sensatiejournalistiek, met een dubbele moraal.

Omdat ons boek eerst en vooral over voetbal gaat, *as such*, dus niet over de randverschijnselen, hebben we die rellen bewust uit ons wedstrijdverslag hierboven gelaten. Daar hadden we helemaal geen zin in – zo twintigste-eeuws ook, voetbalrellen. Hoe cool is het nog om hooligan te zijn? Wat is het idee erachter om je eigen club weer eens in diskrediet te brengen? Twitter ontplofte, de enige relativerende bijdrage was een foto van het Colosseum, met de tekst: 'Deze was al stuk, hoor!' Rotterdamse humor, veel meer kun je niet doen, als je daar als fan met goede intenties staat. Uitstapje verpest, klap op je kop van de politie, boze Roma-ultra's achter je aan, hoe leuk is dat? De dingen, ach man, de dingen die we doen voor Feyenoord.

Vervelend hoor, genant zelfs, maar denk nu niet dat het nieuw is: rellen in Rome. We gaan het hier maar even niet hebben over de Goten en de Vandalen, die Rome in de vijfde eeuw na Christus brandschatten (in rood-witte shirts, op rohypnol, ze hadden graag de pers erbij voor hun plakboeken). Nee, laten we het even Hollands houden. Dan hebben we het over eind 16de, begin 17de eeuw, toen de Eeuwige Stad werd geteisterd door een Utrechtse kunstenaarsbent. Dat zat zo. Uit bewondering voor de grote schilder Michelangelo Merisi da Caravaggio, kortweg: Caravaggio, zetten zijn Hollandse navolgers in Rome een gilde op, dat evenwel eerder dienst deed als carnavalsvereniging: de Bentvueghels (naar: vogels van diverse pluimage, of vlerken). De eerste generatie van deze schildersbent was grofweg tussen de 20 en 25 jaar oud, meestal katholiek, en te Utrecht bijna allemaal leerling geweest in het atelier van meester Abraham Bloemaert. En feesten, ja hoor, dat konden ze, deze artistiek geörienteerde hooligans, olé, olé. Iedere nieuwkomer die de zware tocht over de Alpen en de aansluitende Povlakte zonder kleerscheuren had weten te volbrengen, werd geacht zijn komst een week lang in de herberg te vieren met de Bentvueghels: 'Reken jij even af, nieuwbakken kunstenaar in kwestie?'

Ronduit corporaal was de traditie om na zo'n fuif een plengoffer aan Bacchus te gaan brengen, bij het krieken van de dag. Dat wildplassen geschiedde in het Mausoleo di Santa Costanza, een Byzantijns kerkje net buiten de oude stadsmuren (nu aan de drukke Via Nomentana). Aansluitend volgde er een nog veel wonderlijker ritueel, de kunsthistoricus dr. G.J. Hoogewerff heeft er in zijn standaardwerk *De Bentvueghels* uit 1952 als eerste over geschreven: graffiti. Of, in de woorden van Hoogewerff: 'Een presentielijst der feestgenoten.'

Dat kerkje staat er nog steeds. En je kunt er zo naar binnen. Het vandalengekras in de nissen blijkt de tand des tijds goed te hebben doorstaan. Nooit je eigen naam gebruiken, natuurlijk. Nee, de bijnaam die de oudste leden voor je hadden bedacht, en waarmee een karakteristieke eigenschap werd omschreven. Dirck van Baburens eigen alias luidde: 'Biervliegh'. Cornelis van Poelenburgh liet zich tot 'Satyr' kronen. Voorts tref je in de nissen bijnamen als 'Den Trechter', 'Pakvast', 'De Steekruyter' – over hun intenties deden ze weinig geheimzinnig. Geen wonder dat paus Clemens XI onze vrolijke Bentvueghels uiteindelijk uit Rome schopte, zoals dat Feyenoord-fans vier eeuwen later nogmaals overkwam.

John de WOLF

22 februari 2015
Feyenoord-Excelsior 3-2

Jean van de Velde is de filmregisseur die met *All Stars* (1997) de leukste Nederlandse voetbalfilm ooit maakte. We bellen hem om te vragen of hij onze gast wil zijn tijdens Feyenoord–Excelsior, de laatste vaderlandse stadsderby *alive*.

Jean van de Velde: 'Nou... ik heb alleen verstand van slecht voetbal.'

Rob & Ronald: '*Okay. You're in.*'

We rijden naar De Kuip, en Jean vertelt dat ondanks de vele Feyenoord-grappen ('Een stuk of twaalf, dertien over mislukte spitsen') juist in Rotterdam *All Stars* zo'n succes werd. 'Het drukst bezocht van alle Nederlandse steden.' De lotgevallen van Swift Boys 8 sprak Feyenoorders wel aan, blijkbaar: zelfspot als superieur wapen. En bovenal is het natuurlijk een *buddy*-film. Hoofdthema is de romantiek van jongensvriendschappen die vroeg beginnen op de voetbalclub maar in het jachtige leven daarna maar lastig zijn vol te houden.

De boys van Swift 8 kennen elkaar al sinds de pupillen, maar nu ze studeren, een drukke baan hebben of een gezin, haken ze een voor een af. Heel herkenbaar voor eenieder die ooit op zaterdag zelf zijn kicksen poetste. En wat ook wel geestig is: feitelijk wordt er in *All Stars* maar bar weinig tegen een bal aan geschopt. Wolkbreuken, moddervelden, of het niet komen opdagen van de tegenstander, in *All Stars* is het te elfder ure afgelasten van een potje voetbal gepromoveerd tot running gag. Subtiel wordt ook het thema van homoseksualiteit binnen het voetbal aangesneden, door de scenaristen Mischa Alexander en Van de Velde. En bovendien is daar de mooie rol van Frits Lambrechts als (ex-coach) 'Pa' Meeuwse, een tragische figuur in een rolstoel. 'Hij is gebaseerd op de coach van het Utrechtse Velox 8, het vriendenteam waar ikzelf nog een paar jaar heb gespeeld. Meneer Frans, een lieve sociaal bewogen man. Hij had een dochter in een rolstoel en daar kon je hem langs het veld altijd mee door de modder zien ploegen.'

Alle ballen op Frits Lambrechts, had Rob nog in zijn filmrecensie geschreven. 'Frits Lambrechts, altijd al gecast als volkse jongen in even zovele VARA-series (*Waaldrecht*) speelt misschien wel de (bij)rol van zijn leven. Als vader Meeuwse is hij nu gekluisterd aan zijn rolstoel, maar vroeger was hij coach van het jongensteam – zo'n archetypische, overenthousiaste voetbalouwehoer en hartverwarmend bovendien, een venster naar het tijdsgewricht toen voetbal nog gewoon een volkssport was. Vader Meeuwse overlijdt weliswaar, maar zijn begrafenis heeft veel weg van een publiekswissel.'

Zo zijn we wel weer even bij, qua *All Stars*.

Maar wat heeft Jean van de Velde zelf met voetbal?

'Ik geloof dat het mijn leven behoorlijk positief heeft geholpen dat ik zelf een aardig balletje kon trappen.' Dat zit zo. Jean van de Velde (1957) werd geboren in Bukavu, Belgisch Congo, en kwam op zijn achtste op het St. Louis internaat in Amersfoort terecht. 'Dat gaf drie nadelen. Ik werd aangesproken op mijn Belgische komaf – hoeveel Belgenmoppen ik niet heb gehoord. Ik was een jaar jonger dan de rest, want in Afrika had ik een klas overgeslagen. En ten derde zaten veel kinderen op dat internaat vanwege slechte schoolprestaties, zij waren notoire zittenblijvers. Ik had er nauwelijks weet van wie Johan Cruijff was, of Henk Groot, en Coen Moulijn. Zij wisten niet wie Pol Van Himst was, of Jef Jurion. Dat gaf nogal een boel spraakverwarring, maar gelukkig deden we er zelf ook aan sport.'

Het is zijn stellige indruk dat redelijk kunnen voetballen hem op die kostschool voor een slachting heeft behoed, want zo ging het daar aan toe. 'Misschien niet eens het voetbal alleen, het gaat om balgevoel. Biljarten, ping-pong, trefbal. Weten hoe een bal stuit, hoe effect werkt. Daar had ik als onderdeurtje veel profijt van, als "stuudje" – die pedagogisch ondeskundige broeders hadden de debiele gewoonte om de slimsten van de klas iedere maand ten overstaan van alle leerlingen een Gouden Kaart uit te reiken. Dat riep, zacht gezegd, nogal wat agressie op. Maar juist door mijn balgevoel heb ik mij daar vijf jaar in die belangrijke levensfase staande weten te houden. Daarom zeg ik: leve de man die de bal uitvond!'

Geen enkele Nederlandse voetballer kende hij dus, minus één: Dick Tol, de oude, topscorer van Volendam: 276 goals, waarvan 76 in de Eredivisie, in het tijdvak 1957-1967. Zoon van een visboer, hij haalde pas op zijn 21ste het eerste. Niet gezegend met de fraaiste techniek, maar met inzet, fanatisme en een *Torinstinct* des te meer. 'Mijn oom Cees, groot Volendam-fan, stuurde knipsels op naar Afrika over Dick Tol, geknipt uit *De Telegraaf* en *Revue*. Dat moest vast een hele grote zijn, maar toen ik later zijn naam noemde op het internaat was helemaal niemand geïmponeerd.'

Cultheld Dick Tol, de oude, was dus eigenlijk ook een soort Frits Lambrechts, concluderen Rob & Ronald. Tijdens de warming-up gaat Van de Veldes aandacht vooral uit naar een andere cultheld: Lex Immers. Dat zit dan weer zo. De regisseur mag thuis graag een spelletje FIFA spelen. Vroeger met zijn zoon Yannick, en sinds die het huis uit is, gewoon maar alleen. Een van zijn teams is Al-Hilal, uit Ryad, Saoedi-Arabië. En wie heeft de teammanager voor Al-Hilal gekocht? Juist! 'Lexi Immers. Altijd hard werken, niet te duur, gouwe gozer. Wij hebben als team veel profijt van hem.' En bij zijn tweede club AA Gent heeft Van de Velde maar vast Rick Karsdorp gestald: 'Een groot aankomend talent.'

Grappig om die jongens nu hier te zien spelen, maar dan in het écht, besluiten we gedrieën. De overeenkomst tussen voetbal en acteren? 'Alles gaat op intuïtie. Als een voetballer of een acteur ook maar een nanoseconde nadenkt is het weg. Dan hoor je jezelf acteren, of zie je jezelf voetballen, en dan is het te laat. Dat werkt niet. Dan gaat het mis.'

Aha – zou dat soms het probleem zijn van onze ijdele acteur/voetballer Kâzim-Richards? Té *self conscious*? 'Ik heb wel een zwak voor hem. Hij is eigenlijk de Amerikaanse knokacteur Steven Seagal van de Nederlandse velden.'

De wedstrijd ontvouwt zich, en reeds na dertig minuten… staan wij met 0-2 achter. We hadden deskundige 'slecht voetbal' Jean van de Velde niet naar een betere wedstrijd kunnen meenemen. Dit is geen *All Stars*-voetbal meer, dit is *zwerkbal*. Boulahrouz blijkt nog precies 10 centimeter van de grond te kunnen komen, en gaat in een poging de bal weg te koppen dan ook flagrant onderuit. Waar is Karsdorp? Waar zien we Immers? Kan de coach van Al-Hilal niet even ingrijpen?

'Och,' vergoelijkt Van de Velde, 'dat hebben topclubs wel vaker. Dat na een grote Europese wedstrijd de boel even instort.'

Wij? Topclub? Wat heeft die Jean er toch een kijk op. We gaan er de tweede helft eens goed voor zitten, de rest van het legioen gaat achter de ploeg staan. En verdomd… 1-2 Kâzim, 2-2 Toornstra, en 3-2… Immers, hoe is het mogelijk? Jean: 'Dat zeg ik! Lexie Immers! Die kun je er goed bij hebben, immers.'

'Ik heb genoten,' zegt Van de Velde bij het afscheid. En voetbalbuddies zo eigen: 'Zeg, tegen wie moeten we eigenlijk volgende week?'

Voorspel de wedstrijd

26 februari 2015
Feyenoord–AS Roma 1-2

De Kuip is stijf uitverkocht, dit wordt: De Wedstrijd Van De Waarheid. Vanwege de grote internationale belangstelling – ja, ja, lezer: in-ter-na-tio-na-le belangstelling – kunnen we helaas geen eigen gast meenemen naar de perstribune. Feyenoord–AS Roma, alles of niets. Er hangt verwachting in de lucht. Niet sinds onze triomf op Borussia Dortmund – bedoeld wordt uiteraard de UEFA Cupfinale van 2002: 3-2 – heeft het zo gezinderd in ons stadion.

Hadden we wel een gast mogen meebrengen, dan zouden we aan Thomas Rosenboom hebben gedacht, auteur van succestitels als *Gewassen vlees*, *Vriend van verdienste* en *Publieke werken*. Want: de toch wel intellectueelste van alle intellectuele Nederlandse schrijvers is, geloof het of niet, voetbalfan én supporter van Feyenoord, in het bijzonder. Zoiets hoor je maar zelden: een schrijver die van Feyenoord houdt, bij die club zijn ze niet zo van lezen en schrijven, in Rotterdam kom je dan al gauw bij Jules Deelder & Sparta uit.

Rosenbooms achtergrond: Arnhem. Zijn betrokkenheid

bij het voetbal: heeft er alles mee te maken dat hij jarenlang op de tribune bij Vitesse heeft gestaan. Dat is, als worstenverkoper. Gehuld in een witte jas en met op zijn neus een naar eigen zeggen 'arrogant gouden brilletje' riep Thomas onvermoeibaar: 'Warme worst! Warreme worst!' Waarna de tribune even onvermoeibaar riposteerde: 'Stop maar in de reet van de scheidsrechter.'

De latere AKO Literatuurprijswinnaar begreep dat niet goed, zoals hij er ook nooit bij stilstond dat het ruige voetbalpubliek hem met zoveel geld op zak weleens onheus en fysiek had kunnen bejegenen. Ach, er is eigenlijk nooit iets gebeurd, weet hij nog, het was in feite heel gezellig.

Als toeschouwer bezocht Thomas tweemaal een wedstrijd. De tweede keer bij een Ajax–Vitesse toen hij al een gevierd schrijver was, de eerste keer als negenjarig jongetje, toen hij van zijn vader een potje mocht uitkiezen voor zijn verjaardag en hij prompt de koploper koos: DWS, in het Olympisch Stadion. Zijn vader vond er overigens niet zoveel aan, want hij hield niet van mensenmassa's. In tegenstelling tot Thomas' opa, die juist een fervent supporter van NEC was. Thomas herinnerde zich zijn opa en diens vrienden nog goed: mannen met gleufhoeden, die op de staantribune met een zonnig soort pessimisme commentaar leverden op de wedstrijd. De club was net gepromoveerd naar de Eredivisie. Thomas Rosenboom: 'Mijn opa ging naar alle wedstrijden en na afloop kwam hij dan thuis, ging tegen de keukentafel staan en zei tegen mijn oma, in het Nijmeegs: "Ze horen er niet in thuis." Dan schudde hij zijn hoofd. En dan schudde mijn oma ook haar hoofd. En dan stelden ze samen en bijna tevreden nog een keer vast: "Nee, ze horen er niet in thuis."'

De derde keer dat Thomas Rosenboom in een stadion kwam, was met ons: Feyenoord–1. FC Kosice, voorronde Champions League (2-0). 1. FC Kosice is geen AS Roma, nee. We hadden Thomas de wedstrijd tegen de Romeinen graag gegund. Over zijn voetballiefde vertelde hij: 'Ik was geen fan van Vitesse. In mijn worstenjaren verbeeldde ik mij namelijk al een intellectueel te zijn. Iedereen maakt in zijn jeugd zo'n soort overgang mee. Als puber vond ik popmuziek interessanter dan voetbal. Later leerde ik enkele toneelspelers kennen, die toen nog erg jong waren, maar inmiddels allemaal zijn doorgebroken. De Pierre Bokma's, Gijs Scholten van Aschatten, enzovoort. Deze jongens waren fanatieke voetballiefhebbers en ik keek daar enorm van op, want onder schrijvers was sport toen nog een enorm taboe. Ik begon weer naar *Studio Sport* te kijken, maar bij *De Revisor*, het Amsterdamse literaire tijdschrift waar ik redactiesecretaris was, heb ik dat natuurlijk verzwegen.'

'Kijkend naar *Studio Sport*,' vervolgde hij, 'was ik altijd voor Feyenoord. Hoewel ik niet uit Rotterdam kom, voel ik een bepaald medelijden voor de club, vooral omdat ze altijd zo negatief in het nieuws komen. Ik was voor Feyenoord, omdat het zo moeilijk is om voor Feyenoord te zijn.'

We knikten onmerkbaar. 'Altijd zat ik op het puntje van mijn stoel en altijd hoopte ik dat het een keertje mee zou zitten. Nou, Feyenoord scoorde wel, maar nooit uit een combinatie en altijd na een hoop gescheld en duwen en trekken en niets waar je trots op kon zijn. Terwijl je toch zou kunnen vermoeden dat ze goed moeten kunnen voetballen, die Feyenoorders. Het zijn immers profs? Zelfs bij mindere ploegen als Willem II zag je Ernie Stewart, of FC Twente had Youri

Mulder en Prince Polley en Michael Mols en lekker tikken met z'n allen. Maar nooit bij Feyenoord. Die konden goed de nul vasthouden.'

Thomas noemde het 'De Feyenoord hebben' zoals je ook de griep kunt hebben, als een ziekte. De Ziekte die Feyenoord heet. Hij legde uit: 'Ajax, dat heeft niets tragisch. Als ik naar Ajacieden kijk, dan denk ik: het is net als met knappe meisjes. Leuk om naar te kijken, maar ik voel er niets bij. In het Ajax-team lopen allemaal mooie jongens, die gemiddeld toch wel de havo hebben en die hun haar dragen zoals ik het ook zou willen hebben. Ik begrijp dan: zij hebben mijn vriendschap niet nodig, die redden zich zonder mij toch wel. Ik voel altijd een veel sterkere betrokkenheid bij mensen die totaal andere dingen doen dan ikzelf. Feyenoord, bijvoorbeeld.'

De Kuip vond hij die avond 'zeer indrukwekkend'. En bovendien: 'Als je de hele dag achter je schrijftafel zit is ieder uitje welkom.' Na tien minuten slecht spel concludeerde hij reeds monter: 'Ik heb nu al meer meegemaakt dan in een maand achter mijn schrijftafel.' We moesten weten dat Thomas een onconventionele manier van prozaschrijven beoefent: 'Die is nogal dramatisch van structuur,' legde hij uit. 'Zeg maar met een conflict. Zeg maar de een tegen de ander. Iemand wil iets en de ander wil dat beletten. Zeg maar: list bedenken. Een klassieke intrige, gebaseerd op confrontatie. Toen ik begon met schrijven zat dat soort proza behoorlijk in de taboesfeer. De literatuur van toen was zeer tegen strijd. Het was meer gedachtenproza, verwijskunst, citeerdrang. Tegenwoordig is het conflict weer helemaal terug. Daarom denk ik dat literatuur over voetbal meer salonfähig is geworden. Strijd mag weer.'

Strijd mag weer – nou, dan zou Thomas Rosenboom tijdens Feyenoord–AS Roma op zijn wenken zijn bediend. En: *altijd hoopte ik dat het een keertje mee zou zitten*. Deze avond zit werkelijk álles tegen. *Voor Feyenoord zijn, omdat het zo moeilijk is om voor Feyenoord te zijn*. Wij zeggen al niets meer. Rob & Ronald zijn niet zo van samenzweringstheorieen maar wat scheidsrechter Clément Turpin er hedenavond van bakt kan maar één ding betekenen: Nyon. Daar zetelt in Zwitserland de UEFA, en daar is besloten dat Feyenoord eruit moet – in het licht van de Romeinse rellen, ongetwijfeld. Rode kaart voor Mitchell te Vrede. Rode kaart voor (kan het gekker?) reservedoelman Edwin Mulder. Wedstrijd stilgelegd omwille van een opblaasbanaan (hallo!). Geel voor Clasie. Geel voor Boulahrouz. Zoveel chaos hebben we eerlijk gezegd nog niet eerder meegemaakt, in 202.500 minuten Feyenoord-voetbal. Zo pakt De Wedstrijd Van De Waarheid uit als De Totale Deceptie. We hebben 'de Feyenoord' weer eens. Óndanks de verrassende gelijkmaker van Elvis Manu (55 min.). Kâzim was al een half uurtje eerder uitgevallen, hamstringpijn na een volle sprint.

Rob: 'We hebben geen killers meer, Ronald.'

Ronald: 'Het is precies zoals Thomas Rosenboom destijds zei.'

En we haalden nog maar eens op hoe onze vriend van verdienste met een stelling kwam die sindsdien in geen enkel voetbalboek meer mag ontbreken: een échte spits herken je aan zijn wenkbrauwen. Een spits is namelijk een roofdier en bij een roofdier lopen de wenkbrauwen vanaf de neus naar buiten toe omhoog. Denk aan valken, uilen, arenden, lynxen, doceerde Thomas. 'Een échte spits sluipt over het veld, hij komt slaperig en ongeïnteresseerd over, maar in een fractie van een seconde kan hij honger krijgen en met een klauwbeweging scoren – of z'n tegenstander uitschakelen. Dat laatste gebeurt hem vaker dan het eerste. Hoort erbij. Het zijn allemaal roofdieren die een prooi willen vangen. Een koe, die hoeft niet te scoren.'

Rob: 'Wij hebben te veel koeien en makke schapen.'

Ronald: 'Weet je wie wel zulke wenkbrauwen heeft?'

Rob: 'Pellè.'

Ronald: 'Cruz.'

Rob: 'Guidetti.'

Ronald: 'Kindvall.'

En zo gaat het tot ver na de kroketjes nog even door.

1 maart 2015
FC Utrecht–Feyenoord 0-0

Omdat de wedstrijd tegen FC Utrecht in Nieuw-Galgenwaard in het begin een weinig tegenvalt, en dat ook zal blijven doen, hebben we alle tijd om tijdens deze vrij bloedeloze 0-0 de geschiedenis in te duiken.

Zeg je Utrecht, dan zeg je Willem van Hanegem, de speler met de allerbeste wenkbrauwen. Hoewel Rob er altijd ruzie over heeft met de Zeeuwse documentairemaker Jos de Putter – 'Willem is een Bressiaander' – 'Welnee, hij is in Breskens geboren, maar in alles straalt hij Oud-Utrechts uit, *nature versus nurture, remember*?' – blijft het een onmiskenbaar feit dat Willem zijn lange, lange carrière is begonnen én heeft beëindigd in de Domstad: FC Utrecht is de laatste club waar hij tot 23 december 2008 als trainer actief was.

Willem van Hanegem: ónze held. Net als Ronald, had ook Rob, net als ontelbaar veel andere schoolkinderen, die reeds gememoreerde VIVO-poster van Willem op zijn jongenskamer hangen. Dus toen Willem op 16 juli 2007 als trainer van FC Utrecht aantrad, ging Rob toch ook maar weer eens kijken.

'Hé, ouwe Veloxman!' riepen de mannetjes langs de zijlijn Willem toe, als in: welkom thuis. En hoewel de nieuwe hoofdcoach zelf weinig wilde weten van opmerkingen dat 'de cirkel nu rond is, enzo', kon je ze toch niet snel veel ronder vinden. Op een paar honderd meter van dit trainingscomplex Zoudenbalch maakte Willem van Hanegem immers als achttienjarige op 26 augustus 1962 zijn debuut als profvoetballer. Trainer Daan van Beek stelde hem op als linksbuiten in de wedstrijd Velox-Roda JC (2-2), het startschot voor een loopbaan die legendarische proporties zou aannemen. Dat debuut was al bijna een mensenleven geleden, vijfenveertig jaar (!) om precies te zijn.

Willem van Hanegem: product van de Utrechtse voetbalschool. Dat zat zo. DOS-topschutter Tonny van der Linden (geboren in 1932) was weliswaar net iets liever Faas Wilkes dan Piet Dumortier (de fameuze DOS-spits die met één interland op zijn naam op 6 april 1945 om het leven kwam), maar een generatie later speelde Willem van Hanegem (1944) dat hij Tonny van der Linden was, wanneer hij in de jaren vijftig zijn kromme ballen op een blinde muur in de Bloemstraat uitprobeerde. DOS stond erop gekalkt, en 'als ik dan uithaalde tegen die muur, met mijn linkerbeen, wás ik Tonny van der Linden,' haalde Van Hanegem op voor het boekwerkje *De Kromme*.

Twintig jaar verder was Jan Wouters als straatvoetballertje dan weer het liefste Van Hanegem. De prangende vervolgvraag luidde dan natuurlijk: welke jongen speelde vandaag Jan Wouters op straat? Of, vooruit, Jean-Paul de Jong, misschien wel de allerlaatste authentieke exponent van de beroemde Utrechtse voetbalschool.

Te vrezen viel dat met die lange traditie is gebroken. Waarmee dan direct die authentieke Utrechtse voetbalmentaliteit verdwenen lijkt. 'Eerst strijd, dan goed voetbal,' bespiegelde Jan Wouters op verzoek eens aan Rob. 'Spelers uit Utrecht pik je er zo uit. Ze staan bij een muurtje nooit met hun handen voor het kruis en kijken de schutter aan met een blik van *wááág 't eens!* – we weten je te vinden, hoor!'

John van Loen vulde hem aan: 'Niet voor niets is "Oorlog in de Zestien!" een Utrechtse uitdrukking. En daar komt nog bij dat échte Utrechtse voetballers altijd in dienst van het elftal proberen te spelen.'

DOS-clubicoon Tonny van der Linden vertelde op zijn beurt: 'Als ik er tegenaan ging, dan raakte ik geen bal. Dan dacht ik: laat ik maar gewoon op mijn ouwe, luie manier erbij gaan lopen. Dat kón alleen, omdat ik bij DOS omringd werd door Utrechtse werkers.' En hoewel de sportpers in zijn jaren sprak van 'de begaafde solist Van der Linden tussen de weinig geschoolde orkestleden van DOS', leidde juist die mix tot de opmerkelijkste resultaten, en zelfs het landskampioenschap in 1959.

Willem van Hanegem had het zelf vroeger over Utrechts voetbal als 'Het Simplistisch Verbond', maar dat was liefkozend bedoeld. Het had er meer mee te maken hoe zij bij Velox naar de training kwamen (hij met een bakfiets, bijvoorbeeld), en gekleed gingen (hij in een pyjamabroek, bijvoorbeeld, bedoeld als geïmproviseerde trainingsbroek), om zich vervolgens in volle overtuiging op het edele voetbalspel te storten.

Rotterdam heeft Sparta, Excelsior, en Feyenoord. Utrecht had DOS, Elinkwijk en Velox. Voor een beter begrip van Willem van Hanegem en die Utrechtse voetbalschool ging Rob midden jaren negentig op audiëntie bij de oude voetbalprofessor Daan van Beek. Dat was in de wijk Ondiep, niet lang voor het overlijden van de oefenmeester. 'Alle drie arbeidersverenigingen,' vertelde hij over het fijnmazige netwerk dat voetbal in Utrecht ooit was. Zuilense arbeiders kozen voor Elinkwijk, met het speelveld onder de rook van de zware industrie van Demka en Werkspoor. DOS vond zijn aanhang in Oudwijk en de Stadionbuurt, terwijl Velox veelal rekruteerde in Sterrenwijk en Rivierenwijk.

Daaronder ging nog een complete amateurlaag schuil. De katholieken hadden Zwaluwen Vooruit. Protestanten meldden zich aan bij EDO. Middenstanders bezochten UVV, en voor de elite waren er de 'herenclubs' Kampong en Hercules, inclusief ballotagecommissie. Dat alles, plus de vele speeltuinverenigingen waarin de straatschoffies excelleerden, van team Speeltuin Oudwijk tot aan de Amsterdamsestraatweg Boys. 'Als die jongens zich met z'n allen tegelijk aanmeldden bij een officiële club kon je ze zó in het eerste zetten.'

Daan van Beek, geboren in 1917, was zelf negen jaar speler van DOS geweest, voordat hij in 1949 trainer van Velox werd, een functie die hij twintig jaar zou vervullen. In Utrecht groeide hij uit tot een begrip, mede door het scherpe oog waarmee hij de jonge Van Hanegem ontdekte. 'Nou ja, ontdekte – die jongen kon *alles* al met een leren knikker.' Omwille van een ledenstop was *Hanegem* – zoals hij toen genoemd werd – afgewezen bij Elinkwijk, en een testwedstrijd bij DOS had Hanegem helaas gemist omdat-ie geen voetbalschoenen had. Toen stelde de zwaarlijvige jongen met de kromme benen zich tijdens de trainingen maar op achter het doel bij Velox, waar hij de ene na de andere overvliegende bal achteloos retourneerde vanuit een modderpoel.

Of hij al een club had, wilde Daan van Beek weten.

Nou nee, meneer, antwoordde Hanegem, speeltuinvereniging Bloemschool van meester Vink even niet meegerekend, waar hij in het hoogste team stopperspil speelde.

Een dag later was de zestienjarige Velox-lid, en weer twee jaar later maakte hij zijn debuut in het eerste elftal. In dat team had Daan van Beek, naast Van Hanegem, de beschikking over goaltjesdief Frans Geurtsen, pingelaar Leen Morelissen, sloper Joop van Maurik, alsook over doelman Henk van Ledden, Henk 'de Buik' van Arnhem, Joop Jochems en Cor Adelaar. 'Het was zo'n team waarmee we voor de beker dan makkelijk van Ajax wonnen, maar de week erop met vijf goals verschil van RBC verloren.'

Utrechtse overmoed, noemde hij dat. De mouwen opstropen tegen de favoriet – 'Dat waren vaak langere jongens. Die krijgen zeker beter te *vreten* zeiden we dan en kleunden erin. En mensen, mensen... (slaat hand voor de mond)... wat ging dat hard!' Om het vervolgens te laten liggen tegen mindere goden. 'Ik vond dat niet erg, als er op het veld maar genoeg te genieten viel.'

Hoewel hij het meer iets vond voor sociologen dacht ook de oud-trainer dat voetbal voor zijn jongens dé manier was om op de maatschappelijke ladder te stijgen. Zijn hele Velox-team speelde aldus een transfer bij elkaar. Frans Geurtsen ging naar DWS. Joop van Maurik naar Holland Sport. Cor Adelaar naar Sparta. En *Hanegem* naar Xerxes. 'Het Engelse verhaal, dat was voetbal in Utrecht, eigenlijk.'

Hoewel er aanzienlijk meer Utrechtse spelers naar Ajax gingen, deed ook Feyenoord zijn voordeel met deze voetbalschool. Hans Kraay (senior, goddank), Beertje Kreijermaat, Mosje Temming, Henk Wery, John van Loen, Willy Carbo, deze straatschoffies kwamen allemaal naar De Kuip, maar het *non plus ultra*-exemplaar, dat bleef toch onze Willem. Sinds Rob dat voetbalplaatje van Willem op straat had gevonden en hij daarna diens verrichtingen zo nauwgezet had gevolgd, was er een diepe band ontstaan tussen Rob en de wat hem betreft Beste Voetballer Ooit. Eenzijdig, uiteraard, maar daarom nog niet minder betekenisvol. Bij de pupillen en later ook junioren van UVV (ook de eerste club van aanzienlijk meer getalenteerden als Marco van Basten, Jan Willem van Ede en John van Loen), speelde Rob terstond linkshalf (al was hij rechtsbenig), want dat was de plek van Willem. Rob probeerde vrije trappen te krullen net als Willem (denk even aan die vrije trap bij Tottenham uit, finale UEFA Cup 2-2) – Willem deed dat gewoon uit stand). Rob liet zijn voetbalkousen slordig afzakken net als Willem. En hij liep in de wedstrijden soms zelfs wat langzamer dan gewoonlijk, want dat was meer het tempo van Willem. En wat Rob ook probeerde was de zogeheten *no look* pass, waar Willem het patent op had. Alleen kon de échte Willem dat natuurlijk allemaal duizend keer beter, want hij wás Willem, en wij allemaal niet (voor wie dit wellicht wat te dweperig voorkomt: in zijn even kinderlijke als grenzeloze bewondering stond Rob gelukkig niet alleen, want later las hij in *Panorama* dat de Argentijnse jeugdspeler Diego Maradona tijdens het WK '74 speciaal naar het Nederlandse spelershotel in Duitsland was afgereisd om even het magische linkerbeen van Willem te kunnen aanraken – zoveel indruk had diens spel gemaakt tijdens de finale tegen Estudiantes).

Ze gingen erheen op de fiets, de schoolvriendjes Kees & Rob. Naar de Woudenbergseweg achter Zeist, omdat daar in het KNVB-sportcentrum het trainingskamp was van het Nederlands elftal, voorafgaand aan het *WM 74* in Duitsland. Achteraf dus de aanloop naar de finale op 1 juli te München, maar ja, wie had daar nu op gerekend?

Het trainingskamp telde meer opgewonden kinderkelen dan dat er spelers, trainers, verzorgers, materiaalmannen, koks, notabelen en bestuurders van het Nederlands elftal ter plekke waren. We hadden ons allemaal opgesteld bij het tunneltje onder de weg dat op het KNVB-complex de kantoren en kleedkamers verbond met de oefenvelden. Het duurde even, het was net lunchtijd geweest, maar daar hoorden we in de verte dan het gekriskras van de voetbalschoennoppen in het grind.

Als eerste van de spelers verscheen Johnny Rep bij de tunnel en daarna Johan Neeskens, op de voet gevolgd door Johan Cruijff ('Sssttt, niets zeggen!' fluisterden we, want het gerucht ging dat je voor een handtekening van Cruijff een hele rijksdaalder moest betalen, een vermeend handigheidje van diens schoonvader Cor Coster). We herkenden Piet Keizer, en Robbie Rensenbrink, en Ruud Krol, en Arie Haan, en Wim Jansen en Rinus Israel en Theo de Jong uiteraard, we zagen Jan Jongbloed voorbij komen en ook Rinus Michels, maar dat lieten we allemaal maar zo. Daarna hoorden we een hele tijd niets en toen pas verscheen op zijn elf-en-dertigst de man om wie het ons ging: Willem van Hanegem.

Onverstoorbaar was hij met een bal aan het stuiteren, het gedreun ricocheerde tegen de tunnelmuur (en onze slapen). We vroegen bibberend of we met hem op de foto mochten, en dat mocht. Eenmaal dat tunneltje uit caramboleerde Willem de bal geroutineerd op het gras, zette zijn voet erop, deed zijn armen over elkaar en lachte vriendelijk naar de camera. 'Dankuwel, meneer Van Hanegem.' Op enige afstand stond de rest van de kinderschare wat jaloers toe te kijken (meenden wij).

Van verder handtekeningenjagen was het die middag niet gekomen, dus besloten Kees & Rob, de eerste met zijn voetbalplaatjesalbum onder zijn arm, de volgende dag weer naar Zeist te fietsen. Ze stelden zich op bij hetzelfde tunneltje, te midden van dezelfde kinderschare. Als eerste van de spelers verscheen Johnny Rep bij de tunnel en daarna Johan Neeskens, weer op de voet gevolgd door Johan Cruijff ('Sssttt, niets zeggen!'). We herkenden Piet Keizer, en Robbie Rensenbrink, en Ruud Krol, en Arie Haan, en Wim Jansen en Rinus Israel en Theo de Jong uiteraard, we zagen Jan Jongbloed voorbij komen en ook Rinus Michels, en soms schoot Kees ze aan voor een krabbel. Daarna hoorden we een hele tijd niets, en toen verscheen daar opeens Willem. De begroeting floepte eruit voordat Willem de portee ervan voor Rob begreep: 'Hoi!'

Zei Willem.

Uit zichzelf.

Tegen Rob.

Drie letters en een heel klein uitroepteken, maar het effect was verpletterend. De complete kinderschare viel stil, Rob verschoot van kleur en heel even mocht hij zich De Beste Vriend Van Willem wanen, de diepste emotie denkbaar (wat Rob betreft dan).

En dat was nog maar het begin. Omdat de vader van Rob zo clever was geweest om kaartjes voor het WK te regelen – Nederland tegen Uruquay (2-0) en Zweden (0-0) – zag Rob hoe Willem een geweldig toernooi speelde. Onopgemerkt bleef dat niet. In het standaardwerk *The Story of the World Cup* van Brian Glanville – uitgeverij Faber & Faber, iedere vier jaar een update – schreef de vooraanstaande Britse sportjournalist: '*Wim van Hanegem of Feyenoord, powerful and tall, a lovely striker of the ball with his left foot whether at goal or in passing, hard in the tackle, a fine creative foreward, but unhurried, sometimes to the point of appearing static. In the event he would emerge as one of the outstanding players of the World Cup.*'

Beter hadden Rob & Ronald het zelf niet kunnen zeggen. Terugkijkend, nu met professionele blik: wat een geluk hebben we gehad om in de jaren zeventig op te kunnen groeien. Precies op tijd voor het Nederlandse voetbal van een andere planeet, precies op tijd voor mannen op de maan, precies op tijd voor Rutger Hauer en Monique van de Ven in *Turks Fruit*, precies op tijd voor David Bowie, net te laat voor The Beatles, maar John Lennon was er nog, precies op tijd voor dat roemruchte kabinet-Den Uyl, precies op tijd voor Wolkers, Reve, Hermans, Maarten Biesheuvel, Radio Veronica, Muhammad Ali, Robert De Niro, Martin Scorsese, Apollo Henkie, Wim T. Schippers, het hield maar niet op, er gebeurde van alles. Nederland als de gedroomde *permissive society*, vrijheid & blijheid, kom daar nu nog maar eens om. En Johan Cruijff en Willem van Hanegem, zij blijven met hun Rolling Stones-kapsels voor altijd de exponenten van dat gelukkige tijdvak.

En dat geldt voor onze hele generatie, onder wie Jos de Putter, de grootste Van Hanegemfan ooit: 'Ik zal jou eens een weekje noemen uit 1975, toen Van Hanegem drie keer scoorde uit een vrije trap. Om te beginnen in die revanche van de WK-finale, Duitsland–Nederland: 1-1. Toen stak Van Hanegem eerst zijn arm in de lucht om te juichen en pas daarna legde hij de bal in de kruising. De week ervoor uit tegen Sparta scoorde hij ook uit een vrije trap, als deel van een hattrick. En de week erna tegen Roda, ook al als deel van een hattrick in een 8-0 of 8-1 wedstrijd. Dat mag je toch vrij vaak noemen?'

Jos heeft nog eens heel mooi beschreven hoe het eerste vertrek van Willem in 1976 een schisma in de familie De Putter teweegbracht: zijn broer bleef naar Feyenoord gaan, Jos vertrok met Willem mee naar AZ'67. Bij de wedstrijd Feyenoord–AZ'67 (2-2) juichte Jos in De Kuip voor Willem en kreeg prompt van een Rotterdamse mevrouw een keiharde klap op zijn hoofd.

Daar moest Rob allemaal aan denken, toen hij zijn jeugdheld terugzag op dat trainingscomplex Zoudenbalch. Willem van Hanegem die inderdaad ook in 't écht nog precies leek op de

Willem zoals we die in onze vroegste jeugd al leerden kennen. Net als bij Totti kreeg de tijd ogenschijnlijk geen vat op hem. Willem gaf eens een aanwijzing, hij mompelde eens wat, hij trapte met dat beroemde linkerbeen eens een balletje weg, en vroeg eens aan reservespits Giuseppe Rossini of-ie soms vergeten was de dozen van zijn kicksen af te doen. De geroutineerde coach als een warme vaderfiguur, in onze tijd als jeugdvoetballers hadden we allemaal wel zo'n coach willen hebben. Of zo'n vader. Maar voor de voetballende zoon Gertje van Hanegem was het toch helemaal zo leuk nog niet.

Dat is dan weer het spiegelbeeld van de mythe. Dat hou je toch. Voor een Van Hanegem-special van het voetbaltijdschrift *Hard gras* werd Rob in 1999 gevraagd Van Hanegem Junior te portretteren. Gert was op dat moment in de tijd 35 jaar oud, en een heel aardige, bescheiden, bijna bedeesde jongen. Net als Jordi Cruijff had hij de pech gehad te willen voetballen met een achternaam die verwachtingen schiep, onmogelijke verwachtingen. Gertje trapte rechts, maar bij zijn entree in de jeugd van Ajax stelde coach Tonny Bruins Slot hem in 1982 onmiddellijk als linkshalf op, en gaf hem het shirt met rugnummer 10. Net als pa altijd droeg, ja. Op de training kon hij goed meekomen met zijn toenmalige teamgenoten Marco van Basten, Gerald Vanenburg, Frank Rijkaard, Sonny Silooy en Stanley Menzo, dan was het tikken, tikken, tikken, maar in een wedstrijd ging het van tikken naar tobben. Eerlijk gezegd was hij blij wanneer hij weer eens werd gewisseld, want zoveel geluk geeft voetbal opeens niet meer als een volkomen onbekende scheidsrechter allang je naam blijkt te kennen, net als de meeste luitjes langs de kant.

'Ik was een jaar of achttien, en ik kon er helemaal niet mee omgaan. Ik speelde niet tegen één tegenstander, ik speelde tegen wel vijf tegenstanders. Tegen de naam Van Hanegem, tegen het bevooroordeelde publiek, tegen de scheidsrechter die zijn mening al klaar had, tegen mijzelf en dan ook nog tegen de andere ploeg. Dat was te veel.'

Toen hij na zijn mislukte Amsterdamse avontuur na anderhalf jaar besloot over te stappen naar de jeugd van Feyenoord, gebeurde het wéér. Gert ging terug naar de amateurs van Fortitudo in Culemborg, en kwam vervolgens uit bij Elinkwijk. Niet lang daarna maakte zijn trainer Cees Loffeld de overstap naar FC Utrecht en vroeg hij Gert om met hem mee te gaan. De voorzichtige terugkeer werd een droomrentree.

FC Utrecht speelde in de eerste wedstrijd van het seizoen 1989-'90 met veel bluf en goed voetbal Feyenoord met 3-0 van de mat, en Gert bluftte en voetbalde vrolijk mee. Spanning had hij nauwelijks gevoeld, want pas na de warming-up kreeg hij te horen dat hij moest spelen voor vrije verdediger Edo Ophof, die te elfder ure met een blessure was afgehaakt. 'Ik kreeg kippenvel toen ik het veld opkwam. Een tjokvol stadion, een zinderende augustushitte, het werd een schitterende wedstrijd. Die middag heb ik genoten.'

En op de tribune, daar zat zijn vader. Niet dat Gertje dat wist, ze kwamen elkaar pas tegen bij een stoplicht. Recht tegenover stadion Galgenwaard, wachtend voor de oprit naar de snelweg. Gert in een fonkelende Mercedes ('Zelf verdiend met glazenwassen'), Willem in een verroest koekblik op wielen. Nog niet in het bezit van het trainersdiploma, en een beetje scharrelend als meevoetballende praatpaal bij diverse clubs (een paar jaar Feyenoord, een paar jaar Utrecht, een jaartje Wageningen), was het niet de meest voorspoedige periode uit het bestaan van de man tegen wie Gertje altijd zo torenhoog had opgekeken.

En had vervloekt. In 1985 was Willem bij Truus weggegaan, waarmee abrupt een einde kwam aan het beroemdste voetbalechtpaar van Nederland. Truus, dat is natuurlijk Truus van Hanegem-De Nijs, de goed gebekte dochter van de beroemde De Halter-worstelaar Henk de Nijs, op en top Utrechts, altijd in voor een tv-spelletje, lang een cultfenomeen in zichzelf. Truus en Willem hadden elkaar op negentienjarige leeftijd tijdens een Velox-feestje in het NV Huis ontmoet, het raakte aan en het leek nooit meer uit te gaan. Oud-Utrechtse *royalty*. Truus hoorde er gewoon bij, wat heet: het was wel duidelijk wie er in huize Van Hanegem de eerste viool speelde, en dat was leuk, totdat het vals klonk. En al had Willem bij het afscheid dan zijn hele fortuin aan zijn ex-vrouw en het gezin overgemaakt, het vertrek liet Gert bepaald niet onberoerd. 'Ik hoop dat-ie tegen een boom rijdt,' had hij op de dag van het afscheid vanuit zijn jongenskamer nog geroepen, en sindsdien hadden ze elkaar niet meer gesproken. Nu stonden ze samen voor het rode licht, en ze knikten – achteraf het eerste gebaar richting verzoening.

'Mijn zus Alies belt bijna iedere dag met hem, en ik kom ongeveer een keer per maand op visite bij Willem en zijn tweede vrouw Marianne. Niet dat we dan heel zware gesprekken voeren, er zijn altijd wel andere volwassenen bij, of hun jongens Boy en Willem junior. Dat weet je: hij houdt gewoon niet van gesprekken een-op-een. Ja, zolang het over voetbal gaat, dan is het oké. Maar als ik hem voor een etentje zou vragen om eens een avond lang over familiezaken te kletsen, dan zal hij er alles aan doen om eronderuit te komen.'

Dat klinkt heel Oud-Utrechts, en dat is het ook precies. Een Oude Utrechter maakt graag een grap en een grol, maar over zijn diepere emoties zwijgt hij. Liefst ook maar tegen zichzelf, trouwens, want van verbale confrontaties voor de spiegel houdt hij ook al niet. Gert was er na jaren van nadenken, zo verklapte hij in *Hard gras*, inmiddels wel uit over die scheiding. Voetbal was voor Willem altijd een avontuur geweest, en toen hij moest stoppen, begon hij al snel de spanning te missen waaraan hij in al die jaren zo verslaafd was geraakt. Dus ging hij die buiten de deur zoeken, en van het een kwam het ander, dat snapte Gert dan ook wel weer.

Hijzelf kwam trouwens nog redelijk terecht, als voetballer. Na FC Utrecht speelde hij bij de amateurs van Holland (kampioen in 1992, met zijn vader als trainer, nota bene), en nog een paar jaartjes, gewoon voor de aardigheid, bij VV Nijenrodes in Breukelen. Van Truus hebben we nimmer meer iets vernomen, ze blijft bewust buiten de publiciteit. 'Heel verstandig van haar,' oordeelde Gert, en hij vertelde dat hij zijn moeder nog driemaal per week bezoekt in Vianen, hij ziet haar als de belangrijkste persoon in zijn leven. 'Zij spreken elkaar niet meer, maar ze heeft nooit een onvertogen woord over Willem in de pers laten vallen. Zoals de exvrouw van Ruud Gullit een heel boek vol babbelde, dat kun je niet bepaald chic noemen.'

En zo was het, want wij in Utrecht zijn net als in Rotterdam dol op Willem van Hanegem, maar Utrechtse Truus misten we in Utrecht op zo'n echte Utrechtse dag als vandaag op dit trainingsveld van FC Utrecht toch ook wel een beetje.

Dág Truus!

Hup Willem!

Bedankt voor die prachtige voetbaljaren.

Beter wordt het niet.

giovanni
van
bronckhorst

8 maart 2015
Feyenoord–NAC 3-0

Met de winst van Feyenoord uit tegen NAC nog vers in het geheugen komen de Bredaëlingen naar De Kuip om verhaal te halen. Ze hebben evenwel pech: Colin Kâzim-Richards is vandaag geblesseerd, hij speelt dus niet mee. We worden overigens zo langzamerhand een beetje moe van onze eigen Kâzim-bashing, maar we vechten ertegen. Zo slecht is de speler uit Oost-Londen natuurlijk nu ook weer niet, zeker niet nu hij geblesseerd is. Rob & Ronald hebben het erover waarom Kâzim zo ons misnoegen oproept.

Misschien is het de vergelijking met andere Feyenoord-spelers van de laatste tijd, een vergelijking die Kâzim overigens woedend maakt. In *Voetbal International* liet hij onlangs optekenen: 'Ik kan die verhalen over Guidetti en Pellè niet meer horen. Word er moe van.'

Nou, wij niet. Misschien is het ook zijn zelfgenoegzaamheid. In datzelfde nummer van *Voetbal International* zei hij dat hij zelf heel tevreden was over zijn spel, zeker nu hij regelmatig scoort: hij sleept, zucht, jammert, knikkebolt, zuigt en als er ergens kantjes zijn gaat hij die er aflopen. Zelf zei hij hierover: 'Als ik voetbal ben ik in een warzone.' Tijdens een wapenstilstand op kerstavond, bedoelt hij waarschijnlijk.

Misschien is het ook zijn zelfoverschatting. Wederom in *VI*: 'Als ik me verveel, blader ik soms wat door de namenlijst in mijn mobiele telefoon. Dan zie ik Didier Drogba staan, of Roberto Carlos, of Wesley Sneijder, of Zico, of Guus Hiddink. Als ik zin heb, kan ik ze zo bellen. Voor iemand zoals ik, opgegroeid op straat, is dat nogal wat. Iedere keer als ik die namen voorbij zie komen, schiet ik in de lach en denk: laat ze maar kritiek hebben op mij. Zó slecht heb ik het niet gedaan voor een jongen uit Oost-Londen.'

En dat is zeker waar, al scoor je geen doelpunten met het telefoonnummer van Drogba in je achterzak.

Over de kritiek van Rotterdamse fans was hij duidelijk. Hij komt uit een gore wijk in Oost-Londen, waar je moest vechten om je staande te houden. Daaraan denkt hij als hij onder vuur ligt. Daar heeft hij zijn onverwoestbare vechtlust en overlevingsinstinct vandaan. 'Dat is Oost-Londen in mij,' zei hij. 'Ik ben gewoon niet kapot te krijgen.'

Fantastisch. En nu nog scoren.

Zonder Colin Kâzim-Richards speelt Feyenoord tegen NAC bevrijd. NAC heeft helemaal niets in te brengen. De enige tegen wie Feyenoord lijkt te spelen is de doellijntechnologie. Al na drie minuten schiet linksvoor Elvis Manu leep tegen de onderkant van de lat. Elvis weet zeker dat de bal achter de lijn is gestuiterd, maar dankzij de doellijnmeting blijkt dat dit niet zo is.

Computer says no! – om de comedyreeks *Little Britain* even aan te halen.

Gelukkig is het een paar minuten later wel raak, al moeten er weer technische hulpmiddelen komen om dat uit te wijzen: Immers verlengt een corner van Jens Toornstra leep in het doel, maar NAC-speler Ruben Ligeon kopt de bal leep terug in het veld. Toch zegt de computer nu geen nee: Feyenoord staat met 1-0 voor.

Het is stuitend hoe slecht NAC – zeventiende op de ranglijst – speelt. Robert Maaskant staat zich vanuit de dug-out druk te maken, maar de Brabanders laten helemaal niets zien.

Ronald stelt na rust voor om alvast een voorschot te nemen op de kroketten na afloop in de perszaal en verdwijnt in de catacomben. Eerst haalt hij een pakket munten, waarna hij zich naar het calorieënafgiftepunt begeeft. Ondanks de wedstrijd is het er redelijk druk. Ooit, jaren geleden, waren we hier ook, in het bijzijn van tv-kok Pierre Wind, de hyperhypoactieve Haagse verschijning. Omdat Wind aanbidder is van Feyenoord vonden we hem destijds de aangewezen persoon om het eten in De Kuip te testen. 'Kicken!' riep Wind toen we hem ons plan vertelden. Hadden we het hem maar nooit gevraagd.

We speelden die middag tegen FC Volendam, wat Pierre Wind onmiddellijk deed bulderen: 'Ik hou niet van paling.' Dat was geen makkelijk grapje. Pierre legde uit: 'Nee echt. Ik breng altijd alles onmiddellijk in verband met eten, en Volendam staat bij mij voor paling. Ik heb een hekel aan paling, want palingen zijn lijkeneters, net als mensen. Paling in 't groen, ja, dat is lekker. Nu moet je als kok een verse paling met één flinke ram doodslaan. Dat is heel belangrijk, want anders krijgt het beest stress en een beest met stress moet je niet hebben. Beesten met stress smaken minder en kunnen het je lastig maken. Zo gaat het in het voetbal ook.'

Pierre liet zien dat bij hem altijd alles om voedsel draait, zelfs voetbal. 'Ik denk zelfs bij spelers aan eten. John de Wolf is voor mij een voedzame erwtensoep, Van Bronckhorst een puike vissoep, Henk Vos is een patatje oorlog en in Julio Ricardo Cruz zie ik een ondergewaardeerd spruitje. Iedereen kijkt eigenlijk neer op het spruitje, maar in feite zijn spruitjes heerlijk, als ze maar goed worden bereid. Het probleem met Cruz is dat hij te weinig goed wordt aangespeeld, net als de spruitjes.'

Ook heeft Pierre ideeën over spelers en fans. Een supporter is voor hem een consument die komt eten bij een keukenteam. De rôtier (de kok die de hoofdgerechten maakt) is in zijn optiek het aanvallende middenveld en de entremetier (de kok die de groentes verzorgt) een vleugelspeler. Een souschef is een speler als Ronald de Boer en de chef-kok een speler-trainer. De verdedigers bestaan uit de afwasbrigade en de kelners vormen de grens- en scheidsrechters. Pierre Wind is voor Feyenoord omdat de keukenbrigade bij Feyenoord van alle clubs het hardste werkt, hoewel de resultaten niet altijd even denderend zijn.

'Maar dat geeft niet,' legde hij uit. 'Ajax bijvoorbeeld is een echte sterrenzaak, maar het nadeel hiervan is dat er bijna alleen snobs komen eten. Die mensen genieten niet van de sport, die komen alleen naar de club om er geweest te zijn. Kijk mij hier eens in dit restaurant op de tribune zitten. Dat zijn de mensen die echt geen verstand van eten hebben, voor honderdvijftig euro twee porties kaviaar bestellen en daar dan Coca-Cola bij drinken. Geen supporters, maar eethooligans noem ik dat. Daarom ben ik zelf ook uit het sterrenzakencircuit vertrokken om een treetje lager in de Eredivisie te koken. Daar haal ik meer voldoening uit dan bij een blasé en arrogant publiek.'

Met dit in gedachten lieten we hem proeven van wat De Kuip op culinair gebied in de etalage had liggen. Dat was even slikken. Aanvankelijk verlustigde de Hagenaar zich zeer aan de geuren in het stadion.

'Heerlijk, hè?' riep hij. 'De geur van eten. Zonder eten is er niets. Waar goed wordt gegeten is het goed toeven!'

Dat viel toch tegen. De vraag die we hem stelden was: hoe staat het met het voedsel in De Kuip? Wat doet Feyenoord culinair gesproken? Verzorgt de vereniging haar supporters wel goed? Kan de club zich een beetje meten met de gastronomische concurrenten? Gaat de liefde van Feyenoord door de maag of niet?

Het plan was om hem tijdens de wedstrijd kennis te laten maken met de delicatessen van het stadion. Bijvoorbeeld de stadionworst. We heugen ons nog het moment dat we er een voor hem bestelden. Als een hongerige baby naar een tepel keek Pierre naar de worst. En toen nam hij een hap. Zijn gezicht betrok.

Zoals zijn gezicht ook betrok bij de hamburger ('eindoordeel: een nul, niets meer') en bij de kroket ('die heeft Kosovo niet overleefd'), de patat ('de smaak van die friet is stuitend vies') en de erwtensoep ('geen erwt te bekennen, vermoedelijk een paar jaar gekookt voordat het werd opgediend').

'Ik weet het zeker,' zei Pierre somber en kwaad, nadat hij alles had geproefd. 'Je komt hier niet voor het eten. Niets van wat ik vanmiddag heb gegeten is gemaakt met liefde en overtuiging. Ik vind: je moet alles wat je doet met liefde doen. Als je je met voedsel bezighoudt, moet je daar zorg en toewijding aan besteden. Feyenoord als club is toch heel bijzonder? Daar zit heel veel liefde achter. Daarom verdienen de supporters iets beters dan deze turf. Echt waar, smaak is een kwestie van aanbieding. Waarom serveren ze hier in die snackbar bijvoorbeeld geen tempura? Dat zijn gefrituurde Japanse happen in deeg. Zeg twee gamba's voor één euro. Heerlijk! Kicken! Dat zou lopen als een trein en ik weet zeker dat zoiets ook op het veld merkbaar zou zijn. Als supporters oprecht genieten van wat ze eten, dan heeft dat zeker een positief effect, ik zweer het.'

Dat was zestien jaar geleden.

Op het veld oogt Feyenoord inmiddels alsof ze maar vast hun eigen lunchbreak hebben genomen. NAC begint aan te dringen en is een paar keer dicht bij een goal. Ronald komt terug met een broodje frikandel en een broodje hamburger.

Als zij hun tanden in deze snacks zetten kopt Te Vrede uit het niets raak, na een voorzet van Boëtius.

'Sommige dingen veranderen niet in De Kuip,' zegt Rob met volle mond.

Rob & Ronald kijken elkaar aan.

'Mooie goals.'

'Smerige broodjes.'

Pierre Wind hoeft nog niet op terugkomdag, culinair gesproken.

15 maart 2015
FC Dordrecht–Feyenoord 1-2

Rob heeft zijn Willem van Hanegem-kwartiertje al gehad, nu mag Ronald:

Het toeval wilde weer eens wat. Ronald kwam vanavond terug uit een signeersessie in Middelburg en reed over de rondweg van Dordrecht langs stadion De Krommedijk, waar Feyenoord zich opmaakte voor de uitwedstrijd tegen FC Dordrecht (uiteindelijk een moeizame overwinning tegen de nummer laatst). De verlichting was al ontstoken, het stadionnetje lag onder een koepel van fel mistig licht. Er maakte zich een opwinding van Ronald meester. Daar, dat stadion, eigenlijk het stadion van DFC, was het eerste echte stadion dat hij bezocht met zijn vader. Ronalds eigen jeugdclub EBOH (Eendracht Brengt Ons Hoger, ook wel Elf Boeren Op Hol) heeft een tribune, maar geen stadion. Ronalds vader voetbalde bij EMMA, dat niet ver van DFC ligt. En EMMA was weer de club van de Van der Gijps.

Als zesjarige werd Ronald door zijn vader meegenomen

naar Cor van der Gijp, die na zijn overstap richting Feyenoord (233 competitiewedstrijden, 171 goals, wat hem topscorer aller tijden maakt van de club, gedurende de profjaren) en nog wat jaartjes bij Blauw-Wit een sportwinkel bestierde in de Dordtse jaren-vijftig-wijk Crabbehof. Er was een tijd dat iedereen bij het horen van de naam 'Van der Gijp' moest denken aan Cor, die met zijn broers Wim, Janus en Freek toch maar mooi was begonnen bij de club van Ronalds vader. Cor van der Gijp, de Dordtse legende, kleedde Ronald als een echt voetballertje en gaf hem, knipogend naar zijn vader, een paar wijze voetballessen, die Ronald nooit zou zijn vergeten als hij ook maar enig talent voor het spel had gehad.

In dezelfde tijd werd Ronald door zijn vader op de fiets meegenomen naar de Krommedijk. Daar stond hij op de houten staantribune aanwijzingen naar de spelers te krijsen. 'Let op je dekking.' 'Druk zetten.'

Toen Ronalds ouders scheidden bleef hij bij zijn vader en daar was hij content mee. Van zijn moeder moest hij al om half acht naar bed, zijn vader kon het in feite niet schelen hoe laat de kinderen gingen slapen. En het allerprettigst was dat zijn vader hem na de scheiding vaak wakker maakte voor sportevenementen. Als Muhammad Ali in Afrika bokste om het wereldkampioenschap tegen George Foreman – die *Rumble in the Jungle* – zaten zij beiden beneden in pyjama televisie te kijken. Speelde een Nederlandse voetbalclub in een ver-wegland midden in de nacht, of in ieder geval na achten, dan juichte Ronald hen op de thuisbank toe en zat zijn vader zwijgend sigaretten te roken en het spel te volgen.

Ronald hoeft zich niet te verdedigen: uiteraard was zijn vader zijn grote held. Als je een tienjarige zoon hebt moet je het wel heel erg verbruien wil je niet zijn grote held zijn. Zijn vader was een vrolijk-cynische en opgewekt-stoïcijnse man. De helden van Ronalds vader waren zijn helden. Zijn vaders grote held was Willem van Hanegem. 'Johan Cruijff is de beste balletdanser van Nederland,' vond zijn vader, 'Willem van Hanegem de beste voetballer.'

Ronalds vader had een vaste voetbalvriend, een man die Ronald 'ome' noemde, zoals in de jaren zeventig iedereen uit de kennissenkring van zijn ouders ome of tante was (zelfs nu op zijn bijna vijftigste zegt hij dat nog steeds tegen enkelen van hen). De vriendschap van zijn vader en ome W. was in de loop der jaren na talloze echtscheidingen en aanverwante loyaliteitsproblemen onherstelbaar verwaterd, maar in de jaren zestig en zeventig gingen ze geregeld naar De Kuip, met name om Willem van Hanegem te zien.

Zo werd Van Hanegem ook Ronalds grote held, al heeft hij diens gloriejaren feitelijk alleen maar door kinderogen bekeken. Is het mogelijk iemand de beste voetballer ooit te vinden, zonder hem in gedachten en op basis van empirische gegevens te kunnen analyseren? Tijdens een maaltijd in december 1817 met collega-dichter William Wordsworth en schilder Benjamin Haydon sprak de romantische dichter John Keats zeer negatief over de wetenschapper Isaac Newton. Newton had, aldus Keats, alle poëzie van de regenboog bedorven door hem te willen verklaren. '*"Beauty is truth, truth beauty" – that is all / Ye know on earth, and all ye need to know*,' dichtte Keats drie jaar later.

Ronald vond, in navolging van zijn vader, Willem van Hanegem zijn grootste voetbalheld *and that is all ye need to know*. Misschien had het te maken met de hier al vaker aangehaalde grote poster van Willem van Hanegem die op zijn kamer hing. Als hij ergens spijt van heeft, is het dat hij die poster tijdens een verhuizing of scheiding is kwijtgeraakt.

Maar zie: op het internetje vind je 'm nog terug. Willem in De Kuip, in zijn Feyenoord-shirt, met nummer 10, onze beste nummer 10 ooit (sorry, Johan Cruijff), op het punt om met zijn legendarische linkervoet een splijtende pass te verzenden. De armen breed gespreid, voor de balans, of als het zo uitkomt zijn belager even een Muhammad Ali-hoek te geven, dat kan ook. Niet voor niets kreeg Willem de allereerste gele kaart uit de geschiedenis van het Nederlandse profvoetbal (13 augustus 1972; Feyenoord–NEC 1-0; doelpunt Peter Ressel; scheidsrechter Van der Kroft), een welverdiende geste van de KNVB. Nou ja, die poster dus – haarscherp, bovendien. Op de achtergrond waren de tribunes nog niet helemaal vol. Individuele toeschouwers konden duidelijk worden onderscheiden. Ergens in een bovenhoek (de linker?) zaten twee mannen lekker in de zon, om precies te zijn Ronalds vader en ome W.

Het was een van de meest bepalende momenten in Ronalds adoratie van Willem van Hanegem: toen hij zijn vader ontwaarde in diens achtergrond. Ronald vond het zo geweldig dat zijn vader op een poster stond, al was hij maar drie millimeter groot. Wie had er thuis op zijn kamer een poster van zijn vader hangen?

Ronald heeft inmiddels zijn eigen vaste voetbalvriend, ome Rob, die beweert de poster ook op zijn jongenskamer te hebben gehad, net als 'ontelbaar veel andere schoolkinderen'. Volgens Rob was de poster uitgegeven door de kruideniersketen VIVO, maar dat zegt Ronald helemaal niets (bij hem thuis kochten ze nogal monomaan alles bij De Gruyter). Aanvankelijk wisten Rob & Ronald niet van elkaars adoratie van Van Hanegem, maar daar was een nachtcafé goed voor. Zo zaten zij vaak in het Utrechtse café De Bastaard. Hoe later het daar wordt, hoe minder tekst je nodig hebt. Dan zei bijvoorbeeld de een alleen maar iets als 'vrouwen' en dan verzuchtten ze beiden een tijdje 'ja, vrouwen, god ja, vrouwen'. Of mompelde de een 'Jan Wolkers' en bevestigden ze beiden 'godverdomme ja, Jan Wolkers'. Zo zei een van ons op een gegeven moment ook een keer 'Willem van Hanegem', of misschien zelfs nog eenvoudiger, alleen maar 'Willem', waarna ze elkaar aankeken en wisten: de beste voetballer ooit. Sindsdien stonden ze vaak laat in de nacht een potje te Willem-van-Hanegemmen en altijd kwam er wel een wildvreemde bijstaan die Willem een nóg betere voetballer vond dan zij.

Er waren vele mooie verhalen over Willem. De keer dat hij in Groningen iedereen in het Oosterparkstadion stil kreeg door secondenlang de bal onder zijn voet te houden. De keer dat hij als trainer van Feyenoord in de Europacup II-returnwedstrijd tegen Tottenham Hotspur vanaf de bank aangaf dat de bikkelharde middenvelder Paul Stewart gestraft moest worden voor zijn elleboogstoot in het gezicht van Ed de Goeij. De keer dat Willem moest huilen bij een door de fans geschreven gedicht voor zijn vijftigste verjaardag.

Rob & Ronald hebben ook samen een gedeeld Willem van Hanegem-moment. Op een middag in de lente zaten we op het beton bij het oefenveld te wachten op Nelli Cooman. Het is vaak flauw te zeggen dat iemand verbleekt als dat aantoonbaar niet zo is, maar het klopte wel dat Rob even stil werd.

'Daar...' zei hij na een paar seconden. 'Willem.'

Willem kwam in onze richting gelopen.

Dit was het moment waarop we konden opstaan, ons voorstellen en vragen of we hem mochten meenemen naar een wedstrijd voor ons boek. Natuurlijk waren we lang niet meer zo idolaat van voetbal als in de tijd dat we zijn poster op onze muren hingen, of Rob met zijn schoolvriendje Kees op bezoek ging in dat trainingskamp te Zeist – we waren nu al jaren professionele schrijvers immers, kom op zeg! – maar toch aarzelden we. Later stelden we vast dat we (zeg maar Rob) tegen betaling hebben gesproken met eh... een Woody Allen, eh... een Bernardo Bertolucci, een Paul Bowles, een Cicciolina, eh... een Madonna, een Arvo Pärt, een Ayrton Senna twee dagen voor zijn dood, een Sharon Stone, eh... een Johan Cruijff, maar dat een Willem van Hanegem ons echt een maatje te groot was.

Willem van Hanegem liep langs Rob & Ronald en wij, volwassen mannen, durfden hem niet aan te spreken. De held uit onze jeugd blijft onze held, *and that is all ye need to know.*

22 maart 2015
Feyenoord–PSV 2-1

Zo lastig als het blijft om Ajax thuis te ontvangen, zo vrolijk worden we doorgaans van een bezoek van PSV. Sinds 2009 wisten ze hier niet meer te winnen, en dat zouden we graag zo houden. PSV mag dan wel kampioen worden dit jaar, daar twijfelt niemand meer aan ('Waar is het feestje? Hier is het feestje!'), maar die polonaise begint vanmiddag niet in De Kuip. Laten we dat even afspreken, oké?

Getergd stappen Rob & Ronald in de perskamer naar het bord van de perstoto. We vullen in: rust 5-0. Eindstand: 10-0. Wraak op die keer bij PSV, toen *onze* huidige trainer daar nog *hun* trainer was, en die van ons destijds met tranen in de ogen voor de camera stond. Arme Mario Been. Enfin, nu is het onze beurt: 10-0, en we plaatsen het fotootje dat we gemaakt hebben op Twitter. Eens even kijken wat daarvan komt. Onmiddellijk oogsten we vele vrolijke retweets, van ons verder volkomen onbekende mensen. Wij van Feyenoord hebben er zin an, hedenmiddag, zoveel is wel duidelijk.

Rob: 'Zou onze tweet ook de kleedkamer van PSV hebben bereikt?'

Ronald: 'Ongetwijfeld. Behalve voetballen en trainen doen voetballers niet heel veel anders dan de godganse dag twitteren.'

Rob: 'Nou, oké, dan weten Memphis Depay & co het nu ook. *No pasaran!*'

Bij de naam Memphis denken wij trouwens aan heel andere grootheden: B.B. 'Mister Blues' King, of aan Elvis 'Mister The King' Presley, dat kaliber. De voetballer Memphis vinden wij ook best goed, daar niet van, maar hij weet van zichzelf dat hij zo goed is, en dat geeft hem soms wat vervelende trekjes: Memphis is in zeker opzicht *hun* Kâzim. Nee, dan toch liever onze eigen Georginio Wijnaldum, die helaas zo dadelijk het verkeerde shirt zal aantrekken.

Ha! Feyenoord–PSV. Heerlijk! Alles zit mee, deze middag. De zon straalt, De Kuip zit vol, de sfeer is geweldig, Jan Boskamp is er ook, en reeds na 15 seconden zet Elvis Manu onze Lex Immers vrij voor doelman Zoet, dit is... een niet te missen kans! Wat had filmregisseur Jean van de Velde nu gezegd, Lex? 'Als een voetballer of een acteur ook maar een nanoseconde nadenkt is het weg. Dan gaat het mis.' Lex denkt na... en... plaatst vrij onbeholpen naast. Dacht hij datie buitenspel stond, of zo? Niet nadenken, Lex!

Toch herkennen Rob & Ronald hier wel een patroon. Zijn wij de enigen die het is opgevallen? Er is iets met dat doel. Dat doel voor Vak Y – onder Vak G. Feyenoord scoort bijna nooit aan de Y-kant. De doelpunten vallen altijd aan de X-kant, onder Vak S. Als wij vanaf de perszitjes bij de

Maastribune Feyenoord van links naar rechts zien spelen, ja, dan gaat het goed. Maar vice versa? Curieus is dat toch. Zit daar een magnetisch veld, wellicht? Bestaan daar geheime CIA-rapporten over? En waarom hebben Rob & Ronald die dan nog niet in handen? Weet Lexie hier meer van? Is hij *in on the plot*? Werkt Lexie voor de CIA? En Kâzim dan ook, en Manu, El Ahmadi, Toornstra, Boëtius, en Clasie, zelfs. Wat hebben we ze de afgelopen tijd een kansen zien missen voor doel Y, het lijkt waarachtig wel afgesproken werk. Of zit het anders? Heeft Vak S soms een geheime megamagneet, waardoor die ballen er aan hun kant juist wel invliegen? Dat zou toch buitengewoon clever zijn! Rob & Ronald besluiten de zaak ooit nog eens tot op de bodem te zullen uitzoeken, maar nu volgen we eerst weer nagelbijtend de wedstrijd.

Supporterstragiek. Dat gevoel van machteloosheid. Je kunt eens wat roepen, of zingen, of eens wat schelden, maar in diepste wezen heb je als supporter weinig tot geen invloed op het scoreverloop. Het is geen spelletje FIFA waar je zelf aan de knoppen zit. Het leuke van een voetbalwedstrijd is dat de uitkomst altijd ongewis blijft. Dat is de charme, de spanning, de lol ervan, maar in de praktijk betekent het vooral lijdzaam toezien, en dan maar het beste ervan hopen. Zélfs als twaalfde man, in De Kuip.

Dat zit zo: wij mensen hebben een evolutionair verleden waarin wij twee miljoen jaar lang in groepen van ongeveer honderdvijftig individuen over de savanne zwierven. Gewelddadige conflicten en schermutselingen met naburige stammen waren voor onze voorouders aan de orde van de dag, en wij ervaren daar nog dagelijks de evolutionaire naneefjes van. Overal op aarde zijn brandhaarden, overal wordt oorlog gevoerd, overal zijn conflicten, ons evolutionaire oorlogsverleden leeft overduidelijk voort.

De onschuldigste vorm hiervan is onze fascinatie voor teamsport, die we kunnen zien als een geritualiseerde vorm van oorlogsvoering, een vorm die zelden dodelijke slachtoffers eist. Maar meer dan we wellicht zouden vermoeden. Sport is de kanalisering van onze primitieve instincten tot oorlogvoeren: we dragen stamkleuren, we knokken om trofeeën en tijdens het spelen komen er vele hormonen vrij die te vergelijken zijn met de hormonen die vrijkomen bij gevechten. Die hormonen pompen niet alleen bij de spelers op het veld door het bloed, ook bij ons, de toeschouwers. Uit onderzoek blijkt dat bij supporters van voetbalwedstrijden veranderingen te meten zijn in het stresshormoon cortisol en testosteron. Soms op het schadelijke af.

In onze voorouderlijke tijden kenden oorlogen geen toeschouwers. Iedereen deed bij een conflict tussen twee stammen mee aan de strijdhandelingen, en wie dat niet deed werd sociaal uitgestoten of nog erger. Tegenwoordig zitten we op de tribune of op de bank thuis om te kijken naar schermutselingen, wat regelmatig gepaard gaat met stress, verhoogde bloeddruk en hartkloppingen. Het beoefenen van sport mag wellicht lichamelijk gezond zijn, het *kijken* naar sport brengt wel degelijk gezondheidsrisico's met zich mee. Duitse wetenschappers hebben aangetoond dat het kijken naar een spannende voetbalwedstrijd het risico op een hartaanval ruimschoots verdubbelt.

Dat, en niets anders, is de stress van de supporter. De

angst voor teleurstelling, ook. Niet weer, hè?! Hoe doen andere sporten dat dan? Teleurstellingsmanagement, bedoelen we. Rob weet er wel een. Hij was eens in de SkyDome van de tophonkbalploeg Toronto Blue Jays, het stadion heeft nog model gestaan voor de Amsterdam ArenA (niet de muziekclub). Op grote videoschermen kreeg je herhalingen van de belangrijkste spelmomenten, en als die er niet waren, dan werd het publiek gekroond tot kampioen van het programma. Een *floating camera* zweefde langs de ringen alsof het een karaokeshow was, ze bleken allemaal wat te hebben ingestudeerd: Blues Brothers-dansjes, Chicken Tonight-imitaties, Koos Alberts-shakes en Lee Towers-ellebogen. Volgde een groot applaus voor zichzelf.

Toen de thuisclub tegen de Chicago White Soxs helaas achter kwam, verschenen er plots filmclips op het scherm. We zagen John Belushi het publiek en de Toronto Blue Jays toespreken, het was die beroemde scène uit de komedie *National Lampoon's Animal House* (1978). Even voor wie deze humorklassieker heeft gemist: Belushi en zijn vrienden zijn allemaal van school gestuurd, ze zitten er verslagen bij. Dan springt John Belushi op en begint een pakkende peptalk.

'*Heeeyyyyy!. What is this lying around shit?*' houdt hij zijn vrienden voor.

Die reageren lauw: '*What the hell are we supposed to do, you moron? War is over.*'

Waarna Belushi vlam vat: '*What? Over? You said: over? Nothing is over until we decide it is!*'

(dramatische marsmuziek klinkt op)

'*Was it over when the... euhhh... Germans bombed Pearl*

Harbour? No, and it ain't over now. 'Cause when the going gets tough, the tough get going. Who's with me? Let's go!'

Het publiek reageerde enthousiast en ging als één man weer achter de Blue Jays staan (niet dat het hielp, overigens). Later werd ook nog een fragment uit *Cheers* vertoond, waarin Coach aan Sam Malone de fijne kneepjes van het honkbal uitlegt (weer groot applaus). Mooie baan moet dat zijn, videojockey in zo'n enorm stadion – even *comic relief* op kritieke momenten.

Rob: 'Weet je wie dat ook heel goed kon, Ronald?'

Ronald: 'Uhm... Kâzim?'

Rob: 'Nee joh... Willem van Hanegem. Altijd een dolletje met de scheids, met Jan Keizer bijvoorbeeld, tijdens een Feyenoord–Ajax, en laten we Frans Derks niet vergeten. Die ging er helemaal in mee. Dan kun je eigenlijk al niet meer verliezen.'

Van dolletjes op het veld is vandaag geen sprake, je ziet dat trouwens nog maar heel zelden. Alleen Wesley Sneijder wil nog weleens een geintje uithalen, voor al het overige is voetbal toch eerst en vooral dodelijke ernst. Gigantische financiële belangen, nietwaar? Zie je Messi weleens glimlachen op het veld, dan? Cristiano Ronaldo? Oké, Zlatan Ibrahimović, die nog wel.

We gaan de rust in met 0-0. Wij zijn beter, al schoot Adam Maher namens PSV verraderlijk op de lat. We laten ons de door Feyenoord verstrekte roze koeken goed smaken, en we spreken nog even door over honkbal & voetbal. Dat er op de een of andere manier veel meer mooie korte verhalen en romans over honkbal dan over voetbal zijn geschreven, denk recentelijk aan *De kunst van het veldspel*, van auteur Chad Harbach.

Rob & Ronald hebben daar ook weleens met Robert Eenhoorn over gesproken, hij was mee naar Feyenoord–Willem II (4-1). Vandaag is hij algemeen directeur van AZ, voorheen was hij tophonkballer en honkbalcoach. Hij vertrok in 1989 als jeugdig talent naar Amerika en speelde er vanaf 1994 in de *Major League*: eerst bij de New York Yankees, en later bij de Anaheim Angels. Honkballen in de VS, dat is een grote stap voor een korte stop. 'Ik heb bij de Yankees 51 keer bij de selectie gezeten, en 17 keer meegespeeld. En al ben ik daarna naar een andere club gegaan, ik mag graag denken dat ik mijn steentje aan de mythe van de Yankees heb bijgedragen.'

Want een mythe is het, The New York Yankees, voor altijd de club van Babe Ruth, 27-voudig winnaar van de World Series, voor het laatst in 2009. Eenhoorn, die ooit een blauwe maandag als linksbuiten op de voetbalschool van Sparta bleek te hebben verkeerd, vervolgde: 'Honkbal is in Amerika een religie. Alle feiten worden bijgehouden in duizelingwekkende statistieken en het spel is een vast onderwerp in het gesprek van de dag. Daarom worden er ook zoveel sportboeken over geschreven, en korte verhalen, romans, en speelfilms van gemaakt, zelfs. Wat mij betreft zijn de New York Yankees eigenlijk het Feyenoord van de States. Als uitgesproken volksclub heeft iedereen er een mening over. Je bent voor of tegen de Yankees, als het slecht gaat worden er erg veel flauwe grappen over gemaakt, maar als ze kampioen worden feest heel New York mee. Daaruit kun je alleen maar afleiden dat zo'n club écht iets betekent. Net als Feyenoord.'

Wat Rotterdam-Zuid is voor het Manhattan aan de Maas, is de Bronx voor het Rotterdam aan de Hudson, zogezegd. De Kuip, die heet in Amerika sinds 2009 het nieuwe Yankee Stadium, en dat ligt pal naast het oude Yankee Stadium. Adres: 1 East 161st Street in de arbeideristische Bronx. Capaciteit van de nieuwbouw: 49.642 zielen. Eenhoorn: 'Een verschil met Feyenoord is wel dat de doordeweekse avondwedstrijden slechts door zo'n twintigduizend fans worden bezocht. Niet iedereen durft op dat tijdstip de Bronx in, maar op de zondagmiddagen zit het stadion helemaal vol.'

Maar dan nog eens wat: diep in zijn hart is Robert Eenhoorn altijd Feyenoord-fan gebleven. Tijdens ieder honkballoos weekend zat hij in De Kuip alsook bij de uitwedstrijden op de tribune, en als hij in die jaren door zijn vriend Henk Fraser naar het spelershome werd meegenomen, voelde dat nog steeds als iets speciaals. Dat Robert Eenhoorn juist nu in de rust van Feyenoord–PSV wordt opgevoerd, heeft een opmerkelijke reden. Laten we dat maar het 'sinaasappelincident' noemen. Nog net niet zo idioot als het 'polletjesincident' rond dezelfde doelman tijdens Feyenoord–PSV in seizoen 1987/'88, wél minder bekend.

Het zal het seizoen 1990/'91 geweest zijn. Feyenoord speelde weer eens uit bij PSV, en werd weer eens met een nulletje of zes weggetikt. Bij iedere treffer draaide doelman Hans van Breukelen zich pesterig om naar het uitvak, vol met Feyenoord-supporters: lachen, joh! Eenhoorn: 'Er stond een gozertje naast mij met een sinaasappel in zijn hand en hij legde aan om te gaan gooien. Maar Van Breukelen liep op de rand van zijn strafschopgebied. Ik tikte dat gozertje in een eenmalige opwelling op de schouder en zei: "Laat mij maar even."' Eenhoorn nam de sinaasappel over en zelden zal het Nederlandse voetbal zo'n welgemikte honkbalworp hebben gekend. Mag niet, kan niet, maar goed, een geestig dolletje was het wel, gniffelden Rob & Ronald nog lang na. Sorry Hans, we vonden je altijd een prima doelman, hoor.

De tweede helft neemt een aanvang. Wij spelen nu naar het X-doel, dat onder Vak S. Nu komt het vast goed, en dat is ook zo. We hebben vanmiddag helemaal geen videojockey nodig, laat staan een sinaasappel op PSV-doelman Jeroen Zoet. Wij hebben namelijk Anass Achahbar, blijkt. Wie? Anass Achahbar. Opgeleid, uitgeleend, teruggekeerd. De vervanger van de geblesseerde Kâzim schiet met twee werkelijk prachtige goals alle leed van zich af. Eerst ontvangt hij in de 59ste minuut een splijtende pass van Rick Karsdorp, en volleyt met een halve draai de bal in de verre hoek.

'Doelpunt van de maand,' jubelt Rob.

'Doelpunt van de eeuw,' verbetert Ronald hem.

En de volgende aanval is het weer raak, na een intelligente combinatie met Jean-Paul Boëtius. Onder een ovatie mag de kleine wonderspits een kwartiertje later van het veld. Depay heeft dan met een dwarrelbal al wel 2-1 gemaakt, maar dat deert ons niet meer. Wéér van PSV gewonnen, we mogen wel spreken van een goede gewoonte.

In de Mixed Zone stelt Giorginio Wijnaldum: 'Feyenoord uit, dat is voor ons de lastigste wedstrijd van het seizoen.'

Dit is nu de actuele stand:

1. PSV – 28 gespeeld: 70 punten
2. Ajax – 28 gespeeld: 62 punten
3. Feyenoord – 28 gespeeld: 54 punten
4. AZ – 28 gespeeld: 50 punten

Rob: 'Nog maar 16 punten op PSV achter, Ronald.'
Ronald: 'Dat zijn er weleens meer geweest.'

5 april 2015
AZ-Feyenoord 1-4

Koel, zakelijk, professioneel: uit in Alkmaar scoren we de vierde overwinning op rij. Zo kan het dus ook. We wisten niet eens dat we het in ons hadden. *In the winning mood*, zó voelt dat dus. Doelpunten: Luckassen (eigen doel, 3de minuut); Achahbar (hij weer! – 40ste minuut); Manu (45ste minuut); Manu (59ste minuut). Minpuntje: Vermeer liet op hoogst knullige wijze een terugspeelbal van Sven van Beek onder zijn voet door rollen (88ste minuut: 1-4). Maar het kan altijd nog gekker: na de wedstrijd bracht Kâzim een beleefdheidsbezoekje aan de kleedkamer van AZ. Niet zo gebruikelijk, nee. Volgens *De Telegraaf* nam de spits het op voor de schlemiel van de match, de jonge verdediger Derrick Luckassen. Diens onhandige actie – een onbeholpen pirouette in eigen doel – brak deze potentiële topper voortijdig open. Hoort erbij joh, niets van aantrekken, zo hield Kâzim hem voor (hij haalde ook weleens per ongeluk een bal van de vijandelijke doellijn, per slot). Om vervolgens tegen diens AZ-ploeggenoten te foeteren: 'Jullie hebben deze jongen laten zakken na die vroege goal. Jullie hadden hem moeten helpen, en dat is niet gebeurd.' Kâzim als bestraffende bovenmeester. Zoiets verwacht je eigenlijk alleen van rector magnificus Van Gaal. Nou ja, het zou wat. Zeven punten voor op AZ – die derde plaats is van ons!

12 april 2015
Willem II–Feyenoord 2-2

Heeft Rob, die weleens gastcolleges geeft, Ronald al eens verteld over de zogeheten A- en F-emotie, bekend uit de filmwetenschap? Dat werkt als volgt. Een filmbezoeker die zich laat meeslepen door het verhaal, en dat voor de tijdsduur van de voorstelling voor écht aanneemt, zogezegd vergeet dat het film is, valt onder de F-emotie: die F staat voor *fiction*.

Een kijker die zich tijdens de voorstelling juist niet laat meeslepen door het verhaal, maar bestudeert hoe de film technisch in elkaar steekt, wat de handigheidjes in het scenario zijn, of de kwaliteit van de special effects, die valt onder de A-emotie: die A staat voor *artificial* – voor kunstmatig, een gecreëerde werkelijkheid.

Ronald: 'Ja... *und*?'

Rob: 'Nou... volgens mij kun je dat ook zeggen over supporters. Ga je fanatiek mee in het spel, het verhaal dus, dan val je onder de F-emotie. De neutrale toeschouwer, bijvoorbeeld wij van de pers, zal de wedstrijd eerder met een A-emotie beschouwen, een metablik. Hoe doen de spelers het? Wat kun je zeggen over de tactiek? Waar gaat het fout? Je zou zelfs kunnen stellen dat een fanatieke supporter uit zijn F-emotie valt, op het moment dat het misloopt. Dan pakt hij ook die A-emotie op, staart in verbijstering naar de teleurstellende prestaties op het veld, wil zich niet meer identificeren met zijn ploeg.'

Ronald: 'Oké. Dus als wij naar Ajax kijken, hebben wij de zakelijke A-emotie. Maar als wij naar een belangrijke wedstrijd van Feyenoord kijken, voelen we de F-emotie. Behalve als het weer eens tegenvalt, dan verschansen we ons achter onze professionaliteit. Ik snap 't.'

We nemen de proef op de som, met een paar recente wedstrijden.

Rob: 'Feyenoord–NAC: 3-0.'

Ronald: 'Was niet heel bijzonder, ik zou zeggen A-emotie.'

Rob: 'FC Dordrecht–Feyenoord: 1-2.'

Ronald: 'Je hoopt op het beste, we begonnen met de F-emotie, maar we vergleden naar A-emotie.'

Rob: 'Feyenoord–PSV: 2-1.'

Ronald: '*Definitely* F-emotie. Geen twijfel mogelijk.'

Rob: 'AZ–Feyenoord: 1-4.'

Ronald: 'Dat is een gek geval. De enige wedstrijd waarbij we met een ruststand van 0-3 eens ontspannen naar Feyenoord konden kijken. Begon als F-emotie, verschoof naar A-emotie. Waarom was Feyenoord juist deze middag zo koel, zakelijk en professioneel?'

Rob: 'Precies!'

We zetten FOX Sports aan, we maken ons op voor Willem II-Feyenoord. Wat we te zien krijgen is 90 minuten worstelvoetbal. Kâzim weet in de 82ste minuut nog op het nippertje gelijk te maken.

Rob: 'Typisch een A-emotie.'

Ronald: 'Met een metabril op kun je alleen maar zeggen: wat een geploeter. Dus ja: A-emotie. Deze wedstrijd was geen speelfilm waard.'

WIM JANSEN

19 april 2015
Feyenoord-Go Ahead Eagles 0-1

Een maand of wat geleden zat Ronald in het illustere Utrechtse restaurant Chez Jacqueline, een van de laatste traditionele bistro's van Nederland en een plek waar menig voetballer en trainer heeft gegeten (onder wie Oud-Utrechter Willem van Hanegem). Aan de bar van het restaurant zat die keer Foeke Booy, de trainer van Go Ahead Eagles, zich moed in te drinken.

'Veel sterkte tegen Feyenoord,' zei Ronald voor de grap.

'Ik hoop dat Feyenoord het overleeft,' zei Foeke, minstens even grappig. Niet wetend dat zijn ontslag al voor de wedstrijd tegen Feyenoord allang een koud, hard feit was.

Vandaag is het weer zo'n lekker zonnige zondagmiddag. Feyenoord kan de derde plek in de Eredivisie (en daarmee toegang tot de voorronde van de Europa League) veiligstellen. Die Go Ahead Eagles lijken daarentegen zeker van nacompetitie, dat is: aan de onderkant. Alleen als alles meezit kunnen ze verder onontkoombaar onheil voorkomen. Winnen van Feyenoord zou een goede eerste stap zijn. Wacht, we herhalen deze zin. Winnen van Feyenoord zou een goede eerste stap zijn. Hilarisch, want Feyenoord is op dit moment al zeven duels ongeslagen, terwijl Go Ahead Eagles de laatste zeven wedstrijden jammerlijk verloor. Niet voor niets ontsloeg de club trainer Foeke Booy, hij had zijn toetje nog niet op.

Als gast nemen we vandaag de Turkse Deventenaar Özcan Akyol (1984) mee, schrijver, columnist, tv-persoonlijkheid en uit het goede hout gesneden. Özcan debuteerde in 2012 met de spraakmakende roman *Eus*, over een jongen die op het verkeerde pad komt, in de gevangenis geraakt en daar de literatuur ontdekt (een verhaal dat voor een deel autobiografisch is).

Özcan is al jaren fan van Go Ahead, huh-huh, hoe kan het ook anders? *Kowèt* zoals hij de naam van zijn club spelt. Hij gaat zeer regelmatig naar het stadion, volgt de Deventenaren ook bij uitwedstrijden, schrijft in *Voetbal International* en *Nieuwe Revu*, en hij mag vaak bij praatprogramma's mee oudesekswerken over Turks voetbal en de verrichtingen van Oranje. Feyenoord is Özcans 'tweede club', in de zin dat hij de Rotterdammers een warm hart toedraagt en ook af en toe naar De Kuip gaat voor een goeie pot. Soms wordt zijn liefde voor Feyenoord op de proef gesteld. Toen de club in de voorronde van de Champions League moest spelen tegen het Turkse Besiktas had Özcan zich gestoord aan allerlei tokkies die het nodig vonden om op de tribune te zingen: 'Allah, Allah, je moeder is een hoer.'

Filosofisch gesproken is dit een interessant ontologisch vraagstuk: kan de Allerhoogste een moeder hebben? Dat het Opperwezen een moeder zou hebben valt nog in het enigszins 'verdedigbaar aannemelijke', maar dat zij, als zij zou bestaan, niets minder is dan de perfecte moeder, nou ja, dat is zonneklaar. De Goddelijke Levensgever heeft een Goddelijke Moeder, die zich zeker niet zal prostitueren. De door de Feyenoord-aanhang gescandeerde zin 'Allah, Allah, je moeder is een hoer' klopte logischerwijs niet, en dat was opmerkelijk, want Feyenoorders staan toch normaliter bekend om hun afgewogen redelijkheid. Gevalletje Had Je De Profeet Maar Niet Moeten Beledigen: als straf liet Allah de Feyenoorders kansloos verliezen met 1-2.

Dit akkefietje heeft Özcans liefde voor Feyenoord niet doen wankelen, vandaag sluit hij zich graag bij ons aan, al vreest hij het allerergste.

'Jullie gaan Kowèt gewoon helemaal slopen,' zegt hij deemoedig, als we plaatsnemen op de tribune.

We bespreken het afgelopen seizoen voor zowel Feyenoord als Go Ahead. Hun keeper Erik Cummins heeft gescoord met een rechtstreekse uittrap tegen Excelsior, dat was een enorm hoogtepunt in Deventer. Hij staat er +1 mee op hun topscorerslijst. Maar ja, vandaag staat deze gereputeerde pinchhitter niet eens in de basis, want Mickey van der Hart keept (die van dat andere flagrante polletjesincident). Foute boel, en daarbovenop heeft Foeke een paar maffe aankopen gedaan, die Özcan vreest.

'Ik ben echt bang voor vanmiddag,' zegt hij.

'Wij ook,' zeggen wij lachend, maar eigenlijk menen we dat niet. We horen dat te zeggen, als rechtgeaarde Feyenoorders, maar deze keer voelen we het niet na. We hebben ingevuld op het voorspellingenbord in de perskamer dat Feyenoord met 5-0 gaat winnen. Nog een geflatteerde uitslag ook, dachten we beiden toen we de uitslag noteerden.

De eerste helft brengt niet zo heel veel. Feyenoord valt

aan, Go Ahead verdedigt. Trainer Fred Rutten heeft vooraf verklaard dat hij niet bang is... (wacht, we onderdrukken even een lachstuip in de onderbuik)... voor onderschatting. On-der-schat-ting zeg. Feyenoord is zeven wedstrijden ongeslagen, Go Ahead heeft zeven keer verloren. In de woorden van Jan Boskamp: 'MOGEN WE MISSCHIEN GEWOON VERWACHTEN DAT FEYENOORD DEZE PLOEG EVEN VAN HET VELD MEPT?' Hoe erg is het met je eigenwaarde als trainer van een topclub gesteld als je je in de pers zo uiterst voorzichtig uitdrukt. 'Als wij niet volledig geconcentreerd zijn,' liet Rutten optekenen, 'kunnen we struikelen. En zeker in deze fase van de competitie kunnen we het ons niet veroorloven om te struikelen.'

Rob & Ronald: 'Win nou maar gewoon.'

Intussen luisteren we met Özcan naar het gezang op de tribune. Een deel van ons stadion (vak G & Y zingt retorisch: 'Komen wij uit Rotterdam?' waarop vak X/S aan de overkant dit beantwoordt met: 'Ken je dat niet horuh dan?' En nog een keer, en een keer daarna, plus een keer daarop. Het stereofonische effect behoort altijd weer tot de favoriete vreugdeuitlatingen van Rob & Ronald in De Kuip. Dít is Het Koor uit een klassieke Griekse Tragedie, dit is Hogere Cultuur, zeg Nikos Machlas versus Angelos Charisteas. En Maria 'Mevrouw Griekse Opera' Callas mag eveneens meedoen, al gaat haar delicate sopraan doorgaans een weinig verloren in het gebruikelijke gerauwdouw.

Ook de Deventenaren laten zich in hun vak hoog boven niet onbetuigd. Ze scanderen met hun hele groep: 'Deventer? Koekstad! Deventer? Koekstad.'

'Wat zingen ze?' vraagt Rob voor de zekerheid.

'Deventer. Koekstad,' herhaalt Özcan, uiterlijk onaangedaan.

Een paar seconden zijn we flabbergegast. Wat een prachtige yell, wat een schitterend spreekkoor. Deventer. Koekstad. Gewoon even een portie stadspromotie onder de noemer van voetbalhooliganisme. Hier zit natuurlijk de Deventer VVV achter. 'Zeg, als jullie daar in De Kuip toch tussen 50.000 Rotterdammers zitten, promoot dan even dat wij een koekstad zijn. Misschien zijn er die meteen een paar kruidkoeken of sinaasappelmikken gaan bestellen.'

Deventer. Koekstad. Meteen bedenken Rob & Ronald, aangevuld door Özcan, een paar varianten voor andere clubs. Alkmaar? Kaasstad! PSV? Lichtstad! Utrecht? Domstad! Zwolle? IJsselstad! Willem II? Sigarenstad! Heerenveen? Schaatsstad! ADO? Hofstadgroep!

Inmiddels is het rust en niets staat een geslaagde voetbalmiddag nog in de weg, behalve een paar doelpunten van Feyenoord. Özcan vertelt nogmaals en andermaal en nog maar een keer over hun Kowèt-keeper Cummins, die van dat legendarische doelpunt. 'Echt hoor, dat was het hoogtepunt van het seizoen,' zegt hij met een wrange lach. 'Zo treurig is het bij de Eagles. We hopen op zon, maar wat we krijgen zijn donderwolken. Bedenk wel, het doelsaldo voor Kowèt is 27 voor en 55 tegen.'

Rob & Ronald lachen empathisch met hem mee, in de stille wetenschap dat er dus altijd clubs zijn die het slechter hebben dan wij. Na rust gaat de gezapigheid weer net zo verder als daarvoor. Feyenoord zet druk en Go Ahead houdt stand.

'O, wordt het weer zó'n middag?' zegt Rob, lachend en ongewis van wat er nog gaat komen. Vanwege de slechte prestaties van Go Ahead is niet alleen de trainer ontslagen, ook is Bert 'Mister Feyenoord' van Marwijk ingehuurd als adviseur. En misschien is er dan toch sprake van een Van Marwijk-effect, want na een half uur hebben de Koekstedelingen zich zomaar in de wedstrijd geknokt. Go Ahead-invaller Reimerink krijgt de bal aan de zijkant mee en schiet de bal onhoudbaar achter Kenneth Vermeer. Go Ahead, al zeven wedstrijden op rij verloren, staat voor in De Kuip.

Wij kijken naar Özcan, die routineus uitdrukkingsloos voor zich uitkijkt. Zo kijken *hustlers*, mannen die andere mannen uitlokken met hen te onderschatten, om vervolgens genadeloos toe te slaan. Wij hebben een Paard van Troje het stadion mee naar binnen genomen.

De rest van de wedstrijd is Feyenoord op z'n ouderwets non plus ultra kut. Ze willen wel, ze kunnen niet. De aanhangers uit Deventer zingen niet meer dat ze uit een Koekstad komen, ze zingen: 'Het Legioen is met pensioen.'

De totale verbijstering en lethargie zakt over De Kuip. Feyenoord gaat in misschien wel de belangrijkste wedstrijd van het jaar tegen misschien wel de laagst genoteerde club van de Eredivisie machteloos onderuit.

De wedstrijd eindigt. 0-1. We verliezen met 0-1. Özcan Akyol houdt wijselijk zijn mond. Hij gaat wel nog met ons mee naar de persconferentie, waar we trainer Fred Rutten horen zeggen: 'We waren er niet, van de eerste tot en met de drieënnegentigste minuut.'

De eerste overwinning voor Go Ahead ooit in De Kuip. Hebben wij weer. Bedankt, Özcan. Tot over een jaar of tien in de Eredivisie (want natuurlijk degradeerden de Eagles met zulk slecht voetbal later alsnog, ons ondanks).

26 april 2015
FC Groningen–Feyenoord 1-1

Groningen. Martinistad. Maar toch eerst en vooral: Koeman City. Niet dat ze er werden geboren, dat was in Noord-Holland, maar zowel pa Martin als zonen Erwin en Ronald maakten furore bij FC Groningen. Mooi verhaal is dat, zo'n voetbaldynastie die dan wél een keer slaagt (anders dan bij Gertje van Hanegem of Jordi Cruijff). En wij, bij Feyenoord, hebben er ook het nodige aan gehad. Andere crosslinks met Groningen: onze Peter 'Mister Feyenoord' Houtman die er uitgeleend en al tot grote hoogte klom. John de Wolf, uiteraard. Alsook Piet 'Mister GVAV' Fransen, in het seizoen 1965/'66 spelend in ons rood en wit. Een hele vooruitgang voor Piet, want tot die tijd was-ie naast middenvelder gewoon nog melkboer. Omdat zijn vrouw Lena heimwee naar Groningen kreeg, vertrok Piet al na veertig wedstrijden weer uit De Kuip. Jammer, want met zijn spelinzicht paste hij goed bij het technisch zo vaardige team uit die jaren. Volgens de overlevering voegde hij zijn directe tegenstanders in het begin van de wedstrijd altijd toe: 'Kom niet weer in de buurt mien jong... of je gaat eraan.' Nou, dat past natuurlijk he-le-maal niet bij Feyenoord, haha. En dan is er uiteraard nog 1993: de kampioenswedstrijd uit bij Groningen, die eclatante 0-5, met een hoofdrol voor József Kiprich, en Willem van Hanegem als coach op de bank.

Zouden de jongens die vandaag op het veld staan, dit soort weetjes nu allemaal kennen? Leren ze dat op de Feyenoord Academy? Is de geschiedenis van Feyenoord daar een lesvak? Krijgen ze wel een speurtocht door ons *Home of History* in De Kuip, het Feyenoord Museum. Zou eigenlijk wel goed zijn, hè?

'Jordy Clasie, heb jij je werkstuk al af?'

'Bijna, meester Rutten.'

Als het om weetjes gaat, kunnen we terecht bij de Amerikaanse speelfilm *Diner*, geregisseerd door Barry Levinson, en gesitueerd in het Baltimore van 1959. Het zijn de laatste weken van het jaar, en een jongens- & vriendenclub van begin twintigers (een fijne cast met onder anderen Steve Guttenberg, Mickey Rourke en Kevin Bacon) komt weer eens bij elkaar. Een van de vrienden, Eddy, staat op het punt in het huwelijk te treden met Louise, maar hij begrijpt dat het met zijn onbezorgde jeugdjaren dan definitief voorbij zal zijn. Te moeten kiezen tussen zijn vriendenclub en zijn aanstaande vrouw valt hem dermate zwaar dat hij een test bedenkt voor Louise: als zij Eddy's nieuwe levenspartner wil worden, moet ze eerst 140 triviavragen over American Football kunnen beantwoorden, anders blijft Eddy toch liever bij zijn vrienden. Louise accepteert het voorstel en slaat braaf aan het studeren.

In een volgende scène zien we hoe Eddy's vrienden in de diner nerveus heen en weer lopen. Achter een gesloten deur horen we Eddy de triviavragen aan Louise stellen, ze zijn in het genre: 'Wat was de langste run ooit die begon vanuit een scrimmage en werd gelopen door een seizoendebutant, een rookie, in zijn allereerste officiële wedstrijd in de National Football League?'

Louise weet verrassend veel, maar helaas niet alles. Nadat de 140 vragen zijn gesteld, komt Eddy met een onbewogen gezicht naar buiten. Louise heeft er maar 138 goed. Eddy zegt slechts: '*The marriage is off.*' Zijn vrienden knikken en zelfs Louise lijkt het dwingende karakter van de uitslag te begrijpen.

'Zeg Sven van Beek, wanneer krijg ik nou je tekening van Coen Moulijn?'

'Komt eraan, meneer Rutten.'

'Anders sta je morgen tegen FC Groningen niet in de basis, hoor.'

'Is goed, meneer Rutten.'

De meeste voetballers op de Nederlandse velden vandaag behoren tot de generatie van de zogeheten millennials, ze zijn geboren tussen 1980 en 2001. Amerikaanse sociologen omschrijven dit cohort als ondernemend, goedgebekt, vrij van geest, bekend met welvaart, maar bovenal nogal narcistisch: *The Me Decade.* Of, als je een roman van Giphart zou willen parafraseren: *Ik ook van mij.* En dan begrijp je plotseling zo'n opmerking van Wesley Sneijder beter, toen het Nederlands elftal weer eens in trainingskamp zat: 'Die jonge jongens willen niet meer samen met ons kaarten. Ze spelen liever solo op hun PlayStation.'

Niet goed voor de teambuilding, PlayStation. Met een koptelefoon op, zonnebril erbij, koning in je solipsistisch universumpje. Kaarten wel, dat doe je samen, nou ja, behalve als je John de Wolf in je clubje hebt dan. Maar toch. We hoeven heus niet allemaal eerst melkboer (Piet Fransen) te zijn geweest, of schoorsteenveger (Willem van Hanegem), danwel stratenmaker (Rinus Israel) om een goede voetballer te kunnen worden. Vaststaat wel dat je met elf narcisten, elf eilandjes met allemaal hun eigen zaakwaarnemer, geen kampioen wordt. Niet met het Nederlands elftal, en ook niet met Feyenoord.

Misschien kan een Nederlandse socioloog eens het millennialsgehalte van de Nederlandse spelers onderzoeken. De wedstrijd van vandaag tegen FC Groningen is alvast een goed begin. Van aanvoerder Jordy Clasie wil je wel geloven dat hij bij wijze van spreken voor zijn team en het Feyenoord-logo zou willen sterven, Karsdorp heeft dat ook, Sven van Beek idem, maar verder? Dit is geen team, in ieder geval niet zo'n team dat hier in 1993 de landstitel greep. We blijven steken op 1-1. 'Ze zijn niet hongerig genoeg,' concludeert Rob. 'Ze voelen geen innerlijke noodzaak meer,' denkt Ronald. De wil om te winnen, ten koste van alles, ontbreekt bij Feyenoord, met name in uitwedstrijden, dit seizoen. En met het Nederlands elftal (Tsjechië uit: 2-1 verlies, IJsland uit: 2-0; tegen wie? IJsland… Nederland–Turkije: 1-1) is het niet anders. Iets zegt ons dat dit met de altijd nog hongerige Ronald Koeman als bondscoach niet zou zijn gebeurd. En met Ronald Koeman als trainer van Feyenoord ook niet, trouwens.

11 mei 2015
Feyenoord–Vitesse 1-4

Als Ronald zijn vader iets kwalijk nam is het dat hij hem nooit de kans heeft gegeven hem puberaal te haten. Zijn hele jeugd heeft Ronald zijn vader in zijn vaste stoel zien zitten: boeken lezend, rokend, drinkend en de opvoeding van zijn kinderen grotendeels overlatend aan de vrouw die hij 'de Regering' noemde. Nu zijn kinderen ouder worden denkt Ronald steeds vaker aan hem.

De beste herinneringen bewaart hij aan de momenten dat zij samen voor de buis zaten bij wedstrijden van Oranje. Zijn vader kon met een ernsthappelse intonatie voetbal becommentariëren. Hij zei dingen als: 'Binnen twee minuten valt er een doelpunt vanaf de rechterflank.' Wanneer dat dan daadwerkelijk gebeurde was hij diep onder de indruk. Op de vraag bij welke ploeg zijn sympathie lag, zei hij steevast: 'Ik ben voor het team met het beste voetbal.'

'O ja?' vroeg Ronald in zulke gevallen leep. 'En wat als Duitsland de beste is?'

'Dan ben ik voor Duitsland.'

'En als ze tegen Nederland spelen?'

'Ik ben voor de sterkste ploeg met het mooiste voetbal. Moet ik voor Nederland zijn omdat ik er toevallig woon?'

Er was slechts één uitzondering op deze regel: Feyenoord. Bij die club lag zijn liefde. En dat kwam voor een groot deel door Ernst Happel.

Rob & Ronald bespreken dit op het terras van een hip eethuis op Katendrecht – omgeven door jongens met baarden en meisjes met getatoeëerde armen – als opmaat voor de wedstrijd tegen Vitesse, misschien wel de belangrijkste wedstrijd van het seizoen. We praten over eten & Ernst Happel. Een jaar of veertig geleden nam Ronnie Herman, de vader van de latere topkok Sergio Herman, de café-bistro over van Sergio's grootouders. Onder leiding van Ronnie Herman groeide Oud Sluis uit tot een gerenommeerd mosselrestaurant dat werd gewaardeerd door vele trouwe fans in Zeeland en Vlaanderen. Een van die fans was oud-Feyenoord-trainer Ernst *'Kein geloel, fußball'* Happel. Mister Feyenoord. In zijn Belgische jaren kwam hij regelmatig in Oud Sluis, al zei hij volgens vader Herman nooit een woord. Er is een beroemd verhaal dat Happel door een journalist werd gevraagd hoe hij zich op een bepaalde wedstrijd had voorbereid. *'Ik heb vanmiedag mossels gegaiten bij Oud Sloes,'* was zijn simpele antwoord. *Kein geloel, Miesmuschels fressen.* Hij was al net zo nuchter als de Zeeuwen, die Happel.

Mosselen staan in Katendrecht niet op de hippe kaart, maar dat deert niet. Feyenoord speelt deze maandagavond tegen Vitesse, een wedstrijd die een dag is uitgesteld vanwege politieacties (omdat de veiligheid niet kon worden gegarandeerd). Vanavond is onze gast Huib Kok, financieel expert en al zijn leven lang trouw Feyenoord-aanhanger. Maar voor we hem ontmoeten zitten we met onze gezichten in de zon, na te denken over voetbal, deze club, deze stad, wij, de getatoeëerde armen van de meisjes om ons heen.

Proportioneel gezien is voetbalkijken een van onze overheersende bezigheden, voor zover kijken als een bezigheid mag worden gezien. In onze omgeving zijn er meer lieden begeesterd door de rondgespeelde bal en daar zijn verschillende kijktypen onder te scharen. Er zijn de zogenaamde 'voetbalautisten', vrienden die iedere uitslag van iedere wedstrijd ooit gespeeld uit hun hoofd kennen, en die ons bijvoorbeeld kunnen vertellen dat het zevende doelpunt van Feijenoord tegen IFK Göteborg op 13 september 1961, gescoord door Rinus Bennaars in de tachtigste minuut, die daarmee zijn tweede van die avond maakte, net zoveel als Utrechter Mosje Temming, maar nog niet zoveel als de drie die Frans Bouwmeester erin legde... eigenlijk buitenspel was.

Ook hebben we nogal een hoeveelheid voetbalanalytici en 'hulp-Gijpies' in onze kring, mannen die wedstrijden liefst proberen te 'lezen' als René van der Gijp, om ons na afloop te vertellen dat 'die ene doordekkende verdediger drieënhalve meter voor zijn linie had moeten spelen om in de punt de lijnen naar de flanken korter te houden'.

Rob & Ronald zijn niet helemaal hetzelfde voetbalkijktype, daar zijn onze behandelend artsen na een paar lange therapeutische sessies achter gekomen. Ronald hoort tot de categorie van de voetbaldementen. Zijn kortetermijngeheugen voor voetbal is vaak op z'n hoogst anderhalve week, en een wedstrijd moet wel extreem goed of belangrijk zijn, wil hij zich de uitslag na een week of vijf nog weten te herinneren. Hij vergeet wedstrijden terwijl hij ze bekijkt.

Dit tot verbazing en lichte ergernis van Rob, die wat dat betreft een beter geheugen heeft, al herinnert hij zich wel vaker wedstrijden uit een wat verder verleden. De vorige wedstrijd Feyenoord–Vitesse kan hij zich nog wel herinneren. Zittend op het terras van het hippe hipsterrestaurant op Katendrecht speelt hij in zijn hoofd de film van die wedstrijd af. Het was in de winter van 2013/2014, Vitesse was eigenlijk veel beter en speelde Feyenoord behoorlijk klem. 'Gelukkig hadden wij Pellè,' zegt Rob. Uiteindelijk werd het 1-1, maar daarmee mocht Feyenoord in zijn handjes knijpen.

'Dit jaar is het payback time,' zegt Ronald, met een hipsterhip biertje van De Kaapse Brouwers in zijn hand (over dat op Katendrecht gebrouwen bier schrijven we nog wel een andere keer een boek).

Bij het stadion ontmoeten we ras-Rotterdammer Huib Kok, onze gast van vanavond, toegewijde Feyenoorder en bij uitstek de man om ons iets te kunnen vertellen over Feyenoords financiële situatie, want de club heeft sinds de jaren negentig hard gewerkt aan de heropbouw van alle zakelijke malaise. Hoe staat het nu met de BV Feyenoord? Kunnen we de strijd met clubs als Manchester United en Real Madrid inmiddels aan?

'O joh, daar heb ik helemaal geen verstand van,' zegt Huib met een licht Rotterdams accent. 'Ik kom hier voor het voetbal.'

Aha. Gelukkig blijkt hij veel te bescheiden, want Huib geeft ons een kort college 'financiële huishouding voor mensen die daar geen gevoel voor en verstand van hebben', een verhaal over bv's, hoofd-bv's en nauwelijks te traceren geldstromen.

'Van wat ik hoor en begrijp van de financiële situatie van Feyenoord is dat de club er goed voorstaat. Ze zijn uit de risicozone. Er komt meer binnen dan dat eruit gaat, en dat is weleens anders geweest. De club heeft met de hand op de knip geleefd, transfervrije spelers ingekocht, een salarisplafond ingesteld, kortom alles wat bij een gezond huishoudboekje hoort. Er valt natuurlijk heus wel wat kritiek te leveren, hoor. Dat Pellè voor ongeveer tien miljoen naar Southampton ging is voor een speler van zo'n kaliber natuurlijk veel te weinig. Typisch weer iets voor Feyenoord om zo'n wereldspeler voor zo'n bedragje te laten gaan. Wij hebben de beste jeugdopleiding van Nederland en horen tot de beste van Europa, maar toch profiteren we daar niet echt van.'

Duidelijk. Huib presenteert zich als een doorsnee-voetbalsupporter, maar heeft wel degelijk veel verstand van financiën én van voetbal. Nou ja, doorsnee. Huibs eerste wedstrijd was Feyenoord–Ajax in 1984. Uitslag 4-1. 'Ja, met die directe vrije trap van Ruud Gullit,' zegt Rob. 'Was ik ook bij. Wraak voor de... uhm... 8-2 uit. We pakten de dubbel, mét Cruijff.'

Dat waren nog eens tijden. Ook was Huib er in Groningen bij toen Feyenoord daar landskampioen werd. Een van zijn hoogtepunten was natuurlijk de UEFA Cupfinale in 2002.

'Het was heel moeilijk om daarvoor kaartjes te krijgen,' legt hij uit als we op de tribune zitten. 'Het was natuurlijk toeval dat die finale in Rotterdam werd gespeeld, wij kregen als supporters evenveel kaartjes als die lui uit Dortmund. Toch lukte me het er een te bemachtigen.'

Huib ging erheen met zijn tweelingbroer Michiel, die een veel minder toegewijde Feyenoorder is. 'We schijnen in dezelfde baarmoeder te hebben gezeten in dezelfde tijd, maar verder lijken we helemaal niet op elkaar: ik hou van voetbal en hij meer van Oosterse vechtsporten. Hij ging nooit mee naar Feyenoord, maar voor die wedstrijd tegen Borussia maakte hij een uitzondering. Hij moet vaker mee naar een UEFA Cupfinale, want het pakte goed uit.'

Huib is al zijn leven lang een trouwe supporter, in de zin dat hij met het Legioen meereist naar uitwedstrijden en vooral naar het buitenland. Hij heeft zijn club bij minder en bij meer tegenspoed gevolgd.

'Er zijn in het leven van een Feyenoorder een paar moeilijke momenten. Als Feyenoord tegen Ajax speelt hou ik de dag erna mijn mailbox altijd gesloten. Tenzij we hebben gewonnen, natuurlijk. Ons dieptepunt was natuurlijk de HCS-periode, Feyenoord kriebelde langs de afgrond. Van den Herik heeft ons erbovenop geholpen, dat mag ook weleens gezegd worden. Ook een dieptepunt is natuurlijk dat we al zo lang geen kampioen meer zijn geweest. Gaan we het nog meemaken, heren?'

We onderbreken onze conversatie voor een publiek eerbetoon aan Yvonne Lodewijks, de vrouw van Feyenoords keeperstrainer Patrick Lodewijks, die twee weken geleden is overleden bij een auto-ongeluk. Fans van Feyenoord hebben eerder deze week al hun condoleances overgebracht voor het huis van Lodewijks en nu is het de beurt aan het stadion. Er wordt een minuut stilte gehouden, er zijn spandoeken en daarna zingt de hele Kuip *You'll never walk alone.* Op een van de doeken hangt de tekst: 'Familie Lodewijks in gedachte bij jullie'. Leed verbroedert, want ook de Vitesse-supporters betuigen hun steun door middel van een spandoek. Om ons heen zijn veel mensen in tranen. We hebben veel momenten in dit stadion meegemaakt, maar dit hoort tot de meest indrukwekkende. Met vijftigduizend mensen rouwen we om de tragische dood van een zesenveertigjarige vrouw.

'Je kunt over sport zoveel praten als je wilt, maar dit is natuurlijk het echte dieptepunt, hierbij verbleekt alles,' zegt Huib.

We zitten op de tribune naast de voormalig Manchester United-keeper Raimond van der Gouw, die sinds 2009 keeperstrainer is bij Vitesse. Met hem kijken we naar de wedstrijd en we vragen ons af waaraan we dat hebben verdiend. Het is namelijk een rampzalige pot. Payback time voor de wedstrijd van vorig seizoen is het helemaal niet geworden, sterker nog: Vitesse heeft er nog een pallet suiker bovenop gedaan. Het is verschrikkelijk om te zien. Feyenoord speelt op z'n allererbarmelijkst terwijl de Arnhemmers zijn gekomen om te laten zien dat ze wel kunnen voetballen.

Huib vertelt dat hij vroeger vooral heel erg zenuwachtig was op wedstrijddagen, maar 'nu is hij inmiddels wat ouder'.

'Tegenwoordig heb ik alleen nog maar samengeknepen billen tijdens een wedstrijd,' zegt hij jammerend. 'Zoals nu. Niet te geloven toch, dit? Niet te geloven.'

De zin 'niet te geloven' herhalen we met elkaar een keer of honderd. Vitesse wint met 1-4. Het is niet te geloven.

NOS

17 mei 2015
PEC Zwolle–Feyenoord 3-0

In de persruimte van Feyenoord is de rechterwand ingeruimd voor fotografische portretten van onze trainers, door de eeuwen heen. De actuele coach, die is in kleur – alle overigen zijn in zwart-wit, als een schim uit het verleden. Bij ieder portret hoort een verhaal. Richard Dombi hangt er. Willy Kment. Ben Peeters. Ernst Happel. Wiel Coerver. Antoni Brzeżańczyck. Ad Zonderland. Vujadin Bośkov. Václav Ježek. Clemens Westerhof. Hans Kraay sr. Ab Fafié. Thijs Libregts. Rinus Israel. Rob Jacobs. Pim Verbeek. Gunder Bengtsson. Wim Jansen. Hans Dorjee. Willem van Hanegem. Arie Haan. Leo Beenhakker. Henk van Stee. Bert van Marwijk. Ruud Gullit. Erwin Koeman. Gertjan Verbeek. Leon Vlemmings. Mario Been. Ronald Koeman. En in kleur: Fred Rutten.

Hoe zou dat gaan? Ja, tegenwoordig kan dat allemaal digitaal. Maar hoe deden ze dat voordien dan? Namen ze bij een aanstelling zowel een kleuren- als een zwart-witfoto van de nieuwe trainer, en zeiden ze er dan bij: die laatste is voor als je weer weg bent. Dan weet je dat vast. Of maakten ze snel-snel een zwart-witprint van de kleurenfoto, direct na vertrek? En lieten ze de nieuw aangestelde hoofdcoach dan nog sneller-sneller poseren? Feit is, dat na de desastreuze tweede helft uit bij PEC Zwolle onze huidige hoofdcoach Fred Rutten het voor gezien houdt, de kleurenfoto voor zwart-wit verruilt. Met precies twee punten uit de laatste vijf wedstrijden was er geen houden meer aan, zo meende ook technisch directeur Martin van Geel.

Wat vonden Rob & Ronald van Fred Rutten? Hij had de pech dat hij met een uitgedunde selectie moest starten, na het vertrek van Bruno Martins Indi, Daryl Janmaat, Stefan de Vrij en Graziano Pellè. Dat werd puzzelen voor Fred, maar zo eind september begon het toch aardig te lopen. Dat hield hij vol tot half april, toen de Eagles hem aanvlogen. Dat was het breekpunt, de trainer kreeg de ploeg niet meer op de rails. Toch liepen de meeste spelers wel met hem weg.

Als persoon was de brave Fred Rutten een toonbeeld van beschaving, bijna té timide voor een lastige club als Feyenoord. Zijn voorganger Ronald Koeman had daar geen last van, er zat echt een persoonlijkheid achter de tafel bij de persconferenties. Rob & Ronald hebben Fred Rutten vaak na een wedstrijd in De Kuip zien spreken. Daar werd nooit zoveel gezegd, en naast iemand als de trotse Henk Fraser viel Fred Rutten bijna in het niet. Rob & Ronald voorzien dat Henk Fraser ooit nog weleens hoofdcoach zal worden bij Feyenoord. Maar eerst mag Gio het gaan proberen, zijn kleurenfoto hangt in De Kuip vast al aan de muur. Pittige klus, hoor. We zijn nooit zo goed in nacompetities. Maar ja, dat krijg je met zo'n eindstand:

EINDSTAND EREDIVISIE SEIZOEN 2014/2015

1. PSV – 34 gespeeld: 88 punten
2. Ajax – 34 gespeeld: 71 punten
3. AZ – 34 gespeeld: 62 punten
4. Feyenoord – 34 gespeeld: 59 punten

Trainer exit. Play-offs in. Het is niet anders. Dit is gewoon weer zo'n alledaags Feyenoord-jaar. Nieuwe seizoenkaart, *anyone*?

FEYENOORD ROTTE
Voorspel de wedstrijd
5.0
10-0

21 mei 2015
Heerenveen–Feyenoord (play-offs) 1-0

Uhm… hoe nu verder, ook alweer? Spelersbus voor de goal parkeren? Afbraakvoetbal plegen, met het oog op de nul? Gokken op een gisse counter, en het straks afmaken in De Kuip? Als het niet mooi kan, dan maar lelijk? Dat is Gio iets te min, allemaal. Met alle respect, wij zijn natuurlijk wel Feyenoord. Hij heeft de jongens op het hart gedrukt als team te opereren. En hij geeft Bilal Başaçikoglu een kans op rechts, iets wat er onder Rutten bijna nooit in zat. Zoveel leren we van de voorbeschouwing bij FOX Sports. En ook, dat we in ieder geval nog twee finales te gaan hebben. Hoeveel open deuren kan een fan verdragen? Of zijn we gewoon geagiteerd, omdat we de bui al voelen hangen? Waterloo in Heerenveen, wat een bar vooruitzicht, weer.

Rob: 'Ik voel je pijn, Ronald.'

Ronald: '*Thanks for sharing*, Rob.'

In maart 2015 verscheen het boek *Hoe simpel wil je het hebben?* Daarin ondervraagt journalist Frank van Kolfschooten de inspanningsfysioloog Raymond Verheijen, die inmiddels in alle hoeken van de wereld heeft gewerkt. Beetje ijdele man, nooit te beroerd om eens flink oorlog te maken in de zestien met zijn uitspraken, overtuigd van eigen kunnen, en een van de *founding fathers* van onze zo geroemde jeugdopleiding op Varkenoord: Feyenoord Academy.

In het boek gaat Verheijen in op de deconfiture van ons eerste elftal, de reden dat wij nu met deze play-offs brokken zitten. Verheijen spreekt doodleuk over het 'Fred Rutten-effect'. Statistieken tonen aan dat een seizoen voor Fred Rutten altijd nét even te lang duurt. Vandaag bij Feyenoord, maar bij PSV, FC Twente, Schalke '04 en Vitesse ging het onder zijn leiding niet anders. En wat een gekke wetmatigheid is dat toch, eigenlijk. Verheijen stelt: 'Rutten houdt van hard en lang trainen, maar als je op deze manier traint, houdt conditie maar een beperkt aantal maanden stand. Dat is niet iemands subjectieve mening, maar simpelweg hoe het lichaam werkt. Als je conditie daarentegen meer geleidelijk opbouwt, begin je topfit aan de competitie en daarna neemt je conditie ook tijdens het seizoen zelfs nog toe.'

Verheijen vindt Rutten op zichzelf een goede trainer, een heel aardige kerel bovendien. Hij besteedt veel individuele aandacht aan spelers, je ziet met name de jonge jongens daardoor beter worden. 'Mijn analyse heeft dus niets met Fred als persoon te maken. Maar ik kan er niks aan doen dat hij er iedere keer een potje van maakt (...). Rutten is meer een trainer/leraar dan een coach/manager. Daarom vormde hij indertijd bij PSV een goed koppel met Hiddink. Maar trainingsopbouw is zijn zwakke punt. En zolang hij dat blijft miskennen, zullen zijn teams na de winterstop keer op keer door het ijs zakken.'

Gepeperde uitspraken, maar ze klinken niet geheel onlogisch. Rob & Ronald zien Feyenoord bij Heerenveen uit heel hard werken, maar zeven minuten voor tijd gaat het alsnog mis: 1-0, Simon Thern. Niet veel later wordt de opgebrande Bilal Başaçikoglu per brancard van het veld gedragen. *Need we say more?*

Op 26 mei lezen we in *Voetbal International* dat Feyenoord in het nieuwe seizoen na twee jaar onderbreking weer de methodes en schema's van inspanningsfysioloog Raymond Verheijen zal gaan volgen.

ruud
gullit

24 mei 2015
Feyenoord-Heerenveen (play-offs) 2-2

Marieke & Rob staan bij Hotel New York naar de Nieuwe Maas te turen. Rob vertelt hoe hij zich er al jaren over heeft verbaasd dat er nooit een Nederlandse regisseur op het idee is gekomen om in de havens van Rotterdam een remake te draaien van de klassieker *On the Waterfront*, en wel met de Europacupwinnende Feyenoord-selectie uit 1970 in de hoofdrol. Het decor is er al, in Rotterdam. De gangster annex vakbondsbaas Johnny Friendly had kunnen worden gespeeld door Rinus Israel, met Theo Laseroms als die louche advocaat Charley Malloy aan zijn zijde. Pastoor Barry, dat was gegarandeerd een rol voor Willem van Hanegem geweest en Piet Romeijn hoefde in de dokken alleen maar zichzelf te spelen. Ernst Happel was de zwijgzame kroegbaas en duivenmelker en dan mocht Jan Boskamp (hier wijkt de remake enigszins af van het origineel) als Marlon Brando zeggen: 'Waarom moet ik altijd reserve staan? *I could've been a contender!* Ik had iemand kunnen zijn, Coen.'

Straks gaan we naar De Kuip. Ronald kan er helaas niet

bij zijn, hij had al een meivakantie geboekt (net als Fred Rutten). Zo gek is dat niet, want wie had gedacht dat we alsnog tot de play-offs veroordeeld zouden worden? Goed, het seizoen was niet top, maar na AZ uit leek het pleit wel beslecht, hadden we de derde plaats stevig in handen. Vervolgens stortte het complete kaartenhuis met donderend geraas alsnog in elkaar. Wat een bummer. 'Zoiets was de cast van de *On the Waterfront*-remake nu echt nimmer overkomen,' moppert Rob tegen de nieuwe Ronald, in wie we Marieke herkennen.

Marieke: 'Dat is een typische A-emotie, Rob. Wie weet pakken de mannen de draad vandaag nog één keer op.'

Marieke komt oorspronkelijk uit Barendrecht, *heartland* Feyenoord. Tegenwoordig is ze woordvoerster namens de kosmos – nou ja, voorlichtster over alles wat met astronomie en aanverwante wetenschap te maken heeft – , maar vroeger ging ze graag met de jongens mee naar Het Stadion, in het tijdvak van Peter 'Mister Feyenoord' Houtman en Bennie 'Mister Feyenoord' Wijnstekers. Vooral voor die ene jongen, met wie ze later trouwde, en van wie ze na jaren weer scheidde, telg uit de Cor Veldhoentak (onze stoere aanvoerder met alleen al 380 competitiewedstrijden in Feyenoord 1). Dus ja, leuk, weer eens mee naar De Kuip. Marieke: 'Ze kunnen ons er in ieder geval niet van beschuldigen dat we succeshooligans zijn.'

Op de perstribune treffen we de *usual suspects*. We komen weer eens naast Jan Boskamp (die van *On the Waterfront*) te zitten. Boskamp informeert op zijn gebruikelijke beschaafde volume: 'HÉ ROB! WAAR IS RONALD!' Rob antwoordt dat Ronald van zijn vrouw niet meer mag komen, en dat hij daarom Marieke heeft meegebracht, zijn nieuwste nieuwe vaste verloofde. 'EEN HELE VOORUITGANG!' buldert Boskamp, en wij giechelen met hem mee (sorry, Ronald).

In het stadion hangt een spandoek: *In Gio We Trust* – het is de eerste thuiswedstrijd van onze nieuwste nieuwe vaste hoofdcoach. Ook wij hebben vertrouwen in Gio, maar wat een pech dat hij bij zijn Kuip-debuut aan een dood paard moet trekken. De jongens zijn op. Krijgen kramp. Vallen om. Plukken madeliefjes in de zestien. Twee minuten voor tijd komt Luc Wilkshire de uitgeputte Rick Karsdorp vervangen. Een minuut later haakt Wilkshire zelf afweer af. Lekker dan. Nu staan we zo dus met tien man in de verlenging, want daar draait het na de 1-0 van Anass Achahbar op uit.

Hoofdschuddend constateert Boskamp: 'ZE SPELEN ACHAHBAR DE HELE TIJD DOOR DE LUCHT AAN. DAT MOET JE NIET DOEN! DIE JONGEN IS 1 METER 10!'

Rob zegt dat het hem al het hele seizoen is opgevallen: Feyenoord schiet nooit meer snoeihard van afstand op doel. Dat was in Boskamps tijd, met Hasil, en Boskamp zelf, en Dick Schneider, vergeet ook Joop van Daele niet, en noem ze maar op, wel anders. Boskamp: 'JA, EN DAT TERWIJL BIJ ONS JEAN-PAUL VAN GASTEL OP HET TRAININGSVELD STAAT – DIE KON ER TOCH OOK WAT VAN, VAN AFSTANDSSCHOTEN. ZÓ!!!'

Het is bijna ontroerend om te zien. Jan Boskamp als Feyenoords grootste fan, groter nog dan filmmaker Jos de Putter. Voor Jan Boskamp bestaat er helemaal geen A-emotie. Hij doet *strictly* aan F-emotie. Waarschijnlijk denkt hij dat die F voor Feyenoord staat. En A voor Ajax. Zit er dik in. Speel je zelf 102 wedstrijden in de competitie mee met Feyenoord 1, in de glorietijd nog wel, al was het vaak als invaller, zit je hier op de perstribune als een enthousiaste zesenzestigjarige schooljongen het huidige Feyenoord 1 aan te moedigen. 'JA, EN VOLGEND SEIZOEN ZITTEN WE ER GEWOON ALLEMAAL WEER. WAT DAT NOU IS?'

Oei, wat zegt Jan Boskamp daar? *Volgend seizoen*? Als we het vanmiddag alsnog halen, komt er in ieder geval een tweekamp tegen de winnaar van Vitesse–PEC Zwolle aan, toch? Het oog van de kenner faalt zelden, blijkt. Mark Uth scoort namens Heerenveen twee keer in de verlenging, alleen Kâzim doet nog wat terug: 2-2.

Dit was het dan. Rampseizoentje 2014/'15. Niet eens Europees voetbal. Zelfs Jan Boskamp valt stil. Dat is dan wel voor het eerst deze jaargang. En dat zegt eigenlijk alles.

Rob belt Ronald (die via pay-tv de wedstrijd op zijn vakantieadres heeft gevolgd), en zegt dat hij de uitgeefster gaat contacten. Ronald is het met Rob eens. 'Dit mág niet. Dit kán niet. En tóch gebeurt het.' Rob belt, het gaat nu snel, met Marie-Anne van Wijnen; haar vader schreef nog een geroemd standaardwerk over de geschiedenis van De Kuip.

Marie-Anne van Wijnen: 'Ik weet wat je gaat zeggen, Rob.'

Rob: 'Dus dat is dan geregeld?'

Marie-Anne: 'Wij geven jullie groen licht.'

De deal is deze: omdat geen hond een boek over rampseizoentje 1437 wil lezen, laat staan dat je het zou willen schrijven, schuiven uitgeverij De Kring en Rob & Ronald de deadline gewoon een half seizoen door. Zo doen we dat bij Feyenoord. Volgende keer komt alles goed, zekersteweten. Zo houden we het al sinds 1969 vol, per slot. We doen niet een compleet seizoen meer, maar een kalenderjaar Feyenoord, dan krijg je het hele palet. Ondergang, opbouw, nieuwe hoop, we zullen doortikken tot we bovenaan staan. Tikkie-takkie-schrijven. Wij versagen nimmer, wij van Feyenoord. Zo zijn onze manieren. Gio gaat het vast wel fiksen, zoveel is zeker. F-emotie, *after all.*

Om de grandeur van Rotterdam nog eens te vieren, Mariekes thuisstad nietwaar?, heeft ze geboekt in het prestigieuze nhow hotel, van de Rotterdamse architect Rem Koolhaas (kopen!). Het schijnt dat hij zich heeft opgeworpen voor de nieuwbouw van De Kuip, en wat een deftig nieuws is dat, maar eerst moeten we in deze suite nog even bijkomen van het debacle tegen de provincieclub Heerenveen. Daar heb je de minibar voor, en de restaurantjes in de buurt. De volgende ochtend gaan we na de brunch toch nog goedgemutst naar de matinee in Pathé De Kuip. Meer veldonderzoek, op het programma: *Mad Max: Fury Road.* We vermaken ons kostelijk. We lachen wat af. Deze post-apocalyptische actiefilm is zó over de top, dat we het rampseizoen al bijna zijn vergeten.

Dan klinkt het schril (uit duizend kelen): 'Ssshhhttttt!'

Ssshhhttttt!? Ja, of we niet zo willen lachen, dan verpesten jullie het voor de rest. Normaal hoor je zoiets alleen in een filmhuis, als er een Franse kunstfilm draait. Deze film is toch juist bedoeld om te lachen, regisseur George Miller heeft het zelf gezegd. Maar die vlieger gaat in Rotterdam niet op, blijkbaar. Zoals ze een wedstrijd van Feyenoord beleven, zo zitten ze nu ook in dit cinematografische spektakel. Relativering is de Rotterdammer vreemd, concludeert Rob. Een metablik is er niet bij. Marieke zegt dat Rob 'ons Rotterdammers nooit helemaal zal begrijpen. Voor jou blijven wij altijd een enigma.' En wat een waar woord is dat. Hup Feyenoord! Op naar het volgende seizoen! Zekersteweten! Het onverwoestbare gevoel voor humor, dat siert de Rotterdammer toch wel het meest.

Open Dag / 19 juli 2015

We staan in de spits bij de Van Brienenoordbrug, op weg als we zijn naar de Open Dag van Feyenoord. De club zal zich presenteren aan het publiek en daar moet niet te licht over worden gedacht. In deze tijden van verdwijnende seizoenen zijn op ieder moment van het jaar broccoli en aardbeien te verkrijgen, is het altijd uitverkoop omdat mode en voorraad onontwarbaar door elkaar lopen, en kijkt niemand op van vakanties naar zonnige stranden in december of van skiën in augustus. De meeste ankerpunten in de tijd zijn verdwenen en dat maakt een bijeenkomst als deze bijzonder: zoals de culturele elite zich laaft aan Uitmarkten, is de Open Dag het startschot voor het voetbalminnend volk. Blije gezichten, grote verwachtingen.

Vandaag is het onder 52.000 volgelingen collectief: Kuyt Koorts. Verloren zoon Dirk keert terug naar De Kuip, en dat zullen we weten. Vergeten is rampseizoentje 1473, dit jaar, já dit jaar, zal alles beter worden. Ook deze keer arriveert onze nieuwste Verlosser per helikopter, als was hij de aartsengel Gabriël.

Het Feyenoord-publiek is inmiddels gewend geraakt aan zulke opbeurend bedoelde luchtpost: niet alleen is Rotterdam een van de grootste havens ter wereld, de club geldt ongetwijfeld als een van de belangrijkste doorvoerhavens voor internationale spelers.

Voetballers die in Rotterdam al eerder uit de lucht kwamen vallen: Jupp Kaczor * Aurelio Vidmar * Clyde Best * Attila Ladinsky * John Steen Olsen * Mladen Ramljak * Haytham Farouk * Marc Farrington * Marek Saganowski * Paja Samardzic * Jan Sørensen * Kenneth Monkou * Stanislav Griga * Harry Bild * Ove Kindvall * Franz Hasil * Johnny Jacobsen * de gebroeders Steve & Geoffrey Wegerle (twee witte Zuid-Afrikanen, over wie Willem van Hanegem sprak: 'Dan moeten we achterin maar een grote neger zetten, want dan lopen die jongens voorin tenminste een beetje') * Petur Petursson * Dave Mitchell * de eenogige middenvelder Sixto Rovina en rechterspits Glenn Kwidama, allebei uit Curaçao * Ioan Sabau * John Eriksen * Lars Elstrup * Ivan Nielsen * Dennis Klioejev * Andrej Jeliazkov * Wlodi Smolarek * József Kiprich * Mike Obiku * Gláucio * Julio Ricardo Cruz * Leonardo * Salomon & Bonaventura Kalou * Pablo Sanchez * Patricio Graff * Jon Dahl Tomasson * Shinji Ono * Sebastián Pardo * Song Chong-gug * Christian Gyan * David Connolly * Angelo Charisteas * Cory Gibbs * André Bahia * Ryo Miyaichi * Nuri Şahin * Kamohelo Mokotjo * John Guidetti * Graziano Pellè * Colin Kâzim-Richards: je kunt geen wingewest zo ver bedenken of Feyenoord heeft er een speler uit laten overvliegen (en dan vergeten we er nog een paar honderd).

Maar zover is het nog niet. Eerst lopen we in de miezerregen rond het stadion, waar tal van activiteiten aan de gang zijn. Wij, dat zijn in dit geval: Marieke, haar zoons Lucas en Jonas (die van de Cor Veldhoen-clan), Rob & Ronald & de kleine Lasse.

'Misschien,' zegt Lasse, die ook van de helikopter weet, 'komt er nog wel een extra verrassing uit. Ik hoop op Messi.'

Of Cristiano Ronaldo, dat zou ook mooi zijn.

'Misschien wel koningin Máxima, Lasse,' oppert Rob. Het schijnt dat onze vorstin sinds Julio Ricardo Cruz ook voor Feyenoord is; koning Willem houdt het op Ajax, zo blijkt uit gelekte rapporten, in handen van deze redactie (bedankt nog, Ron Jans!).

'Ja,' vervolgt Ronald, 'misschien moeten we Máxima ook eens meevragen als tribunegast voor ons Feyenoord-boek.'

O ja, ons boek. Sinds we de deadline hebben doorschoven, en ook Feyenoord ons nogmaals genereus carte blanche gaf, hebben Rob & Ronald er na een korte vakantie met godzijdank even geen voetbal maar wel met een hele mooie Tourstart, weer zin in. Want het is waar: ook wij zijn aangestoken door de Kuyt Koorts. En deze Open Dag, dat wordt: Feyenoords *Grand Départ*. Ongetwijfeld zal Dirk 'Mister Feyenoord' Kuyt zich ontpoppen als wegkapitein van onze nieuwe trainer Giovanni 'Mister Feyenoord' van Bronckhorst, een wegkapitein die we de vorige editie zo node misten, de inmiddels naar Southampton vertrokken Jordy Clasie niet te na gesproken.

Zo keuvelen we verder en wandelen langs de standjes met de nieuwe uitshirts, we ruiken verschroeide hamburgers, omzeilen giga frikandellen, mayonaise op je jas: dít is thuiskomen. Dít kan alleen maar de Open Dag van Feyenoord zijn.

Eenmaal op de tribune kiezen we gezellig een plekje in de

miezer. Voor de verandering zitten we nu eens gebroederlijk in vakkie V, dat geeft een geheel nieuw perspectief. Rob haalt op hoe Hugo Borst eens meekwam naar De Kuip, dat was tijdens een Feyenoord–Roda JC (1-0). 'Wat ik mij altijd heb afgevraagd,' vertelde Borst, de sportjournalist en auteur van *De Coolsingel bleef leeg* (waarin hij Feyenoord gedurende het turbulente seizoen 1995-'96 portretteerde), 'is of er in het stadion een geheime plek bestaat van waaruit gezien Feyenoord wél altijd goed speelt.'

Het antwoord kwam van documentairemaker Jos de Putter, die ook mee was. 'Als er zo'n plek bestaat, heb ik 'm in meer dan honderd jaar stadionbezoek in ieder geval nooit gevonden.'

Erg was dat niet, vond Jos. 'Feyenoord was al cult en camp voordat die begrippen waren uitgevonden. Zo kun je niet naar Ajax kijken, daar gaat het altijd om zoiets onbenulligs als positiespel of de bal een keer raken. Feyenoord heeft *characters*. Feyenoord is speelfilm.'

Leuk idee, zo'n geheime plek in het stadion. Maar vakkie V is het in ieder geval niet. Op het veld speelt zich een demonstratie van de Feyenoord Academy af, onze beroemde jeugdopleiding, de eer is aan de A1. Trainers geven instructies en commentaar, de spelers moeten combineren en afdrukken op doel. Er gaat nogal wat mis. Dat wordt nog even doorstuderen. 'Niettemin,' zegt Ronald, 'is Feyenoord de club die tijdens het afgelopen WK in Brazilië de meeste zelf opgeleide jongens aan een nationaal team leverde: zeven in totaal.'

'Beter dan Barcelona,' zegt Rob.

'Royaler dan Real Madrid,' meent Ronald.

De jeugdopleiding. Wat nu zo vreemd is: oer-Feyenoorder Wim Jansen is daar supervisor, hij begeleidt sinds 2011 de vele jeugdtrainers, maar in een half jaar schrijven over Feyenoord hebben Rob & Ronald hem nog nimmer in het stadion gevonden. Waar is Wim Jansen? Je hebt die docu van FOX Sports uit 2014: *Het geheim van Varkenoord ontrafeld* – een portret achter de schermen van de jeugdopleiding die jaar na jaar wordt verkozen tot de beste van Nederland. We zagen jonge spelers videoanalyses krijgen van Michel Valke, we volgden coaches als Cor Adriaanse en Gaston Taument, we zagen de voetballers op school, en zelfs op boksles, en tijdens hun trainingen en wedstrijden, het was hoogst informatief, maar wie er ook in beeld kwam: géén Wim Jansen, *The Wizard of Oz* van Varkenoord, blijkbaar. En bezoek je vervolgens de website van de Feyenoord Academy (www.feyenoord-academy.nl), dan vind je van alle betrokkenen een plaatje, minus één (Wim Jansen).

Nou ja, tijdens zijn actieve voetbaljaren voor Feyenoord (vijftien seizoenen!), was Wim Jansen ook altijd al de stille kracht, niet dol op publiciteit, dat zal het dan wel zijn. En zolang de jeugdopleiding werkt, is het goed zo, zeggen we berustend.

Dan breekt de lucht open. Plotseling baadt De Kuip in de zon. Precies op tijd voor *the main event*, de helikopter. Rob & Ronald herinneren zich de keer dat Julio Ricardo Cruz werd binnengevlogen. Vanuit het zuidwesten (Argentinië) op de golven van El Niño kwam hij aanwaaien. 'Is het een vogel?' riep een man met een pet op de tribune. 'Is het een vliegtuig? Nee hoor, het is de nieuwste spits van Feyenoord!'

Zijn cynische gevit mocht de feestvreugde niet drukken. De helikopter raakte de grond, nabij de middenstip. 'Beter dan Van Basten,' hoorden we almaar over de drieëntwintigjarige jongen die weldra zijn droevige bestaan als tuinman op de Argentijnse pampa's zou verruilen voor een status van supervedette en duurste speler uit de geschiedenis van een Europese topclub.

Hoe het had moeten zijn: getooid in een Gauchos-outfit met een gele sjaal, een veelkleurige poncho en vrolijke sombrero, o-beende Julio Ricardo Cruz stoer op de camera's af. Bij de verzamelde pers hield hij stil, nam zijn kleine cigarillo uit zijn rechtermondhoek, pakte zijn zweep in zijn ene hand en zijn colt .38 in de andere en sprak: '*Amigos van Ajax, this country ain't big enough for the both of us. Comprendre, porca's?*'

Hoe het in werkelijkheid ging: nog een beetje zwakjes van een jetlag en met een aankomend griepje struikelde onze volgende verlosser de helikopter uit. Iemand riep (ter zake doende): 'Bukken, Julio! Pas op voor die schoepraderen!' – want we waren in Rotterdam, en daar zit, zoals bekend, humor in het drinkwater. Met een lijzige blik achterom nam onze nieuwe amigo heel even het stadion op, waarna hij richting dug-out slenterde. De indruk die hij wekte was er nu niet een van iemand die drinkwater in wijn kon veranderen of met een simpele handoplegging melaatsen heelde. En dat was toch echt wat er van hem werd gevraagd.

'Hoeveel miljoen zei je?' riep de vervelende man met de pet. Wederom reageerde er niemand op zoveel blasfemie, waarop hij dan maar tegen ons aan begon te mokken.

Feit blijft: Julio Ricardo Cruz was bepaald niet de slechtste speler van ons Vreemdelingenlegioen die uit de helikopter stapte (86 wedstrijden voor Feyenoord, 45 goals, de killer van Juventus, alsook de onvergankelijke landskampioen van 1999), maar tegen de rentree van Dirk Kuyt kan hij natuurlijk niet op: die mag dan ook voor de tweede keer landen op de Heilige Mat. De cijfers die Kuyt meebrengt: gespeeld voor Feyenoord tussen 2003 en 2006: 101 wedstrijden, goed voor 71 goals en talloze assisten. Dat belooft wat.

'Wat denk je Ronald? Zou Kuyt het nog kunnen? Over drie dagen wordt hij 35,' informeert Rob behoedzaam.

'Kuyt geeft nooit op. Ze noemen Dirk "Mister Feyenoord" Kuyt niet voor niets hier "Mister Duracell",' weet Ronald.

'Kuyt gaat onze millennials eens flink bij de les houden,' denkt Marieke, die zelf twee millennials heeft opgevoed.

'Wég met de PlayStations. Met Kuyt gaan de jongens weer klaverjassen. Teambuilding!' voorziet Rob.

Deze keer komt De Verlosser vanuit het zuidoosten aangevlogen (Istanboel). 'Nu gaat het gebeuren!' jubelt Lasse boven de orgastische muziek uit, en Marieke, haar zoons Lucas en Jonas, en Rob & Ronald glimlachen met Lasse mee. Vergeten zijn even alle spelers – de Mark van Bommels en Jari Litmanens van deze wereld – die bij hun terugkeer naar hun lievelingsclub geen potten meer konden breken. Dit Is De Dag Van De Hoop. 'Ieder jaar weer,' fluistert Peter Houtman ons toe. Wij knikken in koor.

Kuyt komt als laatste de wentelwiek uit, dat spreekt. Ná de nieuwe jongens uit de jeugdopleiding, de Zweedse jeugdinternational Simon Gustafson, en Marko Vejinovic, de nieuwe Clasie.

'Geen Messi?' vraagt Lasse beteuterd. Zijn vraag gaat verloren in het gejuich, het geklap en het gezang dat de komst van Kuyt losmaakt, *du moment* dat hij zijn noppen in de middencirkel plant. De verwachtingen? Bijna niemand die eraan twijfelt, en iedereen die zich er hardop over uitspreekt: Dirk Kuyt gaat ervoor zorgen dat Feyenoord deze editie zal bloeien, schitteren, spetteren, winnen. We 'doen mee' voor de landstitel, we 'gaan' voor de beker. We zullen ze allemaal eens effe flink *Duracel-luh*. De Dag Van de Hoop, *indeed*. Mag het nieuwe seizoen nu eindelijk eens van start, Zeist? – als in: KNVB?

Tekening van Lasse (8 jaar)

23 juli 2015
Feyenoord-Southampton 0-3

Laten we vanavond beginnen met een jeugdherinnering. Het was donderdag 30 mei 1974, de ochtend na de avond tevoren. Feyenoord had in eigen stadion de UEFA Cup gepakt. Tijd voor topoverleg op Ronalds Dordtse basisschool De Eddington. Een jongetje liet trots zijn toegangsbewijs zien, maar raakte vervolgens overmand door tranen. Zijn meester besloot tot rigoureuze actie en greep het zwaarst denkbare middel aan: het kringgesprek.

Alle kinderen van de vijfde klas mochten meepraten over wat er die avond gebeurd was. Vierduizend hooligans van Tottenham Hotspur hadden het Rotterdamse publiek geleerd wat vechten was. Voetbalvandalisme, een tot dan toe onbekend fenomeen in Nederland. Bij een achterstand diende je er volgens de Engelsen op los te slaan, zo hard mogelijk en zonder aanzien des persoons. Stoeltjes werden losgetrokken, rivaliserende fans over de tweede ring gekieperd en kinderen vertrapt. Honderdvijftig gewonden moesten die avond naar de catacomben worden afgevoerd en op televisie keek Nederland verbijsterd toe. Het voetbal was een nieuwe fase ingegaan, die niet met de 2-0 overwinning op de Spurs kon worden toegedekt.

'En we wisten het,' zegt Ronald.

Rob en onze gast van vanavond luisteren toe. We bespreken deze herinnering aan een van de belangrijkste Engelse potten die Feyenoord heeft gespeeld, omdat we vanavond ten strijde trekken tegen het Southampton van Ronald 'Mister Feyenoord' Koeman, met zijn soldaten Graziano 'Mister Feyenoord' Pellè en Jordy 'Mister Feyenoord' Clasie.

De locatie (van het eten voor de wedstrijd): de Oosterse eethal Malakka, op een steenworp afstand van De Kuip, in de Puck van Heel-(ja, ja)-straat. Voorafgaand aan iedere wedstrijd komen hier honderden Feyenoord-fans bij elkaar voor een copieus buffet bestaande uit vlees in saus, vlees in saus, vlees in saus, vlees in saus, vlees in saus, vlees in saus, gefrituurde dingen, gefrituurde dingen, gefrituurde dingen, gefrituurde dingen, gefrituurde dingen, gefrituurde dingen en atjar.

Onze gast is Eus Roovers, misschien wel de grootste Feyenoord-fan die we in al die jaren hebben ontmoet. Eus komt uit Oosterhout en reist trouw met Feyenoord mee, zoals veel Brabanders fan zijn van de club uit Rotterdam. Een van de redenen dat we hem hebben meegevraagd, behalve dat hij aangenaam gezelschap is en een vat vol mooie verhalen, is dat hij een kinderboek over Feyenoord heeft geschreven: *De Feyenoord Avonturen van Konijn, Aap en Buffel*. Op voorhand en ongelezen het allerleukste kinderboek aller tijden. Het idee van een kinderboek over een voetbalclub is natuurlijk commercieel erg slim. De club Feyenoord was zo aardig Eus' kinderboek te sanctioneren, wat de verkoop van het boek niet ten slechte is gekomen. Inmiddels zijn er al 5000 exemplaren van het boek verkocht, wat voor een kinderboek een fantastisch aantal is.

'Je zou dat voor iedere club kunnen maken,' zeggen wij, met onze handelsgeest. 'Een kinderprentenboek over Ajax of PSV, dat verkoopt wel, hoor. Iedere rechtgeaarde fan wil zijn kinderen toch een beetje verantwoord indoctrineren. Je zou zo een bedrijfje kunnen beginnen. Iedere club zijn eigen boekje.'

'Daar heb ik inderdaad over nagedacht,' antwoordt Eus. 'Maar ik zou het echt niet over mijn hart kunnen verkrijgen om voor een andere club dan Feyenoord een kinderboek te maken. Dan zou ik de club verraden. Liever laat ik het lopen dan te verdienen aan een prentenboek over A... Aj...'

'020?'

'020.'

In zijn boek gaat het vooral om clubliefde. Eus heeft zijn boek geschreven om de jongste generatie liefde voor voetbal en dan met name liefde voor Feyenoord bij te brengen. Hoewel bij Feyenoord Thomas Buffel heeft rondgelopen, zijn de personages Konijn, Aap en Buffel natuurlijk fictie. De kinderen van Eus zelf zijn in ieder geval groot fan van hun vaders boek. 'Mijn dochter van vijf en zoontje van bijna drie riepen toen ze het boek zagen: "Wauw pappa, dat is mooi ingekleurd."'

Rob & Ronald kunnen dat beamen, want het boekje ziet er prachtig uit. Terwijl we ons om de beurt steeds naar het buffet wringen voor de tweede, derde en vierde ronde langs de voedseltroggen, hebben we het over Eus' liefde voor de club. Hoe komt een Brabantse jongen van het platteland in de ban van een volksclub uit een havenstad?

Eus bezocht voor het eerst De Kuip met zijn vader op 15 december 1974. Feyenoord speelde een kraker tegen FC Wageningen en speelde de Gelderlanders weg met 8-2. Het wakkerde bij Eus, tot grote tevredenheid van zijn vader, een levenslange en levensbepalende liefde aan die nooit meer is verdwenen. Als jongetje dacht Eus zelfs over telekinetische gaven te beschikken, want als hij riep 'sliding!' dan maakte Wim 'Mister Feyenoord' Jansen terstond een sliding. Toen al, in 1974, zat de jonge Eus live in zijn *FIFA avant la ordinateur*. Eus heeft met Feyenoord alles meegemaakt wat een fan kan meemaken: successen, tegenslagen, een (onterecht) stadionverbod (vraag hem daar niet naar, tenzij je een paar uur van je leven over hebt).

Na de maaltijd wandelen we rustig naar het stadion, dat opdoemt aan den einder. Er zit al publiek in De Kuip, we horen verwaaide geluiden van gezang, gescandeer en muziek. Op straat zien we vele Feyenoorders met shawls, de verwachtingsvolle stemming uit zich in de optimistische cadans van voetstappen. Zo volgen al honderden eeuwen mensen hun favoriete club.

'Dit voelt toch als een jongensboek,' zegt Rob.

Eus vertelt over zijn zomerse belevenissen met Feyenoord 1. Als *special reporter* was hij mee met het trainingskamp in Oostenrijk. Zijn reis had hij gefinancierd met *crowdfunding*: mensen konden een aandeel in zijn trip kopen, in ruil voor een voorleesbeurt uit *De Feyenoord Avonturen van Konijn, Aap en Buffel*. Rob & Ronald hebben uiteraard een aandeel genomen, want zoveel journalistieke vernieuwing heeft vrienden nodig.

We houden van mensen die hun club in het buitenland

volgen. Eus is regelmatig met Feyenoord in Europa geweest. Ronald vertelt over zijn oma, die in 1963 als kantinejuffrouw meeging met de Rotterdamse uittocht richting Lissabon, waar Feijenoord zou spelen tegen Benfica. Maar liefst zestienhonderd supporters op twee schepen (*De Waterman* en *De Grote Beer*) probeerden Feyenoord naar de halve finale van de Europacup voor Landskampioenen te schreeuwen. Thuis in De Kuip bleef het 0-0, dus er moest een klein wonder gebeuren.

Over de reis van die twee schepen zou een aparte speelfilm kunnen worden gemaakt, met vele honderden verhalen en anekdotes (zo was er de man die geen ticket had en zich bij een Rotterdamse krant bekendmaakte als de grootvader van Coen Moulijn, waarna hij prompt mee mocht als eregast, tot hij op de kade van Lissabon Coen ontmoette en bleek dat diens opa al jaren dood was). Ronalds oma kon bijna met vertedering vertellen hoe de Feijenoord-fans na aankomst in Lissabon naar het stadion van Benfica werden geloosd, waar de hele aanhang niet in één vak zat, maar was verspreid over het stadion. Ronalds oma, Trijntje Severijn geheten, zat in haar eentje tussen bloeddorstige Portugezen, die naar één ding nog liever leken te verlangen dan naar winst van hun club: de totale vernedering van iedereen die geen Portugees sprak. Tot overmaat van ramp kwam Feijenoord ook nog eens voor met 0-1. Trijntje keek het bangig aan en durfde niet te juichen. Ondanks haar apathie kreeg ze porren in de rug en stonden er Lissabonezen schreeuwend voor, naast en achter haar. Toen Benfica 1-1, 2-1 en later 3-1 scoorde, heeft ze uit lijfsbehoud meegejuicht met die vermaledijde kut-Portugezen. Feijenoord in het buitenland, het was toch even wennen.

In De Kuip heerst een verwachtingsvolle spanning, maar anders dan bij een reguliere wedstrijd, waar er daadwerkelijk iets op het spel staat (het voorkomen van verlies). Vanavond spelen we tegen Engelse broeders en drie verloren Feyenoord-zonen die hier liefdevol zullen worden onthaald. De omgang van Feyenoord met Engelse clubs is niet altijd even optimaal geweest. We memoreerden al de rellenwedstrijd tegen de Spurs op donderdag 30 mei 1974, maar ook woensdag 5 november 1997 was er een om in te lijsten. Toen speelde Feyenoord tegen Manchester United voor de Champions League, een vervelende avond, voornamelijk omdat Manchester gewoon een veel beter elftal had en hun keeper, ene Peter Schmeichel, weergaloos was. Gewend aan Engelse supporters maakte hij zelfs even een denigrerend gebaartje naar vak S, dat hem daarna wild van woede toeschreeuwde: 'Schmeichel? Superjood!'

Rob & Ronald hadden destijds al heel veel debiliserend ge-urm gehoord uit de kortzichtige, haatdragende en niets van voetbal snappende microbreinen van vak S (*zullen we deze passage niet toch maar schrappen? – afdeling Verkoop*), maar deze absurditeit moeten we wel bijschrijven. Schmeichel: helblond, breed, bonkig en blakend – alles wat het begrip 'ariër' zo'n slechte naam had gegeven in een bepaalde periode in de geschiedenis.

Wel leuk was dat de Manchester-aanhang om de Rotterdammers op te naaien 'Ajax! Ajax!' begon te scanderen, wat door het Legioen werd weggehoond met een overdonderend: 'Chelsea! Chelsea!'

En er is nog een datum die in gedachten springt: woensdagavond 18 maart 1992, toen Feyenoord de returnwedstrijd tegen Tottenham Hotspur speelde om de Europacup II.

Thuis won Feyenoord met 1-0 door een doelpunt van József 'Mister Feyenoord' Kiprich. Uit in Londen zou het Duinkerken worden, was Feyenoord vooraf beloofd. Op het hoogtepunt van de oorlogsvoering gaf de bikkelharde middenvelder Paul Stewart een niet al te vriendelijke elleboogstoot in het gezicht van Ed 'Mister Feyenoord' de Goeij, de keeper die die avond en de avond daarvoor onpasseerbaar leek. De Goeij ging k.o. en lag minutenlang te kermen op de grond. De actie van Stewart leek aanvankelijk heel stoer, maar was eigenlijk niet zo slim. Niet zo slim als je speelt tegen klootzakken als Henk Fraser, John de Wolf, Ruud Heus, John Metgod, Ulrich van Gobbel en met op de bank leermeester-klootzak Willem van Hanegem. En met klootzakken van wie niemand ook maar vermoedde dat ze enige klootzak-kwaliteit bezaten: Robbie 'lachebekje' Witschge en Arnold 'de witte Socrates' Scholten.

Wat er gebeurde was dit. De Goeij werd met zeer veel moeite weer opgelapt en het spel kon worden hervat. Paul Stewart liep nog een beetje onhandig na te genieten van zijn stevige mannelijke actie. De spelers van Feyenoord keken even naar de bank, om van hun trainer te vernemen hoe ze dit akkefietje verder moesten afhandelen. De televisiecamera registreerde hoe Willem van Hanegem rustig opstond en met beide handen het getal 6 aangaf. *Hinthint. Klinkt als... Twee lettergrepen.* Het getal 6 stond voor het rugnummer van een bepaalde speler van de Spurs. Drie minuten later kegelde Robbie Witschge, buiten het zicht van de scheidsrechter, Stewart genadeloos naar de grond. Klasse, Robbie! Maar het was nog niet genoeg. Terwijl Stewart als een gewond paard in de Grand National lag te trekken met zijn been (de scheidsrechter vroeg zich inmiddels af waarover hij gestruikeld kon zijn) schoot de argeloze Arnold Scholten de bal behulpzaam in de richting van de scheids. Behulpzaam, goed gemikt en snoeihard. Nu stond de scheidsrechter bij het hoofd van de kermende Stewart. Het hoofd waar de torpedo van Scholten tegenaan vloog. Stewarts lichaam schokte nog enkele minuten spastisch na, als gevolg van dit ongelukje. Klasse, Arnold. Langs de lijn ging Willem weer tevreden zitten en stak een sigaretje op. Klasse, Willem. Feyenoord plaatste zich voor de volgende ronde.

Nu is het Feyenoord–Southampton. We hebben het prima naar ons zin, De Kuip zit bomvol, de gesprekken zijn geweldig, Jordy Clasie en Pellè krijgen een welverdiend afscheid, Jordy heeft tranen in zijn ogen en kan niet meer uit zijn woorden komen – maar dan... begint de wedstrijd. The Saints, zoals de gasten worden genoemd, zijn op alle fronten beter: ze passen beter, hun kapsels zitten beter (dankzij het Pellè-effect) en ze scoren vooral beter. Feyenoord scoort helemaal niet. Het is Pellè zelf die de openingstreffer maakt: na veertig minuten slecht voetbal van de kant van Feyenoord passeert oud-Twentespeler Dusan Tadic onze Kenneth Vermeer en geeft de bal aan Pellè, die hem er wel in moet leggen. Uit respect (en lijfsbehoud) juicht de Italiaan niet.

'Het is dat kapsel hè?' zegt Rob mistroostig.

'Het is dat verdomde kapsel,' zegt onze gast Eus.

Waar vrouwen in vroeger tijden met name voor 'benen' naar het stadion gingen (mannenbenen, Ulrich-van-Gobbelbenen, Pablo-Sanchezbenen, dik stevig kerels-vlees), zo zijn dat inmiddels kapsel en lekkere snuitjes geworden. Anna Enquist bezong in *Hard gras* al eens de benen en later de billen van Ronald Koeman, maar meisjes van deze tijd moeten het meer hebben van een geinige snit en een hippe coiffure.

Seks en voetbal hebben natuurlijk altijd met elkaar te maken gehad. Waar mannen zijn, is competitie, waar strijd is, zijn vrouwen. In alle tijden en in alle landen hebben voetballers sexappeal gehad, zelfs Ed de Goeij (die ze in Engeland omschreven als 'een organist uit het tijdperk van de symfonische rockgroep Emerson, Lake & Palmer') had een schare vrouwelijke aanbidders. Maar de tijden zijn veranderd. Waar vrouwen er vroeger over fantaseerden zich door rauwe mannelijkheid te laten Van Hanegemmen of Van Gobbelen, of gewoon even ongegeneerd met de Fraser erop in de Boatang, met Van Wonderen van onderen, lijkt heden ten dage in het internationale voetbal de Ronaldoficatie een feit. Ronaldo, die in alles een uitgesproken homo-erotische uitstraling heeft, met zijn zorgvuldig geknipte haartjes, zijn geëpileerde wenkbrauwen, zijn foundation, zijn oorbelletjes en handtasjes, straalt op het veld ondanks deze fatterigheid één brok mannelijkheid uit. Ronaldo is geen voetballer, Ronaldo is een voetballende erectie.

Graziano Pellè was, in dat opzicht, onze Rotterdamse Ronaldo. Eén bezoek aan een Rotterdamse hippe hipsterkapper was genoeg om van Feyenoord plotseling een *babe magnet* te maken. Ronalds eigen dochter, toen veertien jaar oud, hing posters van Pellè aan de muren van haar meisjeskamer. 'Dat is echt zo'n lekker ding,' zei ze, toen Ronald haar vroeg naar Pellè's sportieve prestaties, zijn drie doelpunten tegen Ajax bijvoorbeeld. 'Hij is echt een cutie.' Voetbal teruggebracht tot cuties, snuitjes en lekkere bekkies.

Voetbal als mannensnoep. In de Engelse media is nog veel meer aandacht voor de voetballer als sekssymbool dan bij ons. Voor de Engelse editie van de vrouwenglossy *Vanity Fair* fotografeerde topfotografe Annie Leibovitz een tijdje terug topvoetballers van over de hele wereld in hun onderbroek. In hun wat? In hun onderbroek. Studs als Ronaldo, Drogba, Kaká, Buffon en Cole schoten hun geoliede hardbody's voor de gelegenheid in een strakgespannen boxer.

En voor Engelse vrouwen die dat niet genoeg hormonale afleiding geeft, is er de internetsite www.kickette.com in het leven geroepen. De slogan van dit online magazine: '*For those who love the players as much as they love the game.*' De gedachte is: laat mannen lekker naar voetbal kijken, dan kijken wij wel naar voetballers. Kickette vereert voetballers als levende seksgoden. 'Man candy' noemen ze pingelaars als Simon Kjaer, Hugo Almeida of Sergio Ramos. Mannensnoep.

Bij Kickette zijn ze ruimhartig en kijken ze niet op een binnenbroekse bobbel meer of minder. 'Wij zijn in alle mannentypes geïnteresseerd,' kondigen ze verlustigd aan. *Toy boys. Dirty hot. Smooth operators. Sophisticated gentlemen. Lifetime lovers.* Net als *Studio Voetbal* hebben ze een steeds wisselende lijst genaamd 'The Finest Five', met de meest sexy knapperds van het moment. De Fransman Yoann Gourcuff stond een tijdje op 1 en de Spanjaarden Fàbregas en Torres op 2 en 3. Van de laatste werd overigens opgemerkt dat hij vrouwen spontaan kan laten ovuleren, maar nader onderzoek zal moeten uitwijzen of dit geen bakerpraatje betreft.

Met het sexappeal van de Nederlandse voetballers, zult u zich wellicht niet afvragen, is het behoorlijk droevig gesteld. In 'The Elite Eleven' (*our ultimate fantasy team*) komen Nederlanders niet voor. In 'The Hot Hall of Fame' (*recognizing a lifetime of dedicated deliciousness*) noch oude noch nieuwe kaaskoppen. Oké, er is een speciale pagina genaamd 'Dutch Masters', met de vijf geilste Oranjespelers, waarbij meteen wordt aangetekend dat de kleur oranje verre van opwindend is. Oud-Feyenoorder Van Persie voert de lijst aan, op basis van trainingsfoto's waaruit blijkt dat Robin weleens een cornerpaal in zijn broek verstopt.

Voor vrouwen die dit allemaal niet genoeg is, biedt de internetfirma LoveHoney een speciaal apparaatje aan genaamd Scoregasm, een zogenaamde Soccer Love Egg met afstandsbediening. Dit trilei kan worden ingebracht tijdens willekeurig welke voetbalwedstrijd en geeft een gevoel *like you've won the match*. Vrouwen kunnen nu op hun eigen manier het voetbalteam en hun favoriete spelers steunen.

Enfin, terug naar De Kuip en de afstraffing van Feyenoord. Eus Roovers zit er verslagen bij. Deze wedstrijd tegen Southampton is geen jongensboek, mogen we het zo samenvatten? Feyenoord komt met 0-2 en 0-3 achter, dankzij doelpunten van Maya Yoshida en invaller Juanmi ('kopen!' roepen Rob & Ronald in koor), maar daarvoor had Graziano Pellè al een publiekswissel met een erectionele ovatie gekregen.

Feyenoord is overduidelijk nog niet klaar voor het nieuwe seizoen. Eus Roovers vat het goed samen: 'Voetbal is een hinderlijke onderbreking van 90 minuten tijdens een leuk dagje uit.'

En zo is het.

wim van Hanegem

1 augustus 2015
Feyenoord–Olympiakos 1-3

'Hé, moet jij niet op het veld staan?'

Vandaag is Tom van Hulsen mee als gast, hoofdredacteur van *Voetbal International* (het blad – oplage: 115.000 ex.). Thema van de dag: de veranderde rol van de sportjournalist, zo door de eeuwen heen. Rob kent Tom nog uit de jaren dat zij samen de School voor de Journalistiek in Utrecht volgden, en – zoals al eerder gememoreerd in de proloog van dit boek –, destijds stonden sportjournalisten er niet zo heel bijzonder op. En moet je nu eens kijken. *Opinion leaders* zijn het, ze houden de brede maatschappelijke discussie aan de gang. De positie van het Nederlandse voetbal is nog nooit zo slecht geweest, internationaal gesproken, maar desondanks is de aandacht ervoor zo ongeveer verhonderdvoudigd. Daarover zouden we het maar eens gaan hebben, maar eerst moet er een actueel raadsel worden opgelost – daar zijn we journalisten voor, per slot.

Wat er aan de hand is, is dit: de wedstrijd is nog maar net begonnen, Olympiakos leidt overigens al met 0-1, als pal voor onze neuzen op de Maastribune een keurige jongeman in een Feyenoord-trainingspak plaatsneemt, omringd door – zo te zien – twee zaakwaarnemers (te herkennen aan hun poloshirtjes). Tom & Rob stoten elkaar aan: daar heb je Jean-Paul Boëtius, Feyenoords frêle vleugelspeler. Aardig gastje, buitengewoon getalenteerd, een product van de Academie, beugeltje nog, en generatiegenoot van Kongolo, Vilhena, Achahbar, Karsdorp, Van Beek. Maar wat doet hij nu hier? De bal is daar, toch?

'Hé, moet jij niet op het veld staan?' informeert Rob maar eens op zijn beste 'sportjournalistieks'.

Boëtius glimlacht, verlegen: 'Ik heb officieel de griep.' En geeft er een knipoog bij.

Nog voordat Olympiakos 0-2 maakt, is het nieuws al gebroken. *VI*-clubwatcher Martijn Krabbendam twittert: 'Boetius verkocht, voor circa 2,5 miljoen euro. De nieuwe club blijft nog even geheim (maar het is FC Basel).'

Zo snel gaat dat dus (x 2). Jean-Paul Boëtius maakte zijn debuut in Feyenoord 1 onder Koeman, dat was op 28 oktober 2012, en scoorde prompt tegen Ajax. Nou, dan heb je bij Het Legioen al snel een streepje voor. Hij groeide uit tot vaste waarde, schurkte tegen Oranje aan, en debuteerde op 5 maart 2013 tegen Frankrijk, kwam ook in de voorselectie terecht voor het WK 2014. Dat haalde hij op het nippertje niet, maar goed, hij was net twintig.

Koeman vertrok, Rutten kwam, en het was Boëtius' pech dat de nieuwe trainer het binnen diens nieuwe systeem niet zo enorm in hem zag zitten. Nou ja, dat kán. Er was een tijd dat een speler dan terugvocht, het op de training wel even liet zien, en zo alsnog zijn plek afdwong. We spreken hier wel over een topclub, niet? Beetje concurrentie in de breedte kan geen kwaad.

Niet langer, helaas. Entree de zaakwaarnemer, een vrij beroep, de enige menssoort wél geslaagde ZZP'ers, met dollartekens in de ogen, en zonder enige gêne gejaagd door de winst. Dat is wie zij zijn, dit is wat zij doen (anders hadden ze wel een vak geleerd).

En die zaakwaarnemer, hij heeft het tij mee. Voor het grijpen ligt een hele generatie millennials, die net als Memphis Depay ook wel met een privéjet richting Man United willen worden gevlogen. Of Basel, dan, in dit geval: nét 21, en daar gaat Jean-Paul 'Toekomstig Mister Feyenoord' Boëtius, onze nieuwe Coen 'Mister Feyenoord' Moulijn alweer. En dan hebben we het nog niet eens over al die nóg jongere jeugdspelertjes die door kinderlokkers annex zaakwaarnemers worden doorverhandeld aan Britse pederasten... pardon, de Engelse topclubs.

Zo snel gaat het dus (x 2). Want de tweede partij hier is de mallemolen van het medialeven, die zit erbovenop, is zelf onderdeel van dit pandemonium geworden. Nieuwtjes, weetjes, geruchten, meninkjes, columns, talkshows, het houdt niet meer op, de uitkomst van de democratisering van de media, en bovenal: Twitter. De verstrengeling van club, speler, zaakwaarnemer en pers is verwurgend, en het is Robs bescheiden mening dat juist de clubs de meeste moeite hebben met de nieuwe tijd.

'Wat vind jij daar nou van, Tom?' wil Rob weten, nu we Boëtius zo ongeveer live voor onze ogen verkocht hebben zien worden. Is dat wat, die nieuwe tijd? 'Tsja, of je het nu leuk vindt of niet: alle partijen zullen zich moeten aanpassen. Wij ook, als *VI*. Vroeger viel het blad één keer per week op je mat, daar keek je naar uit, dat las je, was je wel een paar dagen mee zoet, en vanuit je ooghoek hield je de sportpagina's van de kranten nog even bij. Inmiddels is voetbalnieuws een 24/7 industrie geworden. Er gaat geen dag voorbij, of er is commotie.'

Bij *VI* hebben ze hun website recentelijk helemaal opgetuigd en uitgebreid, want de concurrentie – denk bijvoorbeeld aan het van overheidswege gesubsidieerde NOS Sport, wat dus in feite oneerlijke concurrentie is – doet dat ook. 'Wat wij willen zijn voor het publiek, is dit: geruchten kunnen we allemaal wel publiceren, maar pas als het in *VI* staat is het waar. Wij hebben de kennis, de contacten, wij zijn onafhankelijk, hebben de autoriteit, de anderen volgen ons.'

Althans, dat is de bedoeling. 'Want inderdaad: je ziet hoe snel dat nu gaat met Boëtius. Vroeger had dat pas komende woensdag in het blad gestaan, als nieuws. Nu twittert iedereen zich op zaterdag al een slag in de rondte, vanavond nog zit de transfer van Boëtius al in *Het Sportjournaal*. Dus: met het blad *VI* proberen we tegenwoordig meer de diepte in te gaan. Denk aan de spraakmakende column van Marco van Basten. Voor de dagelijkse hectiek hebben we de website, en de clubwatchers.'

De clubwatchers, o ja, mompelt Rob, terwijl Olympiakos op slag van rust achteloos 0-3 maakt (Fortounis – zo snel kan het gaan x 3, dus). Een clubwatcher, die levert nogal eens een boel gehakketak op. Welles, nietes, dat soort werk, ook hier bij Feyenoord, juist hier bij Feyenoord. Laat Rob het zo zeggen: tis niet goed, of het deugt niet.

Om te beginnen heb je als clubwatcher ook weer je eigen watchers, per slot: de harde kern op de internetfora, waar je nu niet bepaald een diploma journalistiek voor nodig hebt, zacht gezegd, of hoeft te kunnen spellen. Dan staat er: '*Krabbezak moet eens normaal gaan lullen, maar ja, dat verkoopt geen* VI*'s*' – en dat was dan nog een van de eloquentere bijdrages aan de eeuwigdurende discussie.

In de rode hoek van deze boksring vindt de clubwatcher de voorlichter van dienst tegenover zich gesteld, weer gestuurd door het bestuur, de technisch directeur en de financiers. Toeval of niet, clubwatcher Martijn Krabbendam zal uitgerekend komende week te horen krijgen dat hij niet langer op medewerking hoeft te rekenen van de club: wedstrijd verslaan, dat mag nog, interviewtjes niet meer, zo weten ze nu al bij *VI* (altijd actueel, met name de website).

'Wel een beetje kinderachtig,' vinden Tom & Rob. Niet heel professioneel van zo'n grote club, vervolgt Tom. 'Ik heb geantwoord dat wij van *VI* toch ook niet bepalen wie er bij Feyenoord op doel staat?'

Maar ook wel heel erg van deze tijd, meent Rob. 'Bang om de regie te verliezen. En het is niet eens alleen bij het voetbal, hoor. Je ziet die verkramping ook binnen de politiek. Nieuwspoortcode in Den Haag, je weet wel: wat binnenskamers in dit parlementair restaurant wordt uitgesproken, blijft binnenskamers – en eens in de zoveel tijd barst de bom. En vervolgens waait het weer over.'

Bij PSV hebben ze er iets op gevonden. Die hebben onlangs gewoon *VI*-clubwatcher Thijs Slegers gekocht, zogezegd. *If you can't beat them, join them*. Hij is daar nu persvoorlichter, die eerste lijn van verdediging tegen Het Kwaad.

We zagen Kees Jansma deze danspas al eens eerder maken, die *move*. Tussen 2004 en 2014 werd hij aangesteld als perschef van het Nederlands elftal, en vervolgens keerde hij gewoon weer terug in de journalistiek, nou ja, sportjournalistiek dan, nou ja bij FOX, dan.

'Ik weet niet heel veel disciplines waarbinnen dat baanhoppen zou kunnen, Tom,' peinst Rob. 'Met het oog op je geloofwaardigheid, bedoel ik. Nou ja, Frits Wester werd van CDA-voorlichter in de Tweede Kamer plotseling de keiharde politieke duider van het RTL Nieuws. '

Rare wereld, die voetbalwereld. Met zijn echte sterren, zijn would-be sterren, de zaakwaarnemers, de clubbestuurders, de clubwatchers, de echte fans, de vervelende fans, de corrupte bonzen aan de top van de piramide, daar in Zwitserland, de babbelprogramma's, waar ze hun eigen boeken verkopen, als RTL 7 ook wat van de poet krijgt, en uiteindelijk wint Duitsland altijd.

'Het lijkt wel politiek,' zegt Rob.

'Ach joh,' antwoordt Tom, 'dat maakt het juist leuk.'

Never a dull moment, weet Tom, die kenner is van Engels voetbal, en fan van Ipswich Town FC, daartoe bekeerd door de prestaties van Arnold Mühren en Fransje Thijssen, begin jaren tachtig.

'Páng!' Daar schiet Kuyt, ex-Liverpool, de door hemzelf versierde strafschop hard achter doelman Jimenez, als in: ons seizoen is nu officieel begonnen. Letten we even op?

Wat het gaat worden met Feyenoord, in 2015/'16, zonder Boëtius, maar met Dirk Kuyt? wil Rob van Tom weten. Prognose?

Tom: 'Oké. Als voetballiefhebber denk ik: 1. Ajax. 2. PSV.

3. Vitesse. 4. Feyenoord. Maar als hoofdredacteur hoop ik: Feyenoord. Als Feyenoord succes heeft, verkopen we altijd veel meer blaadjes.'

OPEL

8 augustus 2015
Feyenoord–Utrecht 3-2

God
schiep
De Kuip
En op de
Zevende Dag sprak Hij:
'Let's rock-'n-roll!'

(Vrij naar gesignaleerde graffiti in een muziekclub te Dallas, Texas)

Tonight's the night – de opening van het nieuwe seizoen, nog maar 34 finales te gaan (in trainerstaal). Hier is het Rob & Ronald om begonnen, dit is waar we het voor doen: eindelijk eens een *positief* boek over Feyenoord. We schrijven door tot we bovenaan staan, om daar nooit meer weg te gaan. Dat is de deal.

De eerste tegenstander bij onze *tour of duty* is FC Utrecht, ook een fijne club. *Forza Utreg*, maar vanavond even niet.

Op de snelweg hebben we de spelersbus van de FC eenvoudig ingehaald, dat was alvast een goed begin. Dit zijn de namen die het nu zelf moeten gaan opknappen: Vermeer, Karsdorp, Van Beek, Kongolo, Nelom, El Ahmadi, Vejinovic, Toornstra, Kuyt, Kâzim-Richards, Başaçikoglu. Voor de nieuwste nieuwe aankopen van deze week Eljero Elia en Michiel Kramer komt deze wedstrijd te vroeg, de eerdere nieuwste nieuwkomer Jan-Arie van der Heijden begint op de bank.

Piekmoment 1: Dirk Kuyt, onze stoere aanvoerder, komt als eerste het veld op bij de warming-up. Zo, die zit! Leuk voor Dirk dat hij zijn terugkeer 'om het eggie' – in het onnavolgbare idiolect van Don Leo Beenhakker – in De Kuip mag vieren tegen zijn oude club. Hij heeft er duidelijk zin in, net als wij.

De sfeer is er een van een gigantisch popconcert. En dat komt goed uit, want onze gast is ditmaal Willem van Zeeland, die alles van rock-'n-roll & aanverwanten weet. Werkte bij de Utrechtse poptempel Tivoli, is thans eindredacteur bij VPRO *3Voor12*, zeg maar de chef daar. Hij is weliswaar supporter van PSV, maar Feyenoord heeft ook zijn sympathie, met name Dirk Kuyt.

En De Kuip, natuurlijk. Het eerste stadion in Nederland waar popconcerten werden gegeven, te beginnen met Bob Dylan op 23 juni 1978 (Rob en zijn schoolvrienden waren daarbij). Willem van Zeeland: 'Ook ik heb hier heel wat grote acts gezien. Rolling Stones, Bruce Springsteen, Prince, David Bowie, U2, noem ze maar op.'

Rob: 'Idem. Dat waren de enige momenten dat ikzelf op de Heilige Mat mocht staan.'

Ronald heeft al tijden een fantasie: dat Rob & Ronald tijdens de Open Dag ook per helikopter worden binnengevlogen, en dat we dan op de middenstip mogen voorlezen uit *Kuipkoorts*. Het uitverkochte stadion luistert ademloos toe. Na afloop: gejuich uit duizend kelen. 'Dat is het idee. Maar dat zit er niet in, nee.'

Rob: 'Weet je wie ik hier ook nog eens heb zien spelen? Rod "Tonight's the Night" Stewart, in de zomer van 1983. Dat wilde een vriendinnetje graag, want Stewart was destijds enorm geliefd bij de meisjes. Rod heeft nog geprobeerd om profvoetballer te worden, dat was bij Brentford FC, maar een contract zat er niet in. Bij dat concert hier trok hij een Feyenoord-shirt aan, herinner ik mij, en hij goochelde on stage wat met een bal. Clever hoor, van Rod. Het publiek lag al snel aan zijn voeten.'

Dirk Kuyt hoeft niet te zingen om zich geliefd te maken, liever niet. Laat Kuyt nu maar gewoon sleuren, zwoegen, scoren.

Willem van Zeeland: 'Zingende voetballers? Nou, ik vond Ruud Gullits versie van Bob Marley's *Stir It Up* bij jullie kampioensfeest in 1984 helemaal zo gek nog niet.'

Ronald: 'En Willem van Hanegem? Die heeft toch ook gezongen?'

Rob: 'Ja, onze Willem waande zich voor even Joe Cocker. *You Are So Beautiful*. Willems rasperige timbre kwam in de buurt van Joe Cocker, de toon niet zo, haha.'

Ronald: 'Peter Houtman wil hier ook nog weleens croonen, maar dan is het meestal voor een goed doel.'

Alle drie: 'Houen zo!'

Als er rond een wedstrijd muziek opklinkt in De Kuip, en het is eens een keertje niet Lee Towers op het veld, of DJ Paul Elstak met zijn happy hardcore bij wel heel speciale gelegenheden, dan kom je al snel uit bij dj Bootsy Paul, ofwel Paul de Koning. Zijn draaiset staat naast het stoeltje van speaker Peter Houtman op de perstribune, zijn smaak is eclectisch. Clubliederen, rock-'n-roll, pop, house. DJ Bootsy Paul doet dat goed. Al viel het Rob wel op dat hij dan bijvoorbeeld in de rust van de allesbeslissende play-off tegen Heerenveen *Bad Moon Rising* van Creedence Clearwater Revival draaide... (*I see a bad moon rising / I see trouble on the way / I see earthquakes and lightnin' / I see bad times today*) ... uhm, dat is vragen om problemen. En die kwamen dan ook prompt.

Ronald: 'Ach joh, dat was vorig seizoen. Dat telt niet meer.'

We besluiten een Top-6 te maken van popliedjes die je bij Feyenoord nimmer zult horen. Op een, met stip:

1. *We Are the Champions* – Queen. Ronald: 'Opgefokt Ajaxlied.'
2. *Simply the Best* – Tina Turner. Willem: 'Hoort bij PSV.'
3. *Eye of the Tiger* – Survivor. Rob: 'Dat is van FC Utrecht. PEC Zwolle doet 'm ook trouwens, maar dan in de remix.'
4. *Jump* – Van Halen. Ronald: 'Opgefokt FC Groningenlied.'
5. *Whatever You Want* – Status Quo. Rob: 'Vitesse, meen ik.'
6. *Oh Oh Den Haag* – Harry Jekkers. Ronald: 'Lijkt mij duidelijk.'

Guus 'Groots met een zachte g' Meeuwis, die komt er hier trouwens ook niet in. Net als *We Will Rock You* van Queen. Ronald: 'Nog zo'n opgefokt PSV-lied.' Hazes mag wel, gezien zijn Van Hanegem-tribute, maar die is al abusievelijk door 020 weggekaapt. Willem: 'Bij FC Sankt Pauli draaien ze altijd *Highway to Hell* van AC/DC. Dat zou hier ook wel passen. En bij EURO 2012 – in Polen/Oekraïne – was het alles *Seven Nation Army* van The White Stripes dat de klok sloeg. Ook niet verkeerd, toch?'

Weet je wat je eigenlijk nooit meer hoort, zo bedenken we ons: de vrolijke mars *Koning Voetbal* van de Rotterdamse componist Willy Schootemeijer. Die stamt nog uit 1934, de jaren van de Derby der Lage Landen tegen België, die mars is voorgoed verdwenen in het zwarte gat van de voortschrijdende tijd. Maar dé klassieker, zo weten ook Willem & Rob & Ronald wel, blijft natuurlijk onbetwist 'You'll Never Walk Alone', in 1963 gepopulariseerd door de Liverpudlian Merseybeatgroep Gerry & The Pacemakers, en onmiddellijk geannexeerd door Liverpool FC. Dat wordt gezongen bij Feyenoord, dat wordt gezongen bij FC Twente, dat wordt overal ter wereld gezongen. 'Het enige voetballied dat werkelijk verbroedert. Een mooie traditie.'

Piekmoment 2: de ploegen komen het veld op! Naar vast gebruik laat dj Bootsy Paul het 'Hand in hand' schallen, en straks zal hij er nog een scheut *Super Faienoort... make us happy* ('Super Feyenoord') van The Champs tegenaan gooien. Dat wordt steevast abrupt – beetje op de wijze van Meneer De Groot in *De Dik Voormekaar Show* – afgebroken, zodra er wordt afgetrapt. *Scrrratchhh*!!!!

Ja, in Engeland, met zijn florerende popcultuur, daar doen ze de dingen altijd net even anders, zijn ze ons altijd een stapje voor. Komt de band Kaiser Chiefs uit Leeds met de single *Oh My God* in de hitlijst, hoor je het de week daarop in alle Britse uitvakken tijdens *Match of the Day*. De tekst: *Oh my God/ I can't believe it/ I've never been this far away from home.* Behoorlijk grappig, ja. Nog grappiger is dat voorafgaand aan de wedstrijd soms keihard muziek in de kleedkamer wordt gedraaid. Lekker tribaal, we trekken ten strijde! Topfavoriet: *Lose Yourself* van rapper Eminem, dat wereldnummer, met die bonkende gitaren. Het wordt ingezet om al die luie voetbalmiljonairs nog een beetje tot actie te bewegen, straks op het veld.

Wij hebben geen muziek in de kleedkamer nodig. Wij hebben Mister Duracell. Hij speelt op rechts, gaat voluit, en laat Kâzim prompt bijna scoren. De spits mist de bal met een teenlengte.

'Niet weer hè?' moppert Rob.

Ronald: 'Wéér dat vermaledijde doel voor Vak Y – onder Vak G.'

Rob: 'Als we kampioen willen worden dit jaar, zal dat toch echt beter moeten.'

Maar dan:

Piekmoment 3: Verdomd! Hij doet 't! Uit een vrije trap van Vejinovic kopt Kâzim-Richards de bal zomaar achter FC Utrecht-keeper Ruiter (die er hier niet goed uitzag, zoals dat heet). Pandemonium! De Kuip ontploft (weer eens). 1-0. Daar klinkt reeds onze goaltune op, *I Will Survive* in de remix van Hermes House Band ('La-la-la-láàá-lah…').

Ronald: 'Wist je dat de oorspronkelijke versie van Gloria Gaynor het strijdlied was van de Amerikaanse gaybeweging, in het aidstijdperk?'

Rob: 'Wat bedoel je precies te zeggen, Ronald?'

In ieder geval: ons goallied brengt de stemming er opperbest in. Dit is pas een lied dat je wilt horen in De Kuip. Goalliedjes die we bij uitwedstrijden liever niet horen, zijn onder meer:

– De opgefokte versie van *Oh, Oh Den Haag*
– Het *Gronings volkslied* van Pé en Rooie Rinus
– *The Saints Are Coming* van U2/Green Day in de Grolsch Veste
– *La Cucamarcha* van TNT bij FC Utrecht
– *l'Amour toujours* van Gigi d'Agostino (wat is dat voor keuze, Heracles?)
– *Chase the Sun* van Daft Punk bij PEC Zwolle
– *Zombie Nation* van Kernkraft bij Philips

En nog zo een paar, want dat betekent dat de thuisclub heeft gescoord. Tegen ons. Bij Ajax hebben ze in het geheel geen goallied, maar dat komt omdat er zo weinig gescoord wordt in de ArenA. O nee, volgens de woordvoerder 'horen wij liever het gejuich van de supporters'. O ja, huh-huh, dat was het.

Bummer 1: Direct na rust, Blom geeft Karsdorp rood. Diens tackle was wat ongelukkig, in al zijn enthousiasme, maar meer dan geel, dat was het dan weer niet.

Bummer 2: minuut 74 – de lepe spits Sébastien Haller (kopen!) maakt gelijk. Het stadion valt stil, minus de 'mental boys' van FC Utrecht dan. Geen goalmuziek.

Rob: 'Gaat dit nog goed komen, met tien man? *I see a bad moon rising.*'

Willem: 'Zitten jullie nu alweer op de *Highway to Hell*? Dat gaat snel, dit seizoen.'

Ronald huilt. Vanbinnen dan. 'Kut, met een grote K.'

We draaien ons om naar speaker Peter Houtman, die net met zijn allerdiepste grafstem de 1-1 heeft uitgesproken. Hij maakt een verontschuldigend gebaar. We staren naar dj Bootsy Paul, die in zijn platenkoffer is gedoken. Is hij op zoek naar Peggy Lee's *Is That All There Is?* Denkt hij aan *Help!* danwel *I'm Down* van The Beatles? Of heeft hij een geheime remix gevonden van: *Oh Oh Rotterdam*?

Willem: 'Bij een popconcert maak je zo'n omslagpunt onder het publiek toch maar zelden mee. Tenzij er een orkaan opsteekt, of zo.'

Nou, die – hou je hoed vast – komt er.

Piekmoment 4 & 5: het kraakt en het piept en het wankelt maar bij een counter weet El Ahmadi zo goed als op de achterlijn een voorzet af te geven die door invaller Tonny Vilhena in de 77ste minuut koeltjes wordt binnengetikt. Drie minuten later is het weer raak: strafschop Kuyt, al was die enigszins discutabel (Pizza Paultje sms't: Zeist!!!). Kan ons het schelen? Welnee! Mag dat ook eens, na vorig seizoen?

Peter Houtman rapt: 'Hij/Is/Te/Rug/Op/Zuid/Dir/Ruk/Kuyt... *right on!* En dat klinkt plots veel beter dan

Eminem. 3-1, wat een luxe. Haller (kopen!) doet in de *dying seconds* van de wedstrijd nog iets terug vanaf de strafschopstip (Rob aan Pizza Paultje: Zeist!!!), maar omdat vervolgens direct wordt afgefloten, mag dit geen bummer meer heten. Ons kampioensjaar is begonnen. *Let's rock-'n-roll!*

dirk
Kuijt

16 augustus 2015
SC Cambuur–Feyenoord 0-2

Op terugtocht van een korte vakantie in Zweden verblijft Ronald vandaag met zijn gezin in een family room van een *gay friendly hostel*, midden op de Reeperbahn in Hamburg, de straat vergeleken waarbij de Zeedijk een ballenbak bij Ikea is. In de sportsbar bij het hotel wordt voetbal getoond, maar helaas niet de wedstrijd Cambuur–Feyenoord. En daarom hebben Rob & Ronald veelvuldig contact via de Whatsapp, want Rob volgt de wedstrijd via FOX.

'Feyenoord gaat ons matsen, ik voel het gewoon,' zegt Rob. 'Feyenoord gaat ons helpen met ons boek.'

'Zeg dat nou niet,' schrijft Ronald, die niet bijgelovig is, behalve als het om Feyenoord gaat.

Ah ja, bijgeloof. In de jaren vijftig deed de bekende Amerikaanse psycholoog Burrhus Skinner onderzoek naar duiven. De vogels kregen met onregelmatige tussenpozen stukjes voedsel van de onderzoekers. De duiven, niet dom, probeerden controle te krijgen over deze tussenpozen door hun toevallige gedrag tijdens voederperioden te herhalen op momenten dat er niet werd gevoederd. Misschien konden ze zo nieuw voedsel afdwingen. Als een duif een dansje had gemaakt op het moment dat hij voer had gekregen, dan danste hij later ook in de hoop dat hij wat te bikken zou krijgen. Dit noemen we bijgeloof, dat niet alleen onder duiven, maar ook onder voetballers en voetballiefhebbers bestaat.

Zo zijn Rob & Ronald beiden strategische toiletgangers, want ze weten inmiddels dat de kans dat er door Feyenoord wordt gescoord als uitgerekend zij op het toilet zitten groter is dan als ze die ellendige wedstrijden voor de buis blijven bekijken (gek genoeg werkt het fenomeen minder als ze in De Kuip aanwezig zijn).

Dat bijgeloof zelfs de allergrootsten treft wordt duidelijk uit het beroemde verhaal over Rinus Israel, Mister Feyenoord bij uitstek (zie bladzij 98 e.v.). Even ophalen: Israel, zoon van een metselaar en de laatste Man van Staal, droeg – en ja, het is echt waar – bij belangrijke wedstrijden altijd het slipje van zijn vrouw Greet onder zijn voetbalbroekje. Dat bracht geluk, en daarom hadden hij en Theo Laseroms ooit dit ritueel bedacht. Wellicht leuk om eens in gedachten te houden bij zwartwit-beelden van roemruchte Feyenoord-successen: die IJzeren Rinus daar en die Tank Laseroms... hebben nu de onderbroekjes van hun vrouwen aan.

Vanmiddag speelt Feyenoord uit tegen SC Cambuur, een angstgegner, want Feyenoord staat gedeeld eerste en dat verhoogt direct de spanning. Er moet vandaag worden gewonnen om onze positie op de ranglijst vast te houden. De eerste helft is vooral uitzitten, voor de thuisploeg, de bezoekers en de mensen die de wedstrijd via FOX bekijken. Er wordt wel degelijk goed geknokt in het stadion van de Leeuwarders, maar voetbaltechnisch valt er nauwelijks te genieten.

'Waarom kan Feyenoord zo'n clubje nou niet gewoon eens ouderwets oprollen?' whatsappt Rob somber.

Ronald, bestraffend: 'Wil je dat soort dingen niet zeggen? Nu lukt het zeker niet meer.'

'Wordt het weer zó'n wedstrijd...'

Rob had inderdaad gewoon zijn bek moeten houden, want het is alsof de spelers van Feyenoord via transcendente kanalen hebben gehoord wat Rob & Ronald in Utrecht en Hamburg hebben bekokstoofd. Degene die hen het hardst probeert te raken is natuurlijk weer Colin Kâzim-Richards, het vervaarlijk ogende Engels-Turkse kuitenbijtertje met het zwakke ruggetje. Kâzim komt vrij voor Cambuur-doelman Leonard Nienhuis en krijgt een kans die door een net verwekt embryo nog zou zijn verzilverd. Maar niet door Kâzim, die de bal doodleuk naast schiet.

'Ik ben zo bang dat we helemaal nooit meer van Kâzim worden verlost,' appt Rob.

'Ik ben zo bang dat als jij dat soort dingen gaat zeggen, het inderdaad nooit meer zal gebeuren,' reageert Ronald. 'Dat Kâzim tot in lengte van dagen de spits van Feyenoord blijft, tot de club net als volksclub RWDM in België roemloos van het toneel zal verdwijnen.'

De God van het Bijgeloof is Rob & Ronald gunstig gezind, want Giovanni van Bronckhorst wisselt Kâzim-Richards. Dit tot zeer groot ongenoegen van de Oost-Londenaar, die bij het verlaten van het veld woedend tegen een bidon schopt. Goh, die weet hij dus wel te raken. Bidon–Kâzim: 0-1.

Als vervanger voor onze Turkse weldoener komt de van ADO afkomstige spits Michiel Kramer in het veld, die vanmiddag zijn debuut voor Feyenoord maakt. Rob & Ronald hebben vaker nieuwe Feyenoord-spitsen hun debuut zien maken.

'De verwachtingen van deze spits zijn wellicht een beetje te hoog,' typt Rob naar Duitsland, uit voorzorg.

Na een kwartier kopt Kramer zijn eerste doelpunt in, na een voorzet van Feyenoord-speler Başaçikoglu. 0-1. Feyenoord staat voor tegen Cambuur. Vorig seizoen zou Feyenoord nu al uitzichtloos achter hebben gestaan, maar we hebben een nieuwe spits.

'Ik zeg: houden!' zegt Rob.

'Een Feyenoord-spits die in zijn eerste competitieduel scoort,' zegt Ronald. 'Later zullen we over dit moment aan onze kleinkinderen vertellen. Ik zat tussen een lading leernichten in Hamburg, toen het bericht kwam dat Feyenoord een nieuwe wonderspits had.'

'Alleen heeft Kenneth Vermeer gisteren zo te zien niet zo lekker gegeten,' typt Rob terug, doelend op een miskleun van Vermeer, die een hoge bal zo uit zijn handen liet glippen. Gelukkig wist Sven van Beek een doelpunt nog net te voorkomen.

'0-2!' typt Rob, ver in blessuretijd, omdat Dirk Kuyt een penalty weet te benutten na een handsbal van Cambuur-speler Erik Bakker.

'Ik denk dat je de rest van het seizoen maar op de Reeperbahn moet blijven wonen,' typt hij verder. Voetbal en bijgeloof, het blijft een onlosmakelijke combinatie.

23 augustus 2015
Feyenoord–Vitesse 2-0

‘Dus hier wonen ze nou?’

Olivier D. (naam bij de redactie bekend) zit in het boekenvak, werkt voor De Kring – de Amsterdamse uitgeverij die *Kuipkoorts* zal gaan uitbrengen –, en gaat vanmiddag mee naar het stadion. Ter oriëntatie, om de club te leren kennen, de mensen erachter, hij komt zaken doen. Klein probleem: Olivier D. is Ajax-fan. Geen succeshooligan, of zo, gewoon Ajax-fan, die heb je ook, écht waar. Met zijn vrienden gaat hij weleens naar de ArenA (niet de muziekclub), en ziet dan de prestaties op het veld aan met een voor intellectuelen zo typerende, analytische A-emotie: *het is maar voetbal, hoor.*

Maar ondertussen.

‘*Step into my office,*’ zegt Rob gekscherend tegen Olivier, als ze het trappetje bestijgen dat leidt naar de perstribune in De Kuip. ‘Dit is ons werkterrein. Hier komt een boek van.’

Even blijft het stil. Olivier kijkt rond, verschiet van kleur, hapt naar adem, is overweldigd, maar wil zich groot houden: ‘Dus hier wonen ze nou?’ Voetbalhumor is van alle tijden, ja. We zoeken onze plek, en pakken de van Feyenoordwege verstrekte stencils met de opstellingen er maar eens bij. Ontbrekende naam bij de reserves ditmaal: Elvis Manu.

'Zeker ook weer de griep à la Boëtius, onlangs,' vermoedt Rob. Manu hoeft vast niet, zoals Ronald vanmiddag, bij muziekfestijn Lowlands op te treden. Onder de reeds aanwezige reporters gonst het al evenzeer. Nu het transferwindow op zijn einde loopt, wordt er nog wel een en ander aan verschuivingen verwacht. En inderdaad, later die week zal duidelijk worden: *Elvis has left the building*. Manu verkast naar Brighton, de club uit de Championship, het tweede niveau in Engeland. Gekke speler, Elvis Manu. Explosief. Dreigend. Scorend, op beslissende momenten. Denk even aan: zijn Europese goals tegen Zorja Loehansk, Standard Luik, AS Roma. *Onze* Balotelli, *onze* supersub, maar ook een speler die de bal moeiteloos 40 meter van zijn voet kan laten springen. Of vergeet te remmen als de reclameborden in zicht komen. Óf de parkeerplaats. De Van Brienenoordbrug.

'En daar hebben jullie er al zoveel van,' merkt Olivier monter op.

Hij schrikt van zijn eigen gevatheid; was dit niet te luid?

Ach, dat kan best hier, hoor, op de perstribune dan. Jan Boskamp zit ook altijd te foeteren, weet Rob. Dan roept Jan plotseling uit: 'DIE KÂZIM KAN NOG GEEN STRANDBAL SCHOPPEN!!!' En gaat dan weer heel rustig zitten, met die voor hem zo spreekwoordelijke bescheidenheid. Daar kijkt helemaal niemand van op. Alleen met dit verschil dat Boskamp een 'Mister Feyenoord' is, een van de vele, vele 'Mister Feyenoords', als in: onverdacht. Olivier heeft dat aura niet.

'Mijn advies: ik zou dat jullie en wij, dat *us en them*-denken maar een beetje onder je Ajax-pet houden, Olivier.'

Olivier: 'Wel, hè?' (Olivier is nog jong, slim en leert snel bij).

Dj Bootsy Paul knalt *Super Faienoort... make us happy* erin, we gaan beginnen, we hebben een wedstrijd. Voor het eerst sinds mensenheugenis spelen we – vanuit ons gezien – de eerste helft van links naar rechts, richting het doel aan de X-kant, onder Vak S. Dat is ons geluksdoel. Dat bewaren we doorgaans voor de tweede helft. Is dit wel slim? Weet Vitesse dit ook? Ze hebben ongetwijfeld de toss gewonnen, en gretig van die voorkennis gebruikgemaakt.

Er staat dan ook nogal wat op het spel. Vitesse, dat is de club die ons op 11 mei, nog maar drie maanden geleden, kansloos met 1-4 de play-offs injoeg. Sindsdien hebben we – tactisch sterk! – wel Van der Heijden en Vejinovic bij Vitesse weggeplukt, die lopen vandaag in ons shirt op het veld, en bovendien stapte aankomend international Davy Pröpper over naar PSV. Maakt ze allemaal weinig uit in Arnhem, want de volgende container met Chelsea-talent is, als was het Operatie Market Garden, alweer boven de Rijn gedropt, met jongens als Lewis Baker, Isaiah Brown, Danilo Pantić, Dominic Solanke, Nathan Allan de Souza, kortweg: Nathan.

'Wel wat veel,' vindt ook Olivier. 'Vitesse is nog erger dan PSV. Maar ja, Russische connecties hè. Schimmig geld.'

'En dat, terwijl ze hun eigen Vitesse Voetbal Academie hebben. Daar is toch heel wat talent vandaan gekomen.'

'Theo Janssen. Roy Makaay. Marco van Ginkel. Nicky Hofs. Ricky van Wolfswinkel. Ga zo maar door.'

Zou dat nu leuk zijn voor de Vitesse-fans, zo vragen we

ons af. Ieder seizoen een geheel nieuw vreemdelingenlegioen, en coach Peter Bosz, die er dan maar weer chocola van moet zien te maken (wat-ie trouwens iedere keer weer verbluffend goed doet).

'Nou ja, daarom haalden ze in 2012 Theo Janssen terug van Ajax, om zo nog wat couleur locale bij Vitesse in te brengen,' bespiegelt Olivier. 'Maar volgens mij werkt het zo: als er maar resultaat is. Het is nét een uitgeverij, eigenlijk.'

O ja, denkt Rob. Daar zullen we de archetypische Ajax-succesfan hebben. En zegt: 'Zou kunnen. Toen wij eens geplaagd werden door een Argentijnse invasie, van de hand van Arie Haan, riepen ze in Rotterdam op de Open Dag net zo goed: "Kan mij dat schelen, al stellen ze elf eskimo's op, als we maar kampioen worden." Toch was er ook een vervelende man met een pet die een slag om de arm hield: "Als dit zooitje ongeregeld kampioen wordt, stemt ik bij de volgende verkiezingen GroenLinks."'

Rust: 0-0. Foute boel. We gaan ons ongeschonden blazoen toch al niet in de derde wedstrijd van het seizoen verspelen? We zijn niet één keer voor ons favoriete doel geweest. Waar is Manu, nu je hem nodig hebt? 'Dit is niet goed voor het boek, Olivier,' bespiegelt Rob bij de koffie. 'We hebben onze lezers beloofd dat het achter het nietje allemaal veel leuker wordt. Fris. Verrassend. Suc-ces-vol.'

Olivier: 'Wel, hè? Waarom maken jullie dan ook geen boek over Bayern, Barcelona, Real Madrid, Man United, Chelsea? Daar kan ik iets mee. Richting de boekhandel, bedoel ik. Maar nee, hoor. Rob & Ronald moeten weer zo nodig Feyenoord doen.'

Rob: 'Nee, Ajax. Dáár lezen ze boeken. De glansfolders van de P.C. Hooft, ja. Of het moet toch ten minste over de cocaïneverslaving van Wim Kieft gaan, danwel de drank & seks & drugsverslaving van Andy van der Meijde. Boulevardpers. Daar zijn wij bij Feyenoord niet zo van. Niet voor niets is René van der Gijp hier weggestuurd bij de jeugdopleiding. Kwam-ie met een taxi en een bolhoed op naar Varkenoord. Wij maken een boek over het onvervreemdbare cultuurinstituut dat Feyenoord heet. Club van het volk.'

Olivier: 'Verkoopt wel lekker, *Kieft*.'

Rob: 'Zeg, heb jij je Johan Cruijff-rapporten al uit?'

Na rust pakt Feyenoord dat Chelsea II (we gokken nu op een Angelsaksische editie) aanzienlijk steviger aan. De angst is uit het spel, Michiel Kramer komt erin, dat scheelt direct al, Kongolo komt mee op, en nog een keer, en dan wordt hij onderuit gekegeld in de zestien: strafschop. (sms Pizza Paultje: 'Zeist!!!') Het is de 77ste minuut als Kuyt deze buitenkans on-be-rispe-lijk binnenschiet (in het onnavolgbare idiolect van wijlen Hugo Walker). En de koek is nog niet op, want twee minuten later breekt Başaçikoglu door, dat hebben we sinds zijn overkomst van Heerenveen, nu meer dan een jaar geleden, hier nog nooit meegemaakt! Feyenoord–Chelsea II: 2-0.

Rob: 'Ben jij nu ook voor Feyenoord, Olivier?'

Olivier: 'Dat natuurlijk niet. Maar het was een mooi avondje uit. Het publiek is hier, ik zal het maar bekennen, beter dan bij ons in de ArenA. Dat komt wel goed met dat Feyenoord-boek van jullie. Euhh... ons boek. Nou ja, de co-productie...'

Rob: 'Wel, hè?'

PHILIPS

30 augustus 2015
PSV–Feyenoord 3-1

We hebben besloten om ook eens een uitwedstrijd van Feyenoord mee te pikken, vanmiddag tegen de Lichtstad. Alles voor het boek, nietwaar? Voor de goede orde: we hebben niets tegen Eindhoven. We hebben vrienden in Eindhoven. We hebben familie in Eindhoven. Sommige van onze geliefdste lampen komen uit Eindhoven. In het begin van dit boek speelden we al een keer uit tegen PSV. Dat was op 17 december 2014, toen we net waren begonnen aan deze Rotterdamse Werdegang. Die wedstrijd liet Feyenoord zien wat voor een onderschatte ploeg het toch is. Of beter: kan zijn. We verloren die pot met 4-3, maar Feyenoord kon met opgeheven hoofd van het veld. Hup Feyenoord!

Ook hebben we het al eerder gehad over de rampzaligste en meest beschamende wedstrijd van Feyenoord aller tijden: de 10-0 tegen PSV, op 24 oktober 2010. Vandaag op de kop af bijna vijf jaar geleden. Vanmiddag wordt de wedstrijd weer gespeeld en één zekerheid hebben we: 10-0 zal het niet worden. Toch? Toch?

De mensen van PSV ontvangen ons met Brabantse warmte, het lijkt wel of ze oprecht blij zijn dat wij verslag van de wedstrijd komen doen.

'Die hopen natuurlijk weer op zo'n vernederende massaslachting,' zegt Rob argwanend. 'Met ons op de tribune is die kans alleen maar toegenomen.'

We zijn hier natuurlijk niet om het Philips-stadion met De Kuip te vergelijken, maar ontkomen daar niet aan. In de perskamer van PSV serveert men een keur aan vers belegde broodjes. Zalm. Roomkaas. Kipkerriesalade. Gerookte ham. Komijnekaas. In de perskamer van Feyenoord koeken. Roze koeken. Rondo's. Spritsen. Laten we het qua snack-voor-de-wedstrijd op 1-1 houden, zeggen we (waarbij we Feyenoord matsen en nog een broodje garnalensalade van de schotel bietsen).

De filosofie – en onze lezers weten dat natuurlijk – kent de school van de 'perspectivische waarheidsopvatting'. Iedereen bepaalt vanuit zijn eigen standpunt zijn eigen waarheid. Feit: de échte waarheid bestaat niet. De absolute waarheid valt pas te ontdekken in het onmogelijke geval dat alle perspectieven objectief naast elkaar worden gelegd. Consequentie hiervan is dat we de ons gepresenteerde wereld altijd kunnen relativeren. De PSV-bode, of hoe het plaatselijke orgaan ook heet, heeft een andere visie op het naderende treffen dan de objectieve verslaggeving uit Rotterdam. De Eindhovenaren doen alsof het heel belangrijk is dat PSV vijf jaar geleden Feyenoord afdroogde met 10-0, terwijl vanuit een perspectivische waarheidsopvatting het natuurlijk allemaal maar een spelletje was. Nou goed, kregen we klop, *so what*? Iedereen heeft weleens *a bad day at the office*.

We vergelijken het Philips-stadion echt niet met De Kuip, maar vanaf de Rotterdamse persruimte kom je direct comfortabel in het stadion, terwijl de tocht van de Eindhovense perszaal naar het veld een reis is die op TripAdvisor wordt ontraden. Op drukke speeldagen, als het stadion uitpuilt van de bezoekers, kun je daar als journalist rustig een kwartier voor uittrekken. Daarbij is het vandaag 32 graden Celsius, misschien wel de warmste dag van het jaar. Hebben wij weer. Voor het sfeergevoel mengen we ons op weg naar onze plaatsen bij een van de ringen om het stadion tussen de echte Eindhovenaren.

'*Feyenaawww wwaaahh wweeaahh oowwhwwhhoowwoee,*' zegt een man tegen ons.

'Wat zegt u?' vraagt Rob, op zijn allervriendelijkst.

'*Feyenaawww wwaaahh wweeaahh oowwhwwhhoowwoee,*' herhaalt hij. Een andere man vult aan: '*Aaeeeaaua Feyenaawww wwaaahh wweeaahh oowwhwwhhoowwoee,* Jeffrey Bruma.'

Beide mannen moeten hard lachen en kijken ons verwachtingsvol aan.

'*Eaauussz Feyaannwwww djzaaa wahah dwaahaha.*'

Wij lachen ongemakkelijk met hen mee, bang dat we worden ontmaskerd als leden van de vijandige stam. Ronald wil nog antwoorden: 'Dat is ook maar een kwestie van perspectivische waarheidsopvatting,' maar de ogen van Rob weerhouden hem hiervan. Als we even later de ontmoeting met de Eindhovenaren evalueren, weet Rob dat Jeffrey Bruma in de *PSV-bode* heeft laten optekenen dat hij echt veel rustiger is geworden.

'Dat wordt nog wat,' zegt Rob.

Voor zowel Rob als Ronald is het de eerste keer dat ze het Philips-stadion vanbinnen zien. Toegegeven: het valt niet tegen. Het publiek zit lekker dicht op het veld en de sfeer is best goed.

'Het is natuurlijk geen Old Trafford, Anfield, Bernabéu, Camp Nou of La Bombonera, maar het kan ermee door,' zegt Rob.

We bespreken de vraag hoeveel Brabanders dit stadion eigenlijk zou kunnen huizen. Ronald besluit te googlen. Het grootste stadion van Europa... eh Rob, luister je?... was Hampden Park in Glasgow, dat in de jaren dertig 150.000 toeschouwers kon herbergen. Dat zijn er na een verbouwing nog maar krap 52.000 (maar het voetbal is daar dan ook heel slecht). Het San Siro in Milaan kon ooit 26.000 toeschouwers kwijt (in 1926), maar na de aanleg van elf spuuglelijke cilindrische torens en een derde ring zijn dat er inmiddels 83.000. Fun fact: van de 115.000 plaatsen in Camp Nou zijn er 110.000 gereserveerd voor seizoenkaarthouders. Overigens is het bezoekersrecord gevestigd in 1950 bij de WK-finale in het Maracanã-stadion te Rio de Janeiro. Niet minder dan 199.854 toeschouwers zagen Brazilië tegen Uruguay met 2-1 verliezen. Halverwege de tweede helft verlieten al veel toeschouwers teleurgesteld het stadion.

'Wat dus vanmiddag hopelijk ook met de Eindhovenaren gebeurt...'

Het zal wel duidelijk zijn dat we veel te vroeg in het Philips-stadion zijn gearriveerd. De discussie over een nieuw stadion voor Feyenoord begint de gemoederen in Rotterdam aardig te beroeren. Het *realpolitike* kamp is voor de aanleg van een geheel nieuwe tempel die is toegerust voor de eisen van de moderne tijd. Het romantische kamp wil dat De Kuip De Kuip blijft, desnoods met wat cosmetische uitbreidingen. Rob & Ronald willen graag vanuit meerdere perspectieven open minded naar dit probleem kijken, mits de uitkomst maar is dat al die geldbeluste projectontwikkelaars met hun graaigrage jatten van onze Kuip afblijven en alles blijft zoals het nu is (tenzij de prestaties van Feyenoord er beter door worden, natuurlijk).

Hoewel de temperatuur in het Philips-stadion nog steeds lijkt te stijgen, beginnen de spelers opgewekt aan hun warming-up. Feyenoord oogt *eager*. Als scheidsrechter Björn Kuipers affluit zeggen Rob & Ronald hun vaste strijdkreet: *'Von jetzt ab wirden Tore mit Tore vergelten!'* Oké, dat klinkt wellicht een beetje Duits en dat is het waarschijnlijk ook, maar we zeggen het voorafgaand aan iedere wedstrijd. Stiekem hopen we natuurlijk toch op een revanche voor die schandelijke nederlaag (en dan bedoelen we niet die van vorig seizoen).

Feyenoord gaat voortvarend van start. Dit is nieuw(s). Zijn we hier getuige van de wederopstanding? PSV is regerend landskampioen, maar het is Feyenoord dat de eerste minuten de tegenstander de wil oplegt. Reeds in de vierde minuut geeft Bilal Başaçikoglu vanaf rechts een voorzet, die door Jeffrey Bruma genadeloos in eigen doel wordt geschoten. Oeps. We zitten op de perstribune, waar het niet gebruikelijk is dat journalisten hun emoties tonen, en zeker niet als het emoties zijn die rechtstreeks ingaan tegen de vigerende emoties van het stadion. Desalniettemin kunnen Rob & Ronald een luide oerjuich niet voor zich houden: kopen! Wat een spits! O nee, ooit was-ie in de B-1 van ons. Niemand is bij

Feyenoord groter dan de club, nou ja, tenzij-ie Willem van Hanegem heet.

De vriendelijke assistent-persvoorlichtster die ons, net als al die andere aardige mensen hier, van alle gemakken voorzag, kijkt even geschrokken naar ons om, zonder overigens enig verwijt in haar blik. Ze kijkt meer met geamuseerde verbazing naar onze bijna orgastische ontlading van supportersplezier.

'Dit bedoelde Bruma natuurlijk "met rustiger geworden, met name aan de bal",' concludeert Rob als hij zich van zijn lachbui hersteld heeft.

Zoals het altijd gaat, en die keer ervoor ook al: na dit ene, unieke hoogtepunt is het helaas gedaan met de pret. Vroeger lukte het nog weleens meerdere keren dat uitzinnige gevoel te ervaren, maar die tijd lijkt voorbij, en voorgoed voorbij. Tenminste voor Feyenoorders, alsook de dichter J.C. Bloem (ook Feyenoord-fan). De Gloeilampen groeien in de wedstrijd en bestoken Kenneth Vermeer, het is een ware *Blitzkrieg* van aanvallen (geen wonder, Philips was heel fout in de oorlog).

Bewonderenswaardig hoe onze Vermeer die constante stroom aan ballen weet te pareren. Totdat de Belg Maxime Lestienne – die volgens Rob 'een dijk van een pot speelt' – tien minuten voor rust vanaf links de bal leep inschiet. 1-1. Het zat er al een beetje aan te komen. Ondertussen verstrekt PSV een noodvoorziening water, want de temperatuur wordt steeds tropischer. We zijn dan ook beneden de Grote Rivieren, de savanne waar Afrika begint. Eind-ho-vuh!

Rob & Ronald informeren of ze er niets sterkers bij hebben, voor de spanning. 'Radler, ofzo?' Het gaat vanmiddag tenslotte wel om de bovenste plek van de Eredivisie. PSV doet voorlopig niet meer mee, maar Feyenoord houdt de Erfcollega uit Amsterdam vooralsnog knap bij. Als zij nu eens voor één keer een beetje inschikkelijk zijn, dan helpen we mekaar, niewaar?

Die hoop wordt na rust kapotgeslagen. PSV komt in de 50ste minuut op een voorsprong, dankzij een lullig schuivertje van PSV'er Santiago Arias, die daarmee Vermeer passeerde. Voor de tweede maal ontploft het stadion. Heel even draait de assistent-pr-vrouw die ons zo vriendelijk hielp haar hoofd naar ons om. Er spreekt liefde uit haar blik. Liefde voor PSV.

Het wordt nog erger als Eljcro Elia in de 68ste minuut zijn debuut maakt voor Feyenoord. Niet per se direct een typische Feyenoord-speler, deze beloftevolle balvlugge goochelbenige glamourgrage vleugelspeler, die al speelde bij Twente, HSV, Juventus, Werder Bremen en Southampton. En nu dus ook voor Feyenoord. Zoveel clubs in een zo korte tijd doen de wenkbrauwen toch een beetje fronsen.

'Laten we vaststellen dat zijn debuut niet het meest rooskleurige debuut in de geschiedenis van Feyenoord is,' stelt Rob vast, als Elia bij zijn tweede balcontact een strafschop heeft versierd. Een strafschop voor PSV *that is*. Achteraf, bij een perspectivische waarheidsvinding van de 39 camera's van FOX en NOS, zal blijken dat Elia zijn tegenstander niet raakte, maar scheidsrechter Kuipers (Zeist!!!) besluit anders. Penalty.

Koel schiet Jürgen Locadia de bal achter Vermeer: 3-1.

'Leefde Shakespeare nog maar, die zou er wel een koningsdrama van weten te maken,' zegt Rob, en inderdaad:

zo voelt het wel. Feyenoord was niet per se slechter dan PSV maar ook – toegegeven – niet per se beter.

'Als we landskampioen willen worden, moet er een tijd komen dat we leren dit soort wedstrijden te winnen,' zegt Rob na afloop van de wedstrijd tegen een clubje Brabanders dat met ons oploopt in de loeihete catacomben.

'*Wahahoehoe Feyehahwhaa hahawahaaha whoeoehoohoe,*' antwoordt de man lachend. Iedereen is hier heel erg opgewekt in Eindhoven, dat valt echt op.

13 september 2015
Feyenoord-Willem II 1-0

Behalve professioneel muzikant – hij speelt basgitaar – is dubbeltalent Nico Heilijgers ook beeldend kunstenaar. Hij is de maker van de prachtige tekeningen in dit boek: elf Feyenoord-cultfiguren en één dito trainer. Samen vormen ze ons DreamTeam, over verschillende generaties verspreid. Met zulke tekeningen heb je geen cultlijstjes meer nodig, iets wat we normaalgesproken zouden hebben gedaan.

Sport in beeld: Coen Moulijn, Dirk Kuyt, Eddy Pieters Graafland, Giovanni van Bronckhorst, Graziano Pellè, John de Wolf, Rick Karsdorp, Rinus Israel (met bril), Ruud Gullit, Willem van Hanegem, Wim Jansen. Je kunt er een aardig team van samenstellen. Dat is het idee, alle linies zijn evenredig vertegenwoordigd. En de trainer is uiteraard: Ernst Happel. 'Geweldige koppen hebben ze, die cult-Feyenoorders,' jubelt Nico, die vanmiddag mee is naar De Kuip. 'Ik had er nog wel twintig kunnen doen. Kiprich, Ruud Heus, Theo Laseroms, Kindvall, noem ze maar op.'

Zijn persoonlijke favoriet: Willem van Hanegem. 'Die

van het WK '74,' verduidelijkt Nico. 'Zo heb ik hem getekend. Willem ging in zekere zin ook wel met zijn tijd mee, maar in 1974 was hij het meest rock-'n-roll.'

Rob & Ronald kunnen dat alleen maar beamen. En plotseling keert bij Rob de scène terug die zich thuis afspeelde in de rust van de WK '74-finale. Ruzie in de tent. Moeder huilend in de keuken. We staan met 2-1 achter tegen de Duitsers, en Robs vader moppert dat het de schuld is van Van Hanegem. Hij wordt overlopen op het middenveld, door Uli Hoeneß en Rainer Bonhof, zegt hij streng. Zoiets moet je niet zeggen tegen Rob. Daar komt gelazer van. 'Johan Cruijff!' riposteert Rob. 'Die raakt maar niet los van Berti Vogts!'

Och man, die WK-finale. *When We Were Kings*. Dat is ook die documentaire over de *Rumble in the Jungle*, Muhammad Ali versus George Foreman, al eerder gememoreerd. 'Iedere keer als ik de beelden terugzie,' vertelde Foreman, 'denk ik: dit keer ga ik winnen. Dat kán niet anders. Moet je zien hoe ik Ali ronde na ronde weet te raken.' Maar in de achtste ronde sloeg Ali terug. Foreman neer. Einde wedstrijd.

Rob heeft dat nu ook met de beelden van het WK '74. Kijk die glorieuze overwinning op Brazilië (2-0) nog maar eens terug. Dan denk je toch: hier komen die Duitsers nooit overheen. En de finale zelf, binnen de minuut 1-0, voor ons, penalty door Neeskens, de Duitsers hadden de bal letterlijk nog niet geraakt. Zie je dat bij youtube.com nog eens voorbij komen, dan fluister je toch: 'Dit keer gaan wij winnen! Dat kán niet anders.' Maar we wonnen niet. En gezellig werd het die zondagmiddag ook niet meer, bij Rob thuis.

Enfin. Op het veld voor ons probeert Feyenoord inmiddels het Tilburgse Willem II te slopen. Willem II verstopt zich niet, het is een open wedstrijd, wij krijgen meer kansen, maar er is één sta-in-de-weg.

'Die Kostas Lamprou pakt werkelijk alles,' verzucht Nico. 'Hij was oorspronkelijk toch van ons?' Het is dat Vermeer met een sliding de doorgebroken Lesly de Sa het scoren weet te beletten, anders hadden we met rust nog achter gestaan ook, tegen die Duitsers van Willem II.

In de persruimte treffen we Rinus 'Mister Feyenoord' Israel. Dat geeft houvast. 'Wordt het nog wat, meneer Israel?' informeert Ronald. 'Komt goed,' zegt meneer Israel, en als meneer Israel dat zegt, dan is dat zo. Nico, ondertussen, baalt ervan dat hij zijn schetsboek niet mee naar De Kuip heeft genomen. Was toch wel leuk geweest om meneer Israel even die tekening te laten zien.

'Wel mooi dat meneer Israel nog altijd op de tribune klimt,' zegt Rob. We komen Roy Makaay, Rob Jacobs (die altijd twee (!) broodjes kroket neemt), Jon Dahl Tomasson, Peter Houtman, Bennie Wijnstekers, Mario Been, John de Wolf en nog wel een aantal oud-Feyenoorders regelmatig tegen in De Kuip, maar van ons Europacup I-team, daar zie je er niet zoveel meer van. Wim Jansen, bijvoorbeeld. Of Willem van Hanegem. Zeg maar Nico's halve schetsboek. En ergens zou je dat toch wel willen. Want met zulke mannen, daar is de liefde voor Feyenoord bij Rob & Ronald & Nico mee begonnen, per slot.

Hugo Borst had daar een andere keer al eens over gezegd: 'Als je naar Feyenoord gaat, denk je altijd aan vroeger. Ik geloof dat mensen die naar Ajax gaan, nooit aan vroeger denken. Tijdens de wedstrijd, bedoel ik. Toch?'

Het duurde nog vrij lang voordat we de volle omvang van

Hugo's opmerking begrepen. Jos de Putter, die ook weer mee was, probeerde nog tijd te rekken: 'Ik heb 't niet verstaan. Wat zei-ie?' Op monotone wijze herhaalde Rob de stelling van Hugo. Jos trachtte nog te pareren met 'Ajax kijkt in de breedte, wij kijken in de diepte' (het vraagt een filmer om zoiets te bedenken), maar ook Jos wist wel dat de conclusie onontkoombaar was: 'We zijn verdoemde romantici, wij Feyenoorders.'

Hugo: 'Spleen. Is dat niet het woord? Je voelt, ver weg, altijd een gemis.'

Jos: 'Ja, spleen. Charles Baudelaire. Bij alles wat je ziet speelt een groot verlangen naar wat ooit was. Dus wat je ziet zijn allemaal schimmen. Je ziet niet de werkelijkheid, maar een afspiegeling van de ideale werkelijkheid. Te weten: je eigen projectie.'

Leve... Feyenoord *Spleen*! Ook kunstenaar Nico, romanticus pur sang, kan zich in die filosofische gedachte wel vinden. 'Zeg nou zelf... van Willem van Hanegem, daar is er toch ook geen tweede van?'

Rob & Ronald kunnen alleen maar instemmend knikken.

Overigens, de tweede helft is inmiddels begonnen. El Ahmadi knalt op de paal, en Kramer de rebound op Kostas Lamprou (hij weer!). Even later zien we Kramer een hoogst curieuze beweging maken – het lijkt wel een toeval, een stuip, als bij een epilepticus. Hij stort ter aarde, en moet per brancard van het veld.

'Wat was dat nou?' zo vragen we ons onderling af.

We weten alleen dat Kâzim diens vervanger is.

Rob: 'Elia moet erin.'

Vijf minuten later...
Ronald: 'Elia moet erin.'
Vijf minuten later...
Nico: 'Waarom komt Elia er nu niet in?'

Wij zijn dan wel van de spleen, we zien vanmiddag Feyenoord toch wel graag even winnen. Dat we over vijftig jaar kunnen zeggen: 'Weet je nog? Toen Elia erin kwam, dát was pas wat. Vroeger was écht alles beter!'

Dan, het is de 63ste minuut, komt Elia erin (hè, hè).

Een oogwenk later speelt Karsdorp hem keihard in, en... beng!!!! Elia jaagt de bal in het dak van het doel (natuurlijk weer aan de kant van de X-kant, onder Vak S, ons geluksdoel).

Rob & Ronald & Nico: 'Dat zeggen we: Elia moet erin.'

Man of the Match.

Niks spleen.

Niks verdoemde romantici.

Hier & nu.

Rob & Ronald: 'Als-ie nog een paar van die wereldgoals maakt, moet Elia ook maar een tekening krijgen, Nico.'

graziano
pellè

20 september 2015
Roda JC–Feyenoord 1-1

Dick Nanninga was op zijn geheel eigen wijze een held. Had nog gewoon een bloemenstalletje, toen hij overzee in Buenos Aires de gelijkmaker inbeukte tegen de Argentijnen, finale WK '78. Gevraagd of hij niet bang was voor die fascistische junta, antwoordde Nanninga: 'Kogels? Die kop ik gewoon terug.' Later kreeg hij suikerziekte. Beide benen van deze Grote Vriendelijke Reus werden geamputeerd. Hij raakte in coma. Kwam nog een keer sterk terug. En nu is hij dood. Daarom staan ze bij Roda vandaag nog even stil bij hun Groninger *no nonsense* spits, dit is de Nanninga Memorial.

Ook van Feyenoord-kant had het eerbetoon deze middag niet passender kunnen zijn. Het is de 20ste minuut als Karsdorp doorkomt over rechts. Hij geeft een strakke voorzet, die door Michiel Kramer vanaf de rand zestien keihard wordt ingekopt. Op z'n Nanninga's. Van Michiel, voor Dick. 0-1. Tweede hoogtepunt is de vrije trap die Hicham Faik namens Roda in de bovenhoek krult. Veel te technisch doelpunt voor een Nanninga Memorial, welbeschouwd. Ook zij hadden een beukgoal moeten maken, niet zo. Uit respect voor Nanninga doet Feyenoord aan Roda een punt cadeau. Verder was het niet best vanmiddag. Zo worden we geen kampioen, jongens.

24 september 2015
Feyenoord–PEC Zwolle 3-0
(Bekervoetbal)

Bij het opruimen van een kwart eeuw administratie vond Ronald een felicitatiekaartje dat was getekend door zijn oudste vriend. Inmiddels is deze jongen een gevierd tekenaar van twee bekende brutale vogels-met-piemeltjes. Bij de geboorte van Ronalds eerste kind – nu bijna achttien jaar geleden – stuurde Jean-Marc een mooie prent van twee jongetjes die elkaar tegenkwamen bij een gymlokaal. Die jongens stelden hun wederzijdse zoontjes voor, die elkaar in die tekening ontmoetten zoals Jean-Marc & Ronald hadden gedaan. Destijds waren ze allebei vanwege een verhuizing halverwege het schooljaar op hun nieuwe middelbare school gekomen. Op zijn eerste dag liep Ronald aarzelend een rondje om de voor hem onbekende school. Plotseling kwam er een wild jongetje op hem afgerend.

'Dus jij denkt dat je striptekenaar bent?' vroeg de jongen blaffend. Later begreep Ronald dat de jongen dit kon weten omdat Ronalds vader dat aan de vader van de jongen had verteld (*fun fact*: zijn vader was de directe chef van Ronalds vader). Ronald weet niet meer wat hij precies antwoordde, maar was geïntimideerd door Jean-Marcs aanvallende houding.

'Zal ik jou eens even helemaal in elkaar rossen?' voegde Jean-Marc eraan toe.

'Waarom?' vroeg Ronald piepend.

Jean-Marc keek hem vorsend aan, begon toen ontwapenend te gieren van de lach, stak zijn hand uit en riep: 'Grápje! Ik ben ook striptekenaar, misschien moeten we eens wat samen doen.'

Timide pakte Ronald zijn hand. Vijfendertig jaar later zitten Jean-Marc & Ronald samen in de auto naar Rotterdam-Zuid, voor de bekerwedstrijd van Feyenoord tegen PEC Zwolle.

Ronald heeft zijn striptekenpen inmiddels aan Maarten 't Hart gegeven, Jean-Marc van Tol is de geestelijk vader van Fokke & Sukke, de Rob & Ronald van de vogelwereld. Jean-Marc was de bezitter van de hand die een paar jaar lang bij *DWDD* in een halve minuut een grap tekende over een kanarie en een parkiet (of wat voor vogels Fokke & Sukke ook mogen zijn). De twee aandoenlijke vogeltjes werden geboren in 1993 in het Amsterdamse studentenblad *Propria Cures*, waarna ze via *NRC Handelsblad* de wereld veroverden.

In Amerika heten de vogels Duck & Birdie, in Duitsland Fokke & Sokke ('Sie haben nur Kleidung am Oberkörper, aber kein Hosen an') en in Rusland Fakko & Cakko. Inmiddels zijn de vogels niet meer weg te denken. Uit onderzoek is gebleken dat in 92 procent van de Nederlandse studentenhuizen en 39 procent van de gewone huishoudens ergens een grap van Fokke & Sukke hangt. Om Fokke & Sukke is een hele industrie ontstaan, met speciale edities, pennen, etuis, koffiemokken, schriften, kwartetten, agenda's, koekblikken, paraplu's, handdoeken en een kookboek.

Toch is Jean-Marc een gewone jongen gebleven, die geboren is in Rotterdam, om precies te zijn op het Noordplein. Jean-Marcs hele familie is Rotterdams, maar de kampen zijn verdeeld in een Excelsior-hoek en een Sparta-tak.

'Rotterdam-Zuid was voor ons noordelingen echt een soort *no go area*,' legt hij uit, als we voor de Van Brienenoordbrug in de file staan te wachten, tussen de 50.000 bezoekers van de bekerwedstrijd. 'Ik geloof dat ik maar een keer of vijf in Zuid ben geweest.'

Jean-Marc kijkt met grote ogen naar De Kuip, die uittorent boven het stadsdeel.

'Pas toen we verhuisden en in Soest terechtkwamen werden mijn broers Feyenoord-fan,' gaat hij verder. 'Allebei mijn broers zijn echte voetbalgangers. Jeroen is ooit nog net als Ronald meegereisd met het Nederlands elftal naar Amerika. Ik had zelf altijd meer met hockey.'

Abrupt trapt Ronald op de rem.

'En dat zeg je nu pas?'

'Het is allemaal goed gekomen,' zegt Jean-Marc als Ronald weer is opgetrokken in de file. 'In 2006 werd ik door mijn broers meegenomen naar Stuttgart om daar de WK-wedstrijd Nederland–Ivoorkust te zien. Dat was een roadtrip van drie broers en voelde als een film. Ik vond het volgen van een live wedstrijd echt geweldig. Nederland won die pot met 2-1.'

'Succes is altijd belangrijk,' zegt Rob. 'Daar weten wij als Feyenoord-fans alles van.'

'Sindsdien ga ik jaarlijks een paar keer naar wedstrijden. Gewoon omdat het zo leuk is, met de sfeer in een stadion. Ik ben niet echt fan van een ploeg, of zo, maar vind het wel leuk als het wedstrijden zijn waar een beetje wordt gevoetbald. Bekerfinale in De Kuip bijvoorbeeld. De Kuip heeft wat dat betreft wel iets speciaals. Het is een gezéllig stadion,' zegt Jean-Marc, als we ons melden bij de poortjes.

'Vorige week was ik nog bij Excelsior–Ajax in Woudestein,' vertelt hij bij binnenkomst in het stadion. 'Eigenlijk wel bijzonder dat Rotterdam drie grote clubs heeft, met allemaal hun eigen karakter in het stadion. Het leuke van Excelsior is het kleine. Je zit op het veld, je ruikt het zweet van de spelers. Als Frank de Boer gaat staan om op zijn team te schelden, zoals vorige week, dan roept er iemand van de tribune: "Hé, De Boer, gaat zitten, ken niks zien!" Dat vind ik geestig. De sfeer is er heel gemoedelijk, met gezinnen en kinderen die op de fiets naar het stadion komen. Het lijkt wel één grote familie. Misschien geldt dat voor Feyenoord ook, maar dan op nog iets grotere schaal.'

Daarin heeft Jean-Marc gelijk. De Kuip loopt langzaam vol met al onze familieleden, die allemaal toch enigszins beducht zijn voor de tegenstander van vanavond. PEC is onze directe concurrent in de Eredivisie en al twee jaar achter elkaar KNVB-bekerfinalist, waarvan eenmaal winnaar.

Pratend over familie hebben Ronald & Jean-Marc het over het overlijden van Ronalds vader, die zijn leven lang stug was blijven doorroken. Hij overleed in 2006, een paar dagen nadat anti-rookgoeroe Allen Carr hem was voorgegaan. De keuze van zijn einde liet Ronalds vader afhangen van het spelschema van Feyenoord, vlak voor zijn dood was er nog een wedstrijd die hij wilde zien (Feyenoord verloor, dat hoorde er wel een beetje bij). Een van de beste Fokke & Sukkes maakte Jean-Marc als hommage. In de cartoon stonden Fokke & Sukke uitgelaten bij de kist van Ronalds vader. 'Zijn leven lang gerookt...' zei Fokke opgewekt, waarna Sukke al even blij toevoegde: 'En toch ouder geworden dan Allen Carr!'

'Geweldig!' zegt Rob, (illegaal) een sigaret opstekend.

En nu ze het toch over familie hebben: Jean-Marc & Ronald komen erachter dat hun grootouders in dezelfde periode in de Rotterdamse haven allebei bij Schelde Verolme hebben gewerkt. Zijn opa werkte daar als technicus, en Ronalds oma als kantinejuffrouw.

'Zij moeten elkaar hebben gekend,' zegt Jean-Marc.

'Mijn oma moet voor jouw opa broodjes hebben gesmeerd!' zegt Ronald. 'Misschien kun jij nu even wat gevulde koeken halen?'

'Ik verwacht eigenlijk heel weinig van de wedstrijd,' zegt Jean-Marc als hij terugkomt uit de perskantine. 'Hoe meer je ervan verwacht, hoe groter de teleurstelling.'

'Dat is de instelling waarmee wij iedere wedstrijd op de tribune zitten,' zegt Rob. En dan blijkt dat het omgekeerde ook waar is: hoe minder je ervan verwacht, hoe groter de blijdschap. Er is iets gebeurd de afgelopen weken: Feyenoord lijkt ontwaakt. Als we er scorebordjournalistiek op zouden loslaten, zouden we mogen denken dat Feyenoord en PEC aan elkaar gewaagd zijn en gelijkwaardige teams hebben. Zwolle-trainer Ron Jans heeft vooraf in de media laten optekenen dat Feyenoord zijn ploeg vooral niet moet onderschatten. 'Wij zijn wel tot wat in staat!'

Trots is niet een emotie die tot de verbeelding spreekt. Trotse mensen zijn vaak bange mensen. Het is sowieso uitermate vreemd dat mensen trots zijn op de prestaties van anderen. Als elf mannen elf andere mannen van het veld rossen, heeft dat niets te maken met onze verdienste. Wij hebben alleen maar op de tribune toegekeken en een beetje lawaai gemaakt. Toch voelen Rob & Ronald plaatsvervangende trots voor het spel van Feyenoord. We horen Jean-Marc zeggen: 'Nou, dat cluppie van jullie kan best voetballen, hoor...' waarna zijn compliment op ons afstraalt. Zoals wij ons al jarenlang de belabberde prestaties van onze club persoonlijk aantrekken, mogen we ons verdomme ook eens laven aan een succesje?

Dat succesje is de manier waarop Feyenoord het veld overheerst en PEC voor het overgrote deel van de wedstrijd zijn wil oplegt. We hebben dan ook een nieuwste nieuwe speler: de Zweed Simon 'Mister Feyenoord' Gustafson, die al na vijf minuten laat zien dat hij de echte Feyenoord-mentaliteit heeft. Hij heeft overzicht, hij stuurt en hij is niet bang voor zijn tegenstanders.

Wat is er in Feyenoord gevaren? Er is overwicht, combinaties lukken en er wordt constant aangevallen. Het is Michiel Kramer die het eerste doelpunt scoort, via onfortuinlijk balcontact van PEC-verdediger Dirk Marcellis. Ondanks grote druk weet PEC zich nog een tijdje staande te houden tegen de Rotterdamse aanvalsgolf, tot Dirk Kuyt in de tweede helft 2-0 en later 3-0 scoort.

Rob & Ronald zitten na afloop redelijk daas op de tribune na te genieten, al is genieten het goede woord niet. Het is eerder een enigmatisch ongeloof, op het wantrouwende af.

'Zo kan het dus ook...' zegt Rob.

'Zo heeft het dus al die tijd ook gekund...' zegt Ronald.

Alleen Jean-Marc is uitgesproken euforisch. Hij belooft terstond een exclusieve Fokke & Sukke voor ons boek te maken.

'Als Feyenoord de Bekerfinale haalt gaan we daar met z'n drieën naartoe, oké?' roept hij.

Rob & Ronald knikken, maar denken het onze ervan.

'Wat staat er verder nog op het programma?' vraagt Jean-Marc. 'Tegen wie spelen we aankomend weekend in de Eredivisie?'

Hij spreekt al in de we-vorm. Dat effect heeft De Kuip op nieuwkomers. En ons vloeiende spel, uiteraard. Filmmaker Jean van de Velde deed dat ook al: 'Zeg, tegen wie moeten we volgende week?'

Rob kijkt Jean-Marc somber aan.

'Tegen PEC Zwolle,' zegt hij. 'Dat kan natuurlijk alleen maar misgaan. Dat voel je wel aankomen. Die gasten van Ron Jans zijn nu op wraak uit.'

27 september 2015
Feyenoord-PEC Zwolle 2-0

Fluorescerend roze schoentjes. Fluorescerend gele schoentjes. Fluorescerend blauwe schoentjes. Tattootje links, tattootje rechts, zit mijn haar wel goed? Oorbelletje in. Nog maar een tattoo. Wat is dat met die voetballers van tegenwoordig, en met Cristiano Ronaldo in het bijzonder?

Om dit probleem voorgoed te tackelen, hebben we ditmaal Arno Kantelberg, hoofdredacteur van het mannenblad *Esquire*, maar eens mee naar De Kuip gesleept. We moeten opnieuw tegen PEC Zwolle, en dat gaan we vast opnieuw winnen, dus er blijft voldoende tijd over voor: de voetballer en zijn modebeeld. Kort gezegd: sponsors aan de macht.

'Voetbal,' begint Kantelberg, 'is in wezen een heel conservatieve wereld. Homoseksualiteit is bijvoorbeeld geen optie. Maar als het om uiterlijk gaat, is voetbal grenzeloos. Zo'n doelman Sergio Padt van FC Groningen, die heeft de rechterkant van zijn haar helemaal weggesneden. In datzelfde team heb je de Slowaak Albert Rusnák. Die heeft een jaloersmakende atoomkuif, en die blijft gedurende de hele wedstrijd precies zo zitten. Wat stopt die man er allemaal in? Hoelang is-ie daar voor een wedstrijd mee bezig?'

Pellè is ermee begonnen. Met een scheermesje bij de zijscheiding. Dat wil zeggen: zijn kapper Iván Rodríquez van de New York Barbershop in Rotterdam is ermee begonnen. Hij liet Pellè een foto van acteur Clark Gable zien, uit de jaren dertig, en Pellè vond dat wel wat, dat kapsel. Dus als we over de Pellè-look spreken, bedoelen we eigenlijk de Gable-look. Nog steeds vliegt Iván Rodríquez om de vijf weken richting Southampton, om de lokken van Pellè bij te punten. Nou, oké, dat kán. Gekker is dat Cristiano Ronaldo een kapper naast de zijlijn heeft zitten. Behoort tot het team Ronaldo. Doet in de rust diens haar goed. Voor de rust kuif naar links. Na de rust kuif naar rechts. Wat een aanstellerij, vinden Arno & Rob & Ronald. Feit blijft dat Ronaldo's scorend vermogen er niet onder lijdt.

Ander signalement: de terugkeer van het zogeheten vogelnestje. Jaren tachtig. Duran Duran. Zie je ook weer steeds vaker. Op de terugtocht is de paardenstaart, zoals die gekke FC Utrecht Belg Stijn Vreven vaak droeg. Maar hij was dan ook eigenlijk, naar eigen zeggen, een Laagland Indiaan. Ook bij Zlatan wordt de dos wat dunner, dus zijn staart zal er binnenkort wel afvallen. Kale hoofden: type Jan van Halst, die zie je nog wel. Maar tegenwoordig hoort daar een baard bij, althans, dat vinden ze bij De Graafschap. Daar is zo ongeveer de hele selectie kaal, maar zijn ze allemaal bebaard. Nét nog geen jihad-haatbaard, al komt die van – *excusez le mot* – FC Utrecht-vedette Nacer Barazite wel aardig in de buurt, op een *bad hairday* dan.

Wij, van Feyenoord, zijn – na het modetijdperk John de

Wolf, ook bekend van menige tulbandwedstrijd – momenteel meer op de *Kuifje*-toer. Van Beek, Karsdorp, Elia, dat soort jongens: *Kuifje* – anders dan Ronaldo, dat is meer een popster, die van ons zijn eerder échte stripverhaalkuifjes. En Dirk Kuyt houdt het al sinds jaar en dag op Kick Wilstra.

Rob: 'Weet je wat je ook niet meer ziet op de velden?'

Ronald: 'Rasta's?'

Arno: 'Highlights in het haar!'

Ronald: 'God, ja... dat hebben we ook nog gehad.'

Rob: '*Onze* Cowboy Henk!'

Arno: 'Henk Vos, ja.'

Nu hebben we er eentje te pakken, hoor. Met Henk Vos. Bij Rob & Ronalds weten was Henk Vos de eerste die op gekleurde schoenen in De Kuip verscheen. Alsof-ie George Weah was, modelletje rood. Dat was in seizoen 1995/'96. Gecombineerd met zijn kleurspoeling was het eigenlijk geen gezicht. Rob & Ronald zijn, net als Robin van Persie, en ook Willem van Hanegem, gewoon nog van de zwarte voetbalschoenen, en dan het liefst van Quick. Zelden hebben Rob & Ronald zich zo vergist. Henk Vos bleek een trendsetter, een modekeizer, ook al riepen zijn rode schoenen destijds nogal wat weerstand op in De Kuip: 'Kijk,' sprak een man met een pet tijdens de Open Dag, 'dat soort malligheden doe je maar bij Ajax. Wat heeft die jongen hier al laten zien? Ja, als-ie er zestien inprikt, dan mag-ie voor mijn part op klompen lopen. Dan heeft-ie het verdiend. Maar nu?'

Tsja... maar nu? We observeren de spelers tijdens de warming-up, en zien alleen maar navolgers van Henk Vos. Een kauwgumballenautomaat aan kleuren, en wat vloeken die schoentjes mooi bij hun kousen. Zullen we het veld dan ook maar gelijk psychedelisch paars maken, of zo? Groen is zóóó twintigste-eeuws.

Stijl. George Best had stijl. Ernst Happel had stijl. Eric Cantona. Zinédine Zidane, op zijn eigen manier, of was dat meer *cool*? Ruud Gullit, op zijn eigen manier. Heel modestad Milano, eigenlijk. David Beckham. Henk Fraser. Graziano Pellè. Messi, die opeens óók onder de tattoos blijkt te zitten, een tikkeltje minder. Allemaal waar, maar de slechtst geklede voetballer ooit, dat moet... dat moet... toch wel...

Gedrieën, nu: '...József Kiprich!!! zijn.'

Ja, haha, József Kiprich – cultiger komen ze niet (uit Tatabánya).

Ronald heeft een verhaal (het zal eens niet): 'Kiprich? Ik ben hem achterna gereisd naar Cyprus, dat was in oktober 1996. Ik deed toen bij wijlen Sport 7 met Koos Postema een programma, en Feyenoord had na een 7-2 nederlaag tegen PSV weer eens een spitsenprobleem. Wij wisten er nog wel eentje: een obscure Hongaar, die al Nederlands sprak, en erg terugverlangde naar Rotterdam. Mét scorend vermogen!'

Kiprich speelde toen bij Hapoel Nicosia, en hij vond er 'nix an'. Ronald confronteerde hem met die 7-2 vernedering, en vroeg of het met hem in de spits anders zou zijn gelopen tegen PSV. 'Heel anders... *dan zou het zaiker 7-3 geworden sain.*' Zo kenden we Kiprich weer, en daarom hielden we zo van József, maar *du moment* dat Ronald hem een Feyenoord-vlag gaf, raakte József hoogst geëmotioneerd. '*Okay, iek ga vannafond met jou mee trug. Iek wil die kinderen foetbal lieren.*'

Maar dat ging natuurlijk niet, contract *wise*. Tot slot vroeg Ronald hem wat nu zijn hoogtepunt in zes jaar Feyenoord was geweest. József omhelsde hem, en sprak: '*Main hoogtepoent bai Feyenoord was dat iek zes jaar bai Feyenoord heb gespield.*' Vervolgens brak József. En Ronald ook.

Rob: 'Zie je wel! József speelde nooit op rode schoentjes.'

Arno: 'József had vast ook geen tattoos.'

Ronald: 'Laat staan een kapper!'

Rob: 'Géén Armanipak.'

Arno: 'Pak? Modelletje DDR 1975. Inclusief brede revers.'

Ronald: 'József, onze tijdloze antiheld.'

Rob: 'Leve Feyenoord *Spleen*.'

Onderwijl op het veld: Feyenoord is meer aan de bal, dreigender, maar wijs geworden heeft coach Ron Jans na afgelopen donderdag zijn verdediging versterkt. Even lijkt Michiel Kramer de ban te breken, hij worstelt zich los, komt vrij voor doelman Mickey van der Hart, écht hoor, dit is een onderschatte wereldspits en... dan schiet hij... naast. À la Kâzim, zeg maar (drie keer raden over welk doel we het hebben). We schakelen terug naar de mode. Arno vindt het Feyenoord-shirt het mooiste van de Nederlandse velden, vakjurygewijs. Nogal een bekentenis, dunkt ons, voor een PSV'er dan. Maar hij meent het.

'Ja, het mooiste, door de vlakverdeling au fond, maar het succes hangt wel van de drager af. Om te beginnen: dat shirt moet in de voetbalbroek blijven. Dan heb je rood, wit en zwart.'

Rob: 'Weet je dat die kleuren bekendstaan als psychologisch de krachtigste? Daarom gebruikt Coca-Cola rood, wit en zwart, de ontwerpers van De Stijl gebruikten rood, wit, en zwart... enne... de nazi's trouwens ook.'

Arno: 'Oké. In ieder geval: als je een beetje *chubby* bent, kun je beter geen Feyenoord-shirt dragen. Dan bol je al snel uit. Bonaventura Kalou in een Feyenoord-shirt. Dat was mooi. Ronald Koeman in een Feyenoord-shirt, als speler, dat was wat minder smaakvol. Nee, als je chubby bent, dan kun je maar beter bij Ajax spelen. Dat shirt kleedt goed af.'

O, kijk, *hold on* – Rick Karsdorp breekt door. Dat Feyenoord-shirt staat hem goed. We spreken de 54ste minuut. Karsdorp trekt voor, Kramer laat listig lopen, en bafff! Kuyt maakt het af: 1-0! Ludwig van Beethoven heeft negen symfonieën, dit was Kuyts 75ste eredivisiedoelpunt voor Feyenoord. *Ta-ta-ta-da... ta-ta-ta-da...*

Arno vervolgt: 'Feyenoord het mooiste shirt, het leukste clublied, het grootste stadion... ik vraag mij wel altijd af waarom er dan zo weinig gewonnen wordt. Wij van PSV zijn al tweeëntwintig keer landskampioen geworden. Jullie slechts veertien keer. Hoe zit dat, mannen?'

Hoe zit dat, mannen? Ja, hallo! Misschien moet Arno even al het voorgaande uit dit boek lezen, dan is-ie vast weer helemaal bij. *Hoe zit dat, mannen*?!? Rob & Ronald besluiten deze dolkstoot in de rug maar gewoon te negeren. Rob heeft een huiskamervraag: 'Tegenwoordig is het schering en inslag, maar wie zou toch de allereerste voetballer met een tattoo zijn geweest? Massamoordenaar Francisco "Señor Real Madrid" Gento, wellicht?'

Ronald: 'Als-ie er al een heeft, dan toch vast niet van Jorien van den Herik,' waarmee hij verwijst naar de ongelukkige Feyenoord-fan die de beeltenis van de toenmalige Voorzitter mansgroot op zijn dijbeen liet plaatsen.

Rob: 'Waarschijnlijk was de eerste een voetballende zeeman. Tattoos komen uit die wereld vandaan, per slot. Denk aan Popeye. Waarschijnlijk een Schot, of zo. Joe Jordan? Of een heel gemene Mexicaan. Danwel een Argentijn, van Boca Juniors, uit havenstad Buenos Aires. Zo bezien passen tattoos eigenlijk wel bij wereldhaven Rotterdam.'

Arno: 'Colin Kâzim-Richards heeft er in ieder geval genoeg voor jullie complete elftal.'

Rob: 'Dat is tribal. Meer zoals de Aboriginals.'

Ronald: 'Stammenstrijd! Oorlog in de zestien!'

Arno: 'Ja, maar dan wel van die gekke gele schoentjes aan. Dan ben je toch meer Donald Duck.'

Eljero Elia heeft roze schoentjes aan. En die passen misschien wat minder bij Wereldhaven Rotterdam. Maar daarmee tikt hij in de 82ste minuut de bal wel knap & gedecideerd binnen: 2-0.

Arno: 'Wen er maar aan, jongens. Dat lijkt mij het beste. Wij, van de Modepolitie, gaan het toch niet meer winnen van de lucratieve Adidas- of Nike-sponsorcontracten.'

TOTO

4 oktober 2015
De Graafschap–Feyenoord 1-2

Het is een landerige zondagmiddag. Zo'n zondagmiddag die herinneringen oproept aan de landerige zondagen van vroeger. Somber weer, de christelijke buurkinderen naar de kerk, de televisie tot het begin van de avond op testbeeld. Hoe de minuten zich voortsleepten...

In de huiskamer luisterden Ronald en zijn vader naar *Langs de Lijn*, zijn vader rokend, Ronald astmatisch en verveeld tot in alle vezels van zijn lichaam. Alleen winst van Feyenoord kon zondagmiddagen kortstondig opfleuren. Tegenwoordig heeft Ronald digitaal live voetbal en zijn kinderen vinden zondagen allang niet meer zo naargeestig. Dit speelde zich een jaar of vier geleden af, in februari 2011 om precies te zijn, kijkend naar de wedstrijd Vitesse–Feyenoord in het Gelredome.

'Kom je?' riep Ronald naar zijn oudste zoon (toen dertien). De wedstrijd was krap tien minuten bezig. Ronalds zoon schreeuwde van boven terug dat hij eraan kwam. Vermoedelijk keek hij op zijn eigen tv'tje naar een herhaling van een herhaling van *Tatort* op WDR3. In zijn eentje volgde Ronald de doodsstrijd van de club uit zijn jeugd. Al veertien uitwedstrijden had Feyenoord niet meer gewonnen. Als de Rotterdammers bij Vitesse zouden verliezen was het einde nabij.

Er debuteerde een nieuwe Feyenoorder, een achttienjarige jongen genaamd Ryo 'Mister Feyenoord' Miyaichi, die al meteen 'de Japanse Messi' werd genoemd. Of 'De Volgende Rotterdamse Verlosser'. Daar hadden we er al meer van gehad.

'Kom nou kijken,' riep Ronald nogmaals naar zijn zoon. 'Je mist iets!'

De eerste helft overheerste de moedeloosmakende onmacht van Feyenoord. Pas in de veertigste minuut viel er bijna een doelpunt, waarna Ronald opgewonden in zijn handen klapte. Het geluid weerkaatste tegen de muur van de kamer. Na de rust kwamen zowel Ronalds oudste als jongste zoon Lasse (toen vier) eindelijk met hem mee kijken. De jongste was verbaasd toen hij hoorde dat Feyenoord echt in de degradatiezone verkeerde.

'Ze hebben toch het grootste stadion?' zei hij met jongenslogica. Ook opvallend: Lasse kon zich drie uur lang onafgebroken vermaken met cartoons, maar één minuut voetbal was hem te zwaar. Na een tijdje verdween hij naar de wc. Ronalds oudste zoon vroeg ondertussen wie die Japanse voetballer was die als een dartel paard over het veld sprong. 'Een nieuwe Feyenoorder,' zei Ronald trots. 'Hij was te goed voor Arsenal. En daarom komt hij nu naar Feyenoord.'

'Van Arsenal?' riep Ronalds zoon vol ongeloof. Toen riep Lasse vanaf het toilet dat zijn billen moesten worden afgeveegd. Iedere keer trapte Ronald erin. Hij liep naar het toilet, en net op dat moment begon zijn oudste zoon te juichen: 0-1 voor Feyenoord!

De vreugde was van korte duur. Feyenoord-TBS'er & recidivist & draaideurcrimineel Gill Swerts vloerde een Vitesse-speler op psychotische wijze. Penalty: 1-1.

'Dat wordt degraderen,' zei Ronalds oudste zoon zuchtend, waarna Ronald een vaderlijk lulverhaal ophing over echte supporters die hun club juist steunen in miserabele tijden. Ronalds zoon was echter onverbiddelijk: 'Als ze degraderen, ben ik geen supporter meer.'

Ronald wilde hier tegenin gaan, maar begreep zijn emotie. Kinderen hebben helden nodig. Op een kilometer afstand van hun huis speelde later FC Utrecht fraai gelijk tegen FC Twente – maar toch bleef het een landerige zondagmiddag.

We zijn inmiddels vijf jaar verder. Feyenoord is ver van de degradatiezone vandaan en maakt nog steeds kans op een koppositie. Later vanmiddag speelt PSV (in blakende conditie) tegen de kwakkelclub Ajax (die wel bovenaan staat), maar eerst moet Feyenoord uit nog even voetballes geven aan De Graafschap.

Het wordt een landerige zondagmiddag: Rob & Ronald gaan vandaag in de huiskamer van Rob naar beide wedstrijden kijken. Rob heeft hapjes, er zijn drankjes, de stemming is uitstekend. Volgens Giovanni van Bronckhorst wordt dit 'de moeilijkste wedstrijd van het seizoen', althans zo liet hij het optekenen. Een uitspraak waarom wij even hartelijk hebben gelachen. Wellicht dat de wedstrijd tegen die knakkers uit Amsterdam toch nog net een graadje zwaarder zal zijn, dunkt ons. Oké, De Graafschap won vorige week tegen Willem II thuis hun eerste punt van het seizoen, met tien man wel te verstaan. Er zit dus progressie in. Maar om ons nu zorgen te maken…

We zien de spelers van Feyenoord bij elkaar staan voor een yell, en bedenken ter plekke dat dit beeld geschikt zou zijn voor Lucky TV van *DWDD*. Wat zouden de spelers roepen tegen elkaar? Waarom heeft Dirk Kuyt zo'n verbeten blik in zijn ogen?

De wedstrijd begint in een enorm tempo. Als we hadden gedacht dat het een landerige pot zou worden zaten we ernaast. Vooral de superboeren van De Graafschap zijn enorm aan het jagen.

'Zeg maar hakken.'

'Zeg maar moordlustig aan het rossen.'

'Dit is Montfoort uit.'

'Sterrenwijk.'

'Minerva.'

'Velox, in de tijd van *Hanegem*.'

'Estudiantes.'

'Porto.'

'Nou ja… De Graafschap, dus. FC Rohypnol.'

Ondertussen praten we na over de Feyenoord-successen van afgelopen weekend. Gisteren speelde het Southampton van Ronald 'Mister Feyenoord' Koeman uit tegen Chelsea. Achteraf gezien had er beter Chelsea–Pellè op de poster kunnen staan. Pellè speelde een wereldpartij en zijn club won dan ook met 1-3. Maar laten we ons op De Graafschap–Feyenoord concentreren.

Enkele opgetekende citaten van het verloop:

'Oog om oog, been om been!' (Na een keiharde charge van een mental boy De Graafschapper.)

'Ik vind Karsdorp nog niet zo goed spelen.' (Dat is omdat hij niet meedoet, Ronald. Dat is Bart 'Mister Feyenoord' Nieuwkoop.)

'We gaan geschiedenis schrijven. De eerste winst van De Graafschap in honderd jaar.' (Als de Doetinchemmers om 13'13 met 1-0 voor zijn gekomen.)

'We zaten hier zo lekker. Zoutjes klaar. Drankjes. Klaar voor een perfecte voetbalmiddag. Feyenoord kon gedeeld eerste worden.'

'Is het plagerige sms'je van Pizza Paultje al binnen?'

'Feyenoord is het even helemaal kwijt. Dat kan lang duren.'

'Als Feyenoord zevende wil worden dit jaar, zal het toch echt beter moeten gaan voetballen.'

'Onze trainer had het toch goed gezien.'

'Ja maar... waarom doet hij er dan niets aan? Hij zit aan de knoppen.'

'Tijd voor TAFKACKR, The Artist Formerly Known As Colin Kâzim-Richards.'

'Dit wordt een vechtwedstrijd, en Rob & Ronald zijn er klaar voor.'

'De Graafschap heeft gisteren in het uitgaansleven van Doetinchem een kratje rohypnol gescoord.'

'Noem je dat een botsing? Ik noem het een moordaanslag.' (Na een charge van een mental De Graafschapspeler.)

'TBS-kliniek op het veld.'

'Onveroordeelde moordenaars en seriemoordenaars.'

'Er is dit weekend een alarm gegeven voor foute XTC-pillen. De spelers van De Graafschap hebben zo te zien allemaal een pilletje genomen. Amsterdam Dance Event avant-la-lettre.'

'Ze trappen niet in *onze* schijnbewegingen, omdat *zij* niet kunnen voetballen.'

'Ze zijn te slecht voor het hedendaagse voetbal, maar Feyenoord kan daar niet mee omgaan.'

'Dit had een feestdag voor het voetbal moeten zijn.'

'Vroeger wonnen we hier met 1-8.'

'Wie neemt nu de leiding in dit team? Kuyt? Of toch weer Rob van Scheers?'

'Benieuwd of Feyenoord zich dit seizoen weet te handhaven in de Eredivisie...'

'Kuyt gepoort. Zag je dat, godverdomme? Kuyt. Gepoort. Kuyt.'

'Dat was geen klap van Kramer, dat was een duwtje.' (Dat zagen we aan de traagheid van zijn hand, zat geen kracht achter.)

'Ted van de Pavert is een huilebalk.'

'Waarom moet FOX dat Kramer-fragment 100 x herhalen? Speelt FOX nu ook al onder één hoedje met Zeist?'

'Neem je een abonnement om niet meer naar Studio Ajax te hoeven kijken, zondagavond met je bord op schoot. Kijken we op zondagmiddag naar FOX Ajax-tv.'

Het belabberde spel slaat op ons over. Wij gaan spellingfouten maken, verkeerde zinsconstructies. We laten grappen liggen, we worden opgenaaid. Hoe gaan we dit eens oplossen in de tweede helft? Wat zou Giovanni zeggen in de kleedkamer? Denken jullie wel aan het boek van Rob & Ronald? Zouden de teams al aan het knokken zijn in de catacomben?

Na rust blijken de pilletjes van De Graafschap snel uitgewerkt. Het staat pas 1-0, we liggen nog op schema (Rob had 1-6 voorspeld). Binnen vijf minuten staat het gelijk: kopbal Michiel Kramer.

'Ze worden moe, die van De Graafschap. Die stonden om zes uur al op het land natuurlijk.'

'Die hebben in de koffer van de veearts zitten zoeken of er nog bruikbare preparaten waren.'

Toch duurt het nog twintig minuten voordat Elia de 1-2 afdrukt, de winnende, naar later zal blijken.

'Feyenoorders lachen weer op het veld. Goed teken!'

'De Graafschap, deelnemer aan het Wereldkampioenschap Lelijke Mannen.'

'Enfin, zestien hartaanvallen later.'

'Hèhè, we gaan beginnen: Kâzim komt erin. We hebben een wedstrijd!'

'De FOX-commentator geeft een compliment aan dit stelletje talentloze rohypnol-psychopaten. Strijd! Inzet! Passie! Kansloos!'

'Van Bronckhorst: "Ik heb in de rust gezegd dat dit Feyenoord-onwaardig was. Dat vonden ze zelf ook. Ze hadden nog een helft om het tegendeel te bewijzen."' (Na afloop tegen de verslaggever van FOX.)

Ook becommentariëren we de wedstrijd in de ArenA: Ajax-PSV. Wat is beter voor Feyenoord? Winst Ajax? Winst PSV?

'Het beste zou zijn als ze allebei zouden verliezen,' zegt Rob.

Dit komt helaas niet uit. PSV wint (1-2). Terecht, dat wel.

Al met al een landerige zondagmiddag.

Coen
Moulijn

18 oktober 2015
Heerenveen–Feyenoord 2-5

Alweer Heerenveen uit. Alweer dat Friese volkslied. Schicten we als voetbalfans eigenlijk niet collectief wortel? Rob & Ronald zitten duidelijk nog met de grote oranje kater van het Nederlands elftal op schoot. En hij spint niet. Uitgeschakeld voor het EK in Frankrijk, door opeengestapelde onkunde, onbenulligheid, gebrek aan talent, gebrek aan visie van de bondscoach, nou ja, gebrek aan alles, eigenlijk.

Toen Robin van Persie in de 39ste minuut erin kwam (en Pizza Paultje al was overgeschakeld naar RTL 7 waar James Bond wél gewoon zijn werk deed, zoals hij berichtte), appte Rob met *VI*'s Tom van Hulsen, die in de ArenA op de tribune zat, hoopvol: 'Let maar op! Van Persie gaat het doen!'

Tom: 'Ik deel je hoop... maar ik denk het niet.'

Rob: 'Jawel man... hoogst literair. In Amerikaanse romans en films over honkbal gaat het ook altijd zo. De oude krijger die nog één keer vlamt...'

Tom: 'Oké dan. Daar hou ik je aan.'

Entree 66ste minuut. Van Persie kopte... vol onkunde en

hoogst onbenullig… in eigen doel. Zijn 'Flippergoal' tegen Spanje in spiegelbeeld, WK 2014.

Tom: 'Je had toch gelijk, Rob. Robin was beslissend.'

Wát een fiasco. Einduitslag: 2-3. Gary Lineker noemde ons monter het nieuwe Andorra. Gary, altijd actueel.

Ronald, vanmiddag op de bank: 'Er zit een parallel tussen Oranje en een bepaalde club uit Rotterdam. Dit was: *Drie voorzetten en de waarheid*. Ik eet voorlopig geen Tsjechisch meer.'

Rob: 'En Daley Blind, dat is de nieuwe Jordi Cruijff.'

Zo'n stemming dus. En wat een rotspel voetbal toch eigenlijk is. Moesten wij dan ook maar niet eens leren golfen? We hebben er wel de leeftijd voor. Ha, ja, golfen! Hééérlijke sport. Het is dat het miezert buiten, en mistig bovendien, anders hadden we vanmiddag maar eens voor een contemplatieve boswandeling gekozen. Je weet wel, zoals je altijd de selectie voor een interland ziet doen, of op het strand, dat mag ook.

Rob pakt maar weer eens de zoutjes, en Ronald zet het geluid van FOX-Ajax-tv maar weer eens harder. Daar gaan we. Alweer Heerenveen. Maar vervolgens kunnen we… onze ogen… niet geloven.

Is dit ons Feyenoord? verslikt Rob zich bijna in een gezouten amandel.

Kuyt 0-1.

Kramer 0-2.

Gustafson 0-3.

Kuyt 0-4.

Kuyt 0-5.

En dat alles binnen negenendertig minuten. De ene aanval is nog mooier dan de andere, ziet ook bondscoach Danny 'Mister Fiasco' Blind, die op de tribune zit (samen met Freek de Jonge. Wat Freek 'Telefoon voor meneer Waldheim' de Jonge daar nu doet? Die is toch voor Ajax?).

Ronald: 'Wat is voetbal toch een héééérlijke sport!'

Rob: 'Tis wel een beetje sneu voor Erwin Mulder, onze naar Heerenveen verzonden keeper.'

Ronald: 'Hij doet het toch goed zo? Erwin Mulder slaapt nog steeds in een Feyenoord-pyjama, joh.'

Even gloort de hoop dat ons Feyenoord de Erfcollega op doelsaldo zal gaan pakken. Dan zouden we vanmiddag al bovenaan staan (in plaats van volgende week, als Ajax uit naar Vitesse moet). Maar Van Bronckhorst vindt dat nog te vroeg. Listig wisselt hij Kramer voor Kâzim, die uiteraard alleen met zichzelf bezig is. Eindstand: 2-5.

Heerenveen gooide er à la De Graafschap nog wat rohypnolvoetbal tegenaan (drie gele kaarten). Wij probeerden gezien de zwaarte van het aanstaande programma (géén Europees voetbal) de wedstrijd even koel als professioneel uit te spelen. (Willen we dat echt, écht nóóit meer doen? Dat kunnen we helemaal niet!)

Maar van de eerste helft hebben we genoten. Van Simon Gustafson, van Marko Vejinovic, van Karim El Ahmadi, van Michiel Kramer, ook. Dit was... dit was... TOTAALVOETBAL. En wel: DOOR ONS! Bijna voor het eerst was de wedstrijd beter dan dit boek, zogezegd. En Dirk Kuyt? Hij eiste die hoogst literaire hoofdrol op, de rol die Rob eigenlijk voor Van Persie had bedacht. Een oude krijger die nog één keer vlamt… laten we hopen dat Kuyt deze vorm nog even vasthoudt, een finale of dertig (beker meegerekend).

Rob appt in zijn enthousiasme Tom nog maar een keer: ‘Het is officieel nu. Laat je niets wijsmaken. Feyenoord doet mee voor de titel.’

Tom: ‘Klopt. Dat hebben wij twee weken geleden al gemeld.’

Tom en zijn *Voetbal International*, altijd actueel.

25 oktober 2015
Feyenoord-AZ 3-1

Het rommelt al geruime tijd bij Ajax, zeg nu een jaartje of honderd. Plan Cruijff, Plan Van Basten, Plan Rob & Ronald (trotskistische poging om aldaar de macht te grijpen), Fluwelen Revolutie, F-Side op tilt, speciaal adviseur Tscheu La Ling onder mysterieuze omstandigheden verdwenen, en immer tegenvallende resultaten (uitgeschakeld voor de CL door Rapid Wien, pffff, in de ArenA vernederd door PSV), je zult maar voor 020 zijn.

Volgens collega-schrijver Hans Schoots, die weleens bij Ajax komt, spelen zich voor de wedstrijd heftige discussies af op de tribune, te beginnen met kamp-Cruijff versus kamp-Van Basten. En gedurende de wedstrijd gaat het gewoon door, want de amusementswaarde van wat er de laatste tijd op de mat wordt gelegd houdt niet over.

Boos. Bozer. Frank de Boer.

Nee, dan de ontspannen sfeer waarin Feyenoord thans gedeeld aan kop staat. Veel van onze Ajax-vrienden (alle twee) feliciteren ons tandenknarsend met het recente succes van onze club, niet beseffend door welke hel we gaan. Feyenoord op kop aan het begin van het seizoen: dat is slapeloze nachten, dat is het speelschema steeds maar weer bestuderen (o nee, Excelsior uit!), dat is calculeren, beredeneren, indekken, sussen, pappen en nathouden. Feyenoord op kop aan het begin van een seizoen: dat kan helemaal niet. Feyenoord op kop aan het begin van het seizoen: een ernstiger rampenscenario is er niet denkbaar. Tijdens 'een leerproces', bedoelen we. Nee, het zijn rotte tijden als je op kop staat. Doe maar rustig aan, Feyenoord, mompelen we soms, we houden toch wel van je.

De spookbeelden schieten namelijk over ons netvlies. Hennie Kuiper, in de Tour de France, van acquit in de aanval, in het begin altijd op kop, om na vier lekke banden, zes geeuwhongers, twaalf valpartijen en één verkeerde afslag hopeloos als laatste te eindigen, met een poedelprijs voor meest strijdlustige renner als beloning.

Daarom, en ter aanmoediging, laten we Feyenoord alvast zijn eerste kampioensschaal pakken: de titel Herbstmeister. Nu weten we natuurlijk ook wel dat deze Duitsklinkende onderscheiding eigenlijk bedoeld is voor de hoogste in rangorde op het moment dat de winterstop begint, maar waarom heet dat, nuchter Hollands geredeneerd, dan geen Wintermeister? Aan die gekkigheid doen wij niet mee. In onze optiek is een Herbstmeister de club die na een wedstrijdje of tien fier aan kop staat, maar dan alleen als die vereniging Feyenoord heet. Proficiat, Feyenoord is Herfstvakantie-kampioen! We hoeven alleen nog maar even van AZ te winnen.

En daarom rijden we nu naar De Kuip, met *Langs de Lijn*

op de radio: steekt de ploeg van trainer Peter 'Mister Feyenoord' Bosz ons de helpende hand toe (al zit hij dan zelf omwille van een schorsing mokkend op de tribune)? Uitgeverij De Kring heeft onze vrienden in Arnhem alvast een extra winstpremie in het vooruitzicht gesteld (maar hou het wel geheim, wil je?)

'Vandaag gaat het gebeuren, Ronald. Vandaag gebeurt, waar we met dit hele boek naartoe gestuwd hebben. Bovenaan! Eindelijk! Precies op tijd voor onze deadline.'

'Zeg dat nou niet, Rob! Je weet toch wat daarvan komt.'

Omdat de spanning op de radio onverdraaglijk wordt, besluiten we dat het tijd is om conclusies te gaan trekken. Op 14 december 2014 reden we ook zo naar De Kuip toe, ook voor de wedstrijd tegen AZ. Die proloog, dat was ons eerste hoofdstuk. Het is nu eind oktober, dus je mag zeggen dat we zo ongeveer een kalenderjaar Feyenoord hebben gevolgd. Feyenoord, van A tot Z, zogezegd. Wat hebben Rob & Ronald in dat jaar geleerd?

– Feit 1) Nou, in ieder geval hebben we met huisjurist Joris van Benthem de beste sportadvocaat van Nederland. Drie keer vrijspraak op rij, bij de commissie van beroep. Drie keer de aanklager van de tuchtcommissie in zijn hemd gezet: Karsdorp, Elia, Kramer, allemaal lopen ze als vrij man Zeist uit. Teamwerk! Dat is het spul waar kampioenschappen van gemaakt worden. Klasse, Joris!

– Feit 2) Voorts hebben wij officieel de beste stadionspeaker, en dat is ook wat waard: onze Peter Houtman, verkozen door het alomvattende Eredivisie Fan Onderzoek, in samenwerking met de KNVB (Zeist!). Klasse, Peter!

– Feit 3) We hebben het geprobeerd: om als professionals te kijken, met die analytische A-emotie, maar het werd gewoon participerende journalistiek: Feyenoord is sterker dan wijzelf, we verschoven geruisloos naar de F-emotie. We hebben dit jaar beleefd als fans. En: *we loved it!* Dit boek is het verslag van ons onderzoek. We kregen *Kuipkoorts*. Of we dat nu wilden, of niet.

– Feit 4) Eerlijk gezegd is Nederlands voetbal ook alleen maar te genieten als je als fan kijkt.

– Feit 5) Als fan van Feyenoord zit je nooit eens rustig op je stoel (tweede helft Heerenveen uit: 2-5 – in feite gewoon met 2-0 verloren).

– Feit 6) Voetbal kijk je samen: 99 procent beoordeelt de sfeer in De Kuip in genoemd Eredivisie Fan Onderzoek als (zeer) goed, het uitvak van Ajax even niet meegerekend (o nee, die mogen er niet meer in. Kunnen we daar toch weer eens naar kijken, meneer Aboutaleb?)

– Feit 7) De Peruaanse schrijver Mario Vargas Llosa heeft gelijk. Hij stelt: 'Intense sportbeleving maakt de moderne mens nog geen barbaar. Intense sportbeleving is bij uitstek een product van de beschaving.' Hij bedoelt: de geciviliseerde mens moet voortdurend allerlei instincten onderdrukken, op het werk, soms thuis, wat hem een sluimerend gevoel van onbehagen bezorgt. In een samenleving waarbinnen het normaal ieder voor zich is, zit je op zondagmiddag, zeg in De Kuip, plotseling midden in een bijna onaantastbare groep. Het onbehagen komt dan collectief naar boven borrelen, maar geprojecteerd op Feyenoord slaat dat om in enthousiasme (geen ruzie maken, jongens!). Het stadion, dat is een theater, kort gezegd. En in een theater voel je je anders dan op het werk, of thuis.

– Feit 8) Wij hebben het mooiste veld van Nederland. Voor de tweede keer op rij werd de mat in De Kuip door de VVCS (Vereniging Van ContractSpelers) tot winnaar uitgeroepen, door de collega's dus. Klasse, *groundsman* Erwin Beltman en zijn team!

– Feit 9) De Kuip is het mooiste stadion van Nederland. Voorts hebben wij de beste Troostkroketten na de wedstrijd.

– Feit 10) Rotterdammers hebben een onverwoestbaar gevoel voor humor. Zoals die ene jongen met zijn spandoek in De Kuip: '*Hoe je 't ook spelt: Kâzim blijft de held!*' Klasse, jongen met je spandoek!

Nog een feit: Rob & Ronald zijn momenteel bloednerveus, en niet alleen door de ontwikkelingen op de radio. Als alles meezit zitten we straks op de perstribune naast... nou ja... naast... ONZE BESTE VOETBALLER OOIT! Hoe is dat voor een slothoofdstuk in een boek dat gaat over Feyenoord, van A tot Z? Ronald: 'Geluk, dat dwing je af, Rob.'

In Arnhem gaan ze de rust in met 0-0. We liggen nog steeds op schema voor ons Herfstvakantie Kampioenschap. We verlaten het parkeerterrein, we zullen de tweede helft op tv in de persruimte van De Kuip bekijken. Op weg naar het stadion gonst het natuurlijk van de onheilstijding die Nederland deze week bereikt heeft: Johan Cruijff, de Op-Een-Na-Beste-Feyenoorder ooit, is gediagnosticeerd met longkanker. De KNVB heeft opgeroepen om in de veertiende minuut Johan een hart onder de riem te steken, middels een staande ovatie.

Rob & Ronald voorzien een dilemma: bij Feyenoord droeg Johan in glansseizoen 1983/'84, dat van de dubbel, nummer 10. Gaat De Kuip dan als enige in de 10de minuut klappen? We sluiten het niet uit, maar achteraf valt het allemaal reuze mee. Behalve Johans gezondheid dan.

Eenmaal binnen treffen we de verzamelde Nederlandse sportpers rond de monitor. Iedereen is er, want Feyenoord is *hot*. Vandaag is het onze tweeduizendste wedstrijd in de Eredivisie.

'Is dat boek van jullie nu nog niet af?' informeert *Studio Sport*-verslaggever Jeroen Grueter beleefd ongeduldig. 'Bijna... bijna...' mompelen we, en verklappen dat *Kuipkoorts* donderdag naar de drukker gaat. 'We zitten in het eindspel.'

Dan, het is de 54ste minuut, caramboleert Valeri Kazaisjvili op tv de bal pardoes achter Cillessen: 1-0! Iedereen hier weet wat dát betekent, met name Rob & Ronald. Niets meer aan doen, denken we, en besluiten De Kuip maar eens te gaan inspecteren. Dat lijkt ons beter, wij kunnen het lot ook te veel tarten, natuurlijk. Braaf wachten we op onze vaste plek op de dingen die komen gaan.

Dat zit zo. Tom van Hulsen van *Voetbal International*

heeft Nico Dijkshoorn, vaste columnist bij het blad, gevraagd of-ie een feature zou willen schrijven, met een lengte van zo'n 3500 woorden. Nico kon maar één onderwerp verzinnen: Willem van Hanegem. Omdat Ronald weleens met Nico optreedt tijdens literaire avondjes, vertelde Nico dit aan Ronald. 'Bijzonder, hoor,' zei Ronald, 'Willem is al zeker een jaar niet meer in De Kuip geweest. En straks zitten we allemaal gebroederlijk naast elkaar.'

Om de zaak nog wat gecompliceerder te maken komt hedenmiddag ook *Volkskrant*-verslaggeefster Eva Hoeke langs voor haar rubriek *Eindelijk Weekend*; zij wil dan weer Rob & Ronald portretteren. En zo vinden we ons vlak voor de wedstrijd terug in wat Quentin Tarantino een *Mexican stand-off* zou noemen: we houden elkaar allemaal tegelijk onder schot. Nico richt op Willem, geholpen door zijn *VI*-fotograaf. Rob & Ronald richten op Nico en Willem, op zoek naar de laatste quotes voor het allerlaatste hoofdstuk van ons boek. En Eva, geholpen door haar *Volkskrant*-fotograaf, houdt intussen Rob & Ronald met een spervuur aan vragen onder schot, al probeert de fotograaf ook Willem en Nico op de achtergrond in beeld mee te pakken.

En Willem zelf?

Die laat het maar zo.

Hij is gewoon zijn stoïcijnse zelf.

Wat hij dan weer niet weet is dat FOX vol op hem inzoomt, bij die 14de minuut. Willem is al dagen kapot van het nieuws over Johan, hij is zich rot geschrokken. Desgevraagd heeft hij aan diverse kranten commentaar gegeven, Johans kwaliteiten uitgebreid geroemd, herinneringen opgehaald. Maar dat opstaan en klappen ziet Willem niet zo zitten, zegt hij. Wat hij weet is dat zo'n hommage in het stadion in de regel gegeven wordt aan overleden spelers. En Johan is nog lang niet dood, gelukkig niet. En bovendien: 'De KNVB heeft hiertoe opgeroepen. Ik had het mooier gevonden als de mensen in het stadion dit eerbetoon zelf hadden bedacht. Dat het spontaan was. Nu lijkt het er voor mij op dat de KNVB het eigen geknoei met Oranje onder het tapijt wil schuiven, door de aandacht vol op Johan te richten. Cruijff als afleidingsmanoeuvre. Dat bevalt mij niet. Daar is Johan veel te groot voor.' Het is een nuance die je niet krijgt uitgelegd op Twitter, nee. Sterker: Willem is in het geheel niet van Twitter. Twitter ontploft dan ook onmiddellijk, als Willem niet-klappend in beeld komt. De dag erop moet hij zich verdedigen in zijn column in het *AD*. En zo houden we elkaar allemaal lekker bezig. Bij wijze van *Mexican stand-off*, inderdaad.

Zomaar een zondagmiddag in De Kuip. Goede tijden, slechte tijden. Onze club. Opgericht in 1908, en 117 jaar pech is beter dan niets. Het slechte nieuws is dat Ajax toch nog vrij makkelijk in Arnhem heeft gewonnen: 1-3. Zo valt ons plannetje om dit boek te eindigen met een screenshot van de stand op Teletekst pagina 819, ja, met Feyenoord op kop, lelijk in het water. Het goede nieuws is – behalve dat Cruijff heus nog niet dood is, die vecht zich nog wel terug, Johan kennende – dat Rob & Ronald nu eindelijk alles eens kunnen vragen wat ze altijd al van Van Hanegem hebben willen weten.

Op pagina 158 van dit boek waren we nog te laf geweest om Willem aan te spreken, toen hij tijdens een Feyenoord-Ajax voorbij kwam sloffen. En op pagina 138 durfde Rob dat wel, maar toen was hij dertien, dus dat was kinderspel. Ditmaal, zo hebben we unisono besloten, gaan we de zaken eens uiterst professioneel aanpakken – we hebben als aspirant-sportverslaggevers veel bijgeleerd, dit kalenderjaar. Willem vindt het best, hij is er nu toch, zegt hij – als we hem vertellen dat we aan *Kuipkoorts* werken, en al veel over hem hebben geschreven.

Korte samenvatting van een lang gesprek

Ronald vertelt Meneer Van Hanegem over de poster die in ons beider jongenskamer hing: Willem in actie, met Ronalds vader en diens vaste voetbalvriend duidelijk op de achtergrond zichtbaar. Willem: 'Nou, bij mij thuis hing-ie niet, hoor.' Rob vertelt over die keer in Zeist dat hij het trainingskamp van Oranje bezocht, met de aansluitende fotoshoot. 'Onvoorstelbaar, hè? Dat is bijna een halve eeuw geleden! Weet je niet?' Indachtig ons lange debat met filmmaker Jos de Putter, of Willem nu eerder Zeeuw is dan Utrechter, zegt hij (en dit is nu écht *het laatste woord* hierover, Jos): 'In Breskens heb ik hooguit twee jaar gewoond, daar herinner ik mij natuurlijk helemaal niets van. Utrecht, dat is mijn stad. Heel lang moest ik toch wel eenmaal per week de Dom zien. Kijken of-ie er nog stond. En met de Van Brienenoordbrug heb ik dat ook, nog steeds. Het aanzicht van een verlichte Kuip, dat blijft iets magisch.'

We komen te spreken over Veloxtrainer Daan van Beek, zijn ontdekker. 'Een geweldige voetballiefhebber. Als we met Velox met 1-4 verloren maar wel mooi hadden gespeeld, vond hij dat niet eens zo heel erg. Het ging hem om de schoonheid van het spel.'

Xerxes, dan? 'Daar was het precies andersom. Bij Velox hadden we in het geheel geen faciliteiten, maar Velox ademde wél voetbal – dat was gewoon een veredelde speeltuinvereniging. Vóór het faillissement was er bij Xerxes van alles, behalve een warme trainer. Dat was Kurt Linder. Dan stonden we achter in de rust, en dan klom-ie op de tafel, en begon vreselijk te schreeuwen. Duitser, hè? Ik riep dan terug: "Zeg, de oorlog is al afgelopen, hoor." En dan spraken we weer drie maanden niet met elkaar.'

Nee, dan Ernst Happel. Zijn héld. We laten op de iPhone de tekeningen zien die Nico Heilijgers speciaal voor dit boek heeft gemaakt. Die van Happel pikt hij er zo uit. 'Deze is écht goed! Zo was-ie... even ondoorgrondelijk als wijs.'

Wat er waar is van het verhaal dat Israel en Laseroms voorafgaand aan Feyenoord–Ajax altijd even bij Cruijff langsgingen. Willem: 'Haha, ja... dat is zo. Ze zeiden dingen als: "Wil jij vanavond nog je vrouw en kinderen terugzien? Dan zou ik me maar even gedeisd houden, vanmiddag."'

Alles gewonnen: Europacup I, de Wereldbeker, en toen kwam op 16 september 1970 het nietige UT Arad langs (thuis: 1-1; uit: 0-0; Feyenoord eruit): 'Ik dacht dat we het uit nog wel zouden fiksen. In die tijd stond er bij Blijdorp een tankstation. Dat had een neonverlichting, het waren levensgrote letters UT. Als ik daar langskwam, heb ik nog jaren in mijzelf hardop zitten vloeken.'

Ander drama: Feyenoord–Ajax (1-5, 15 april 1972, Rob slaapt nog steeds slecht van de keer dat Cruijff wel bij ons in de zestien kwam).

Willem: 'Net voor die wedstrijd hadden zes spelers van ons, onder wie Theo Laseroms, van het bestuur te horen gekregen dat hun contracten niet zouden worden verlengd. Laten we het erop houden dat we niet helemaal bij de les waren. Rampzalige avond.'

Nederlands elftal: 'De beste wedstrijd die wij ooit hebben gespeeld was Griekenland uit: 0-5. Dat was in 1972. Het was weliswaar vriendschappelijk, maar de Grieken hadden een heel behoorlijk team. Bij ons speelde er iets anders: de KNVB was van zins om onze Tsjechische coach František Fadrhonc te ontslaan, op wie wij enorm gesteld waren, en toen hebben wij het collectief voor hem opgenomen. Hij leidde ons uiteindelijk naar het WK in Duitsland, daarna werd Rinus Michels aangesteld als supervisor. Wat dat ook mag zijn, dan.'

WK '74. 'We speelden vijf oefenwedstrijden, waarvan er vier niet om aan te zien waren. Wat tegenwoordig de uitzwaaiwedstrijd heet, was bij ons een bloedeloze 0-0 tegen Roemenië. Niemand verwachtte in Nederland iets van het WK. Sportjournalisten schreven al dat onze trip zonde van het geld was. Toen begon het plotseling te lopen. Er werd gesproken over Totaal Voetbal, maar om nou te zeggen dat we een masterplan hadden... Volgens mij was er helemaal geen plan, wél een verzameling aan talent. Er wordt wel geschreven dat we met Jan van Beveren wereldkampioen zouden zijn geworden, maar dat is niet waar. Jan was een échte lijnkeeper, die zat bij wijze van spreken met elastiek aan de doellat vast. Ik moet Rinus Michels gelijk geven dat hij Jan Jongbloed opstelde, die kwam nog weleens aan de rand van de zestien. Zo konden wij als Oranje verder vooruit spelen.

'Cruijff was onze beste speler. Het leek wel of hij ogen in zijn rug had. Hij wist in volle vaart precies waar hij de bal kon verwachten. Als je er middenin zit heb je eigenlijk niet in de gaten van welk niveau dit was. Dan vind je dat normaal, weet je niet? Maar ik kreeg onlangs een stel filmpjes via internet opgestuurd met WK-wedstrijdfragmenten, en daar heb ik dan toch wel met verbazing naar zitten kijken. Waren wij dat? Zelfs die 0-0 tegen Zweden was heel behoorlijk, al is die match wat in de vergetelheid geraakt, omdat we vergaten te scoren.'

Rust WK-finale 1974, München. Rob heeft ruzie met zijn vader, om Van Hanegem, Robs moeder huilend in de keuken. Wat ging er mis, daar? 'We kwamen snel op voorsprong. Té snel, eigenlijk. Ons team viel uiteen in twee kampen. De ene helft wilde doorpressen. De andere helft wilde, nou ja, de Duitsers in eigen huis vernederen. Dat had alles met de oorlog te maken. Eerlijk gezegd zat ik in het tweede kamp. Cruijff kwam steeds de bal ophalen, op eigen helft. Maar dat was niet zo handig. Cruijff voorin was natuurlijk veel gevaarlijker. '

Robs vader riep dat Willem werd overlopen. Rob werd boos. 'Arie Haan heeft dat ook geroepen, ja. Nu keek ik in die tijd nooit wedstrijden terug, maar na zo'n opmerking was ik toch wel nieuwsgierig. Ik heb erop gelet, en het is waar: Uli Hoeneß komt precies één keer over mij heen gedenderd. Daar bleef het bij. Kijk het maar na. En aan de andere kant hadden zij Bernd Hölzenbein, met loopacties van 40 tot 80 meter, daar had de rechterflank van ons team ook de nodige problemen mee. Maar na die opmerking van Haan dacht ik wel: nou Arie, misschien had je bij die winnende 2-1 van

Gerd Müller een tikkeltje meer moeten doen dan alleen maar toekijken. Ingrijpen, bijvoorbeeld, weet je niet?'

Nogmaals de rust: 'Van paniek was geen sprake, nee. We geloofden er nog in. Robbie Rensenbrink was geblesseerd aan de wedstrijd begonnen. Wij verwachtten allemaal dat Piet Keizer zou invallen. Cruijff ging met Michels even apart naar achteren, en toen was besloten dat René van de Kerkhof erin kwam. Dat verbaasde ons nogal. Maar de invalbeurt van René was toch ook niet beslissend.'

Hier vallen Rob & Ronald, en ook Meneer Van Hanegem zelve, even stil. Drie WK-finales in het tijdvak 1974-2010 hebben we met het Nederlands elftal meegemaakt, als fan, en driemaal werd er verloren. We hebben het angstige gevoel dat we het nimmer meer zullen beleven: Nederland Wereldkampioen! Toen wij opgroeiden, en Willem nog speelde, was dat in onze jeugdige overmoed heel anders. En die jeugd, die hebben we door een gesprek met Van Hanegem vanmiddag nog een keer in een flits voorbij zien komen. Alle raadsels opgelost. En toch met lege handen.

Gelukkig hebben we Feyenoord nog. En Feyenoord wint vanmiddag met 3-1 van AZ, al ging dat lang niet gemakkelijk. Bij de 2-1 ontvangen we tweets dat we pontificaal in beeld zijn, bij FOX. O jé, gniffelen we, het gonst al wel hè, onze *Kuipkoorts*. Achteraf blijkt dat het de regisseur om de geblesseerde Rick Karsdorp ging, die pal voor onze neus zat. Zijn vervanger Bart Nieuwkoop leverde een poeier af, die door Kuyt verlengd werd in de juiste richting.

Rob & Ronald vinden dat niet erg. Door een merkwaardig toeval zijn we ditmaal omringd door fotografen en verslaggevers, maar liever zitten we stilletjes op de tribune. We kijken, we schrijven, we nemen een gast mee, en vinden er het onze van. En dan is er op zekere dag een boek. HEEL FEYENOORD LEEST, dat staat ons voor ogen. Maar Willem van Hanegem houdt niet zo van boeken, bekent hij: 'Ik heb het weleens geprobeerd, hoor. Een boek over Cassius Clay, bijvoorbeeld. Maar na vier pagina's haakte ik af.'

Bij ieder ander hadden Rob & Ronald gezegd: 'O?' Maar dit is 'Mister Feyenoord' non plus ultra. We hebben gezien hoe *Hanegem* voor de wedstrijd, in de rust, en na afloop werd bestormd door de fans. En daarom is hij dus Willem, en wij allemaal niet. Zelfs Gio, onze huidige coach, weet dat hijzelf geen Willem is.

'Wat vond je van de wedstrijd, Willem?'

'Het eerste kwartier was wel aardig, maar als je woensdag zó tegen Ajax speelt...'

Toch sluit Willem niet uit dat Feyenoord, als het nog wat doorgroeit, als het wat minder afhankelijk wordt van Kuyt, als Jan-Arie van der Heijden eens wat verder doorschuift, als Elia eens wat meer laat zien, Kramer nog wat scherper wordt, Vejinovic met meer passes durft te strooien, en nog zo wat welgemeende adviezen van Willem aan Gio, nou ja, dat Feyenoord best nog weleens mee zou kunnen gaan doen om de titel, als het niet tegenzit. 'Dat heb ik dit jaar van begin af aan gezegd, weet je niet?'

Rob & Ronald halen opgelucht adem.

We hebben het toch goed gehoord?

We doen mee... voor de titel.

Het is nu pas écht officieel.
Willem zegt het.

Dit is op 25 oktober 2015 de stand:

1. Ajax – 10 gespeeld: 25 punten
   8 gewonnen; 1 gelijk; 1 verloren – 24 voor, 5 tegen
2. Feyenoord – 10 gespeeld: 25 punten
   8 gewonnen; 1 gelijk; 1 verloren – 22 voor, 10 tegen
3. PSV – 10 gespeeld: 21 punten
   6 gewonnen; 3 gelijk; 1 verloren – 23 voor, 10 tegen
4. Heracles – 10 gespeeld: 21 punten
   7 gewonnen; 0 gelijk; 3 verloren; – 19 voor, 10 tegen

Rob: 'Nul punten achter op Ajax.'
Ronald: 'Dat zijn er weleens meer geweest.'
Altijd hoopvol. Onverstoorbaar hoopvol.
'En de beker...?'
'Die pakken we ook.'
Hebben wij weer.

*

AMSTEL
TOTO

EPILOOG

28 oktober 2015
Feyenoord–Ajax 1-0
(KNVB-beker)

Nagekomen bericht. Ons boek is eigenlijk al gesloten. Maar zo'n toetje kunnen Rob & Ronald niet laten lopen. Vanavond moeten we tegen De Erfcollega uit Amsterdam, in het licht van de KNVB-beker. Nog voordat we goed en wel onze vaste plek in het stadion hebben bereikt, worden we reeds gesommeerd: 'Meekomen!'

Rob: 'Uhm... meekomen?'

Ronald: 'Is onze kopij niet goed gevallen, of zo?'

Nee, nee, de fotograaf van het *Feyenoord Magazine* wil ons op het veld portretteren. Een vorige keer had hij ons al op de tribune gevangen, ditmaal moest het maar eens anders. En zo staan we plotseling in de spelerstunnel.

De SPE-LERS-TUN-NEL.

Daar kom je normaalgesproken niet, twintig minuten voor de wedstrijd. Daar kom je eigenlijk nooit. We lopen door de gang die we alleen van televisie kennen. Horen we daar nu het getik van noppen, onder onze tot Quick-kicksen getransformeerde sneakers? Hadden we die kicksen dan toch maar moeten meenemen? Heerst er een griepvirus wellicht, en maken we zo dadelijk ons debuut in Feyenoord 1? Zo ja, dan zijn we er klaar voor!

Aan het einde van de tunnel is er licht, heel veel licht. Alsof we in de volgende dimensie stappen, zo voelt het. Zomaar op de Heilige Mat. We zien de spelers hun warming-up doen, live, en snappen dat ook wij nu bekeken worden door vijftigduizend fans. Gelukkig blijven fluitconcerten uit.

De Franse schrijver Louis-Ferdinand Céline had het er altijd over dat er in feite maar twee menstypen bestaan: voyeurs en exhibitionisten. Vanuit de aard van de zaak zijn wij voyeurs, dat is wat schrijvers en journalisten doen: waarnemen. Maar hier, op de Heilige Mat, hebben we de bühne beklommen. Dat maakt ons tot exhibitionisten, we zijn nu onderdeel van de kunst van het veldspel.

Ronald: 'We hebben het verkeerde vak gekozen, Rob.'

Rob: 'Het is nog niet te laat, Ronald.'

De zindering is er een van een Europacupwedstrijd. Vanaf de tweede ring, meer precies de vakken RR en TT, wordt een mega-mega spandoek neergelaten, we hebben het over een afbeelding van het stadswapen van Rotterdam. Er wordt gezongen, en de directie van Feyenoord gooit er wat vuurpijlen en knalwerk tegenaan.

Rob: 'Wat denk je, Ronald? Zullen we dan nu maar gaan voorlezen aan een volle Kuip? Dat wilde je toch altijd al?'

Ronald: 'Dit lijkt mij niet helemaal het juiste moment, Rob.'

Er worden wat foto's geschoten, en nog een paar, en dan worden we voortijdig gewisseld. We maken à la Kâzim wat routineuze wegwerpgebaren, schoppen een paar bidons om, we moeten tegen onze zin in terug door de tunnel.

De eerste helft vinden we De Erfcollega niet zo heel collegiaal. Ze dringen aan, lijken wendbaarder, gevaarlijker, Viktor Fischer (kopen!) voorop. De tweede helft slaat de vlam in de pan. Er wordt weer geknokt door Feyenoord, er zijn opstootjes op het veld, dit is een topper, we zijn weer thuis.

Pas écht bont maakt Mike van der Hoorn het (niet kopen!) in de 88ste minuut, de Ajax-verdediger die nog vaker pech heeft dan dat-ie reserve staat. Hij knalt een tweede bal in het veld hooghartig de tweede ring in, bij wijze van statement. Zo van: wij hebben het hier voor het zeggen in De Kuip

Huh-huh.

In Ajax' Gouden Jaren, de epoche van Lucky Ajax, toen ze nog geregeld wedstrijden in de extra tijd beslisten, zou Gerrie Mühren die tweede bal in Estadio Santiago Bernabéu van Real Madrid een keertje of vijftig hoog hebben gehouden, om hem vervolgens voor dood neer te leggen op zijn linkerschoen, met de eerste bal er bovenop.

Maar bij Ajax is er sindsdien veel veranderd, en niet bepaald ten goede (of, nou ja, juist wel). De domme actie van Mike van der Hoorn levert hem om te beginnen een domme gele kaart op. Erger is nog wel dat hij de toorn van De Kuip heeft gewekt. Dat moet je niet doen, als Ajax. Dat is vragen om problemen. We denken samen met een, pakweg, duizend schorre kelen al aan een verlenging als Feyenoord diep in de extra tijd een allerlaatste vrije trap krijgt. Dit is wat je noemt een mo-ge-lijk-heid. El Ahmadi bezorgt de bal hard in de zestien, richting Kuyt, en dan gebeurt het. Met een onnavolgbare carambole weet Joël Veltman zijn eigen (ingevallen) keeper Cillessen te verschalken: 1-0.

Dat zijn de mooiste.

De eerste overwinning op Ajax sinds 29 januari 2012 is een feit, de match van John Guidetti. Sterker nog: de tweede overwinning in de afgelopen 24 klassiekers is een feit.

Lucky Feyenoord.

Ook dat nog.

Niets meer aan doen.

Dankwoord

Graag willen wij op deze plek alle betrokkenen bedanken voor de genereuze medewerking aan ons boek.

Allereerst onze steeds wisselende gasten; zij schonken ons op de tribune geregeld nieuwe inzichten.

We bedanken Nico Heilijgers voor zijn fraaie prenten van ons Feyenoord DreamTeam, en vormgever Steven Boland bedanken we al evenzeer, omdat hij zo strak tegen een deadline aan kan werken. Fotograaf Ivo van der Bent schoot op de valreep nog even twee geweldige snapshots van Willem 'Mister Feyenoord' van Hanegem.

Uiteraard bedanken we ook de redactie van uitgeverij De Kring, omdat zij wel oren hadden naar ons plan voor een nieuwe Feyenoordkroniek.

Maar bovenal salueren we de club. We hebben van Feyenoord alle denkbare medewerking mogen ontvangen, en dat werkt wel zo prettig, journalistiek gesproken. Veel succes, Feyenoord. Veel succes, Legioen. *We'll be back.*

Rob & Ronald